Johannes Laschinger

„Sag, kennst Du die Stadt“

Geschichten aus Amberg

Johannes Laschinger

„Sag, kennst Du die Stadt“

Geschichten aus Amberg

Mit Zeichnungen
von Wilhelm Manfred Raumberger

BUCH & KUNSTVERLAG OBERPFALZ

Die Deutsche Bibliothek - CIP Einheitsaufnahme

Laschinger, Johannes:
„Sag, kennst Du die Stadt“ : Geschichten aus Amberg /
Johannes Laschinger. Mit Zeichn. von Wilhelm Manfred
Raumberger. - Amberg : Buch- und Kunstverl. Oberpfalz, 1997
ISBN 3-924350-62-0

Wernher-von-Braun-Straße 1, 92224 Amberg
Herstellung: Druckhaus Oberpfalz, 92224 Amberg
ISBN 3-924350-62-0

Anstelle eines Vorworts

Eine viel zu wenig gestellte Frage ist die nach dem Nutzen von Vorworten in Büchern. Bei ihrer Lektüre beschleicht den Leser manchmal das Gefühl, daß sie dem Autor Gelegenheit geben, sich selbst darüber Rechenschaft abzulegen, warum er das Manuskript für so wichtig hielt, daß er es zur Druckerei brachte. Vielfach werden hier wohlmeinende Freunde oder Bekannte vorgeschoben, die den Verfasser geradezu drängten, sein Manuskript nicht in der Schublade häuslicher Gelehrsamkeit verstauben und vergilben zu lassen, sondern es durch seine Drucklegung einer breiten Öffentlichkeit, um nicht zu sagen der Allgemeinheit zugänglich zu machen. Dieses Moment findet sich bereits in zahlreichen Werken der mittelalterlichen Literatur und hält sich ungebrochen bis in unsere Tage.

Besonderes Geschick zeigten an dieser Stelle jene Autoren, die ihr Werk einer möglichst hochgestellten geistlichen oder weltlichen Persönlichkeit durch entsprechende Widmung zugedacht haben. Dadurch erhielt dieses fast von selbst eine Art „Imprimatur", wie sie dem Leser geistlicher Schriften vertraut ist. Dieser Methode bedienten sich auch die großen bayerischen Geschichtsschreiber nicht ungern. So widmete Andreas von Regensburg, der als Augustinerchorherr in St. Mang in Regensburg schrieb und arbeitete, seine 1422 vollendete „Chronik von den Fürsten zu Bayern" Herzog Ludwig VII. von Bayern-Ingolstadt, der bedeutende bayerische Historiograph Johannes Turmair, der sich nach seiner Vaterstadt Abensberg „Aventin" nannte, die „Bayerische Chronik" seinen fürstlichen Auftraggebern, den Herzögen Wilhelm IV. und Ludwig X.

Sehr beliebt ist es in Vorworten aber auch, wenn der Autor den geneigten Leser an den Mühen teilhaben läßt, die er durch seine Arbeiten an Manuskript und Buch auf sich genommen hat. Auch dafür ist Aventin ein gutes Beispiel, wenn er schreibt: *Es ist mein mainung nit gewesen, mit feiern und müessiggên mein leben zu vertreiben: hab mich ... underfan-*

gen, nit ân [= ohne] grosse müe und arbeit in ein puech zu pringen der alten Baiern ... herkummen und geschichte. Dafür sollte der Autor eigentlich Lob und Dank erwarten dürfen, doch Aventin fährt fort: *All menschen sein mêr genaigt zu tadeln dan zu loben, ain jeder günt im selber mêr guets dan seinem nechsten; eim ietlichen ist das hemmet nêhner dan der rock.*

Die bisherigen Überlegungen zeigen, daß Vorworte für den Autor in der einen oder anderen Art durchaus von Nutzen sein können, rechtfertigt es dieser aber, die kostbare Zeit des geschätzten Lesers mit ihrer Lektüre in Anspruch zu nehmen? Für den Leser kann das Vorwort eigentlich nur eine Funktion haben, eine – obgleich verspätete – Bestätigung für die Richtigkeit der bereits getroffenen Kaufentscheidung.

Aus allen diesen Gründen könnte ein Autor sich und dem Leser die Zeit für die Abfassung bzw. Lektüre von Vorworten sparen. Bei den vorliegenden Texten gedachte ihr Verfasser deshalb ganz darauf zu verzichten, doch irgendwie wollte man dem Leser einige Informationen vor seiner „Reise" in die reiche Vergangenheit Ambergs mit auf den Weg geben. Aus der Verlegenheit heraus resultierte die Überschrift „Anstelle eines Vorworts", die für diese Zeilen gewählt wurde.

Die Texte, die der vorliegende Band vereint, verdanken ihre schriftliche Fassung einer seit Oktober 1991 produzierten Sendereihe bei „Radio Ramasuri", die von Oberbürgermeister Wolfgang Dandorfer, dem „Ramasuri"-Redakteur Hans Glatzl und dem Verfasser dieser Zeilen initiiert wurde. Dank für die stets gute Zusammenarbeit bei ihrer Produktion im Amberger Studio gilt dabei den Redakteurinnen und Redakteuren Hans Glatzl, Gundula Kiez, Manfred Lehner, Alexandra Sitter, Nicole Meißner, Christian Reimer, Jürgen Bauer und Dieter Bleisteiner. Damit die einzelnen Folgen nicht – und dies gilt hier in unmittelbarem Wortsinn – zu „Schall" und – um das Zitat abzuschließen – „Rauch" werden, entstand beim fünften Geburtstag der Sendereihe in einem Gespräch mit Dieter Bleisteiner, dem an dieser Stelle für sein großes Engagement im Hinblick auf die

Drucklegung gedankt sei, die Idee, die Manuskripte als „Nachlese“ vorzulegen.

Um dem Leser einen – wenngleich nicht auf Vollständigkeit abzielenden – Gang durch die reiche Geschichte Ambergs zu ermöglichen, wurden die einzelnen Beiträge in eine chronologische Reihenfolge gebracht. Ihre Form wurde weitgehend beibehalten, auf Anmerkungen wurde – und das mögen die geschätzten Fachkollegen nachsehen – verzichtet. Dafür findet der Leser zu fast allen Beiträgen Quellenangaben und weiterführende Literatur in beschränkter Auswahl im Anhang, die eine Vertiefung des jeweiligen Themas ermöglichen.

Die Illustration dieses Buch übernahm der bekannte Amberger Maler und Bildhauer Wilhelm Manfred Raumberger, der die „Geschichten aus Amberg“ mit Tusche und Feder lebendig werden läßt. Mit dem Blick für das Wesentliche fangen seine Blätter ihren Inhalt liebevoll ein und erzählen sie aus seiner Sicht trotzdem neu. Mit wenigen Strichen entsteht so ein anschauliches Bild einer vergangenen Wirklichkeit. Dafür sei ihm an dieser Stelle ganz herzlich gedankt.

Ein besonderer Dank gilt dem Verleger, Herrn German Vogelsang, für die Aufnahme von „Sag, kennst Du die Stadt“ in das Verlagsprogramm des „Buch- und Kunstverlags Oberpfalz“ und Herrn Günter Moser, unter dessen kundigen Händen aus den einzelnen Manuskripten und Federzeichnungen ein ansprechendes Buch entstand. Persönlich habe ich meiner lieben Frau Maria zu danken, die die Arbeiten an diesem Buch nicht nur mit kritischem und fachlichem Rat, sondern auch wieder mit großer Geduld mitgetragen hat.

Amberg, im September 1997
Johannes Laschinger

Erste schriftliche Nennung Ambergs 1034

Weder eine Urkunde, ein Eintrag eines fleißigen Mönchs in den Jahrbüchern eines Klosters, eine Nennung in einer Chronik, noch irgendeine andere schriftliche Quelle künden von der Gründung Ambergs. Eher zufällig, fast beiläufig wird der Ort historisch faßbar. Am 24. April 1034 verlieh Kaiser Konrad II. (1024–1039), der sich zu diesem Zeitpunkt in Regensburg aufhielt, dem Bamberger Bischof Eberhard I. (1007–1040) eine ganze Reihe von Herrschaftsrechten in einem Ort, der „Ammenberg" genannt wurde. Das Bistum Bamberg wurde im Jahr 1007 auf Drängen König Heinrichs II. (1002–1024) errichtet. Zum ersten Oberhirten des neuen Bistums wurde der bisherige Kanzler des Königs, Eberhard, geweiht. Zu seinen vordringlichsten Aufgaben gehörte die Erbauung bzw. Vollendung des Bamberger Doms, in dem er 1024 Heinrich II., der zehn Jahre zuvor in Rom zum Kaiser gekrönt worden war, beisetzte.

Heinrichs Nachfolger, Konrad II., bestätigte am 21. April 1034 die Privilegien des noch jungen Bistums Bamberg, drei Tage später übertrug er Bischof Eberhard I. verschiedene Rechte in einem Ort, der „Ammenberg" hieß. Damit bekannte sich Konrad II. nicht nur zum Bestand des Bistums Bamberg, sondern bemühte sich auch, dessen Hochstiftsbereich auszubauen. Gerade dieser Aspekt wirft ein gutes Licht auf die Bedeutung „Ammenbergs". Unter „Hochstift" versteht man den weltlichen Herrschaftsbereich eines Bischofs im Gegensatz zum Bistum oder zur Diözese, seinem geistlichen Sprengel. Beide waren häufig nicht deckungsgleich, gehörte doch auch das „bambergische" Amberg stets zum Bistum Regensburg.

Zu den Rechten, die Kaiser Konrad II. auf Intervention seiner Gemahlin, der Kaiserin Gisela, und seines Sohnes Heinrich, des späteren Kaisers Heinrich III., dem Bischof Eberhard in „Ammenberg" übertrug, gehörten Bann, Markt, Zoll, Fährrechte, Fischerei- und Jagdrecht und „was sonst noch an kaiserlichen und herzoglichen Rechten in Amberg bestand". Die zuletzt genannten Rechte des Kaisers und des bayerischen Herzogs sind uneindeutig und lassen sich nicht im einzelnen fassen. Ferner kamen die wesentlichen Bestimmungen hinzu, daß der Bamberger Bischof auf Grund dieses Privilegs in Amberg Verordnungen erlassen und seinen Nutzen mehren durfte. Ersteres zielte darauf ab, daß der Bamberger Bischof in „Ammenberg" eigenes Recht setzen durfte, letzteres, daß er aus der Siedlung wirtschaftlichen Nutzen ziehen durfte.

Angesichts dieser Vielzahl von Rechten, die der Bamberger Bischof 1034 erhielt, erstaunt es, daß in der Urkunde die Frage der Grundherrschaft (der Herrschaft über Grund und Boden sowie der darauf lebenden Menschen vor allem im ländlichen Bereich) in „Ammenberg" nicht berührt wird. Deshalb ist davon auszugehen, daß die Bamberger Kirche bereits über umfassende grundherrliche Rechte verfügte, als sie die genannten Privilegien erhielt. Diese Vermutung wird 1094 fast zur Gewißheit, als sich die erste Amberger Pfarrkirche außerhalb des Ortes genannt findet. In „Ammenberg" muß es demzufolge zwei verschiedene Grundherren gegeben haben. Der eine besaß die Grundherrschaft in der kleinen Siedlung am Ufer der Vils, der andere, der Bamberger Bischof, diejenige im Umkreis der späteren Kirche St. Georg.

Ein weiteres ist den 1034 verliehenen Rechten zu entnehmen. Amberg war bereits in der ersten Hälfte des 11. Jahrhunderts ein bedeutendes Wirtschaftszentrum, das am Kreuzungspunkt zweier wichtiger Straßen lag, der Nord-Süd- (aus dem Raum Regensburg ins obere Maintal führend) mit der West-Ost-Route (von Franken nach Böhmen führend). Hinzu kam die schiffbare Vils, die den Handel der Amberger Kaufleute förderte. Gerade dieser Güterverkehr war es, den der Herr der Siedlung Amberg, der Bamberger Bischof, in besonderem Maße zu steigern suchte. Dies wird im 12. Jahrhundert besonders deutlich. Bischof Eberhard II. (1146–1170) wandte sich 1163 an Kaiser Friedrich I. (1152–1190), an dessen Wahl und Krönung er maßgeblich mitgewirkt und den er wiederholt auf seinen Italienzügen begleitet hatte, um für Amberg ein weitreichendes Handelsprivileg zu erhalten, das wesentliche Zollbefreiungen beinhaltete. Drei Jahre später, 1166, stellte der Passauer Bischof Rudbert die Amberger Kaufleute – wiederum auf Intervention Bischof Eberhards II. – den Regensburger Kaufleuten gleich. Dies bedeutete wesentliche Zollbefreiungen und damit verbundene Handelserleichterungen vor allem im Osthandel donauabwärts. Aus dem ehemaligen „Dorf" war – wie aus dem Traditionsbuch des benachbarten Klosters Ensdorf hervorgeht – inzwischen ein „befestigter Markt" geworden.

Die Anfänge der Kirche und Pfarrei St. Georg

„Im Jahr der göttlichen Menschwerdung 1094, während Kaiser Heinrich III. ... die Reichsgeschäfte besorgte, wurde von allen Bischöfen und Fürsten des römischen Reichs auf Mittefasten eine Generalsynode in der Stadt Mainz angesagt, zu welcher Herzog Bracizlaus die erwählten Bischöfe Cosmas und Andreas schickte, ... um sie dem Erzbischof von Mainz zur Ordinierung vorzustellen."

Diesen wenigen dürren – übersetzt wiedergegebenen – Worten des Chronisten Cosmas von Prag ist zu entnehmen, daß der Böhmenherzog Wratislaw 1094 zwei gewählte, aber noch nicht geweihte Bischöfe, Cosmas von Prag und Andreas von Olmütz, zu Erzbischof Ruthard von Mainz sandte, zu dessen Metropolitansprengel damals die Bistümer Prag und Olmütz gehörten. Von ihm sollten sie die Bischofsweihe empfangen und gleichzeitig an einer Generalsynode teilnehmen. Als Zeitpunkt der Synode nennt Cosmas von Prag „auf Mittefasten", also die Woche vor Lätare, dem vierten Fastensonntag, der im Jahr 1094 auf den 19. März fiel. In einem irrt der Chronist freilich, im Jahr 1094 regierte bereits

Kaiser Heinrich IV., mit dessen Namen sich bis zum heutigen Tag der berühmte „Gang nach Canossa" verbindet.

Was hat nun die Reise der Bischöfe nach Mainz mit Amberg zu tun? Lassen wir an dieser Stelle wieder den Chronisten Cosmas von Prag zu Wort kommen, der nicht mit dem gleichnamigen Bischof verwechselt werden darf. Da er die beiden Bischöfe persönlich begleitete, fußt sein kurzer Bericht über einige wichtige Ereignisse auf Selbsterlebtem. Er schreibt: „Im selben Jahr war eine große Sterblichkeit der Menschen, vorzüglich aber in Deutschland. Als nämlich die genannten Bischöfe auf ihrem Rückweg von Mainz durch ein Dorf namens Amberk kamen, konnten sie die außerhalb des Dorfes gelegene, sehr geräumige Pfarrkirche nicht betreten, um Messe zu hören, weil der Boden voller Leichen war." Die kleine Reisegruppe machte auf ihrer Rückreise in dem von Cosmas von Prag als „Amberk" bezeichneten Dorf Station. Diesem recht zufälligen Umstand verdanken wir die früheste Nennung der Amberger Pfarrkirche. Bei den schlechten Verkehrsverhältnissen der damaligen Zeit dürften die Bischöfe Ende März des Jahres 1094 Amberg erreicht haben.

Wichtiger als die Erwähnung der Seuche, der damals viele Amberger zum Opfer fielen, ist die Feststellung des Chronisten, daß die ausdrücklich als „sehr geräumig" bezeichnete Pfarrkirche von Amberg außerhalb des Dorfes lag. Damit bestand in Amberg eine merkwürdige Situation: Während das eigentliche Siedlungszentrum am linken Vilsufer war, lag die Pfarrkirche, die mit gutem Grund mit der St. Georgskirche zu identifizieren ist, außerhalb und in einiger Entfernung davon.

Herr der Siedlung Amberg war der Bamberger Bischof. Dies wird aus der bereits erwähnten Urkunde von 1034 deutlich. Zwischen der ersten Nennung „Ammenbergs" im Diplom Kaiser Konrads II. von 1034 und der Erwähnung „Amberks" bei Cosmas von Prag 1094 errichtete der Bamberger Bischof auf eigenem Grund und Boden und deshalb auch außerhalb des eigentlichen Ortes die von Cosmas als „sehr geräumig" bezeichnete Kirche.

Die beiden Vorgängerbauten der heutigen Georgskirche, mit deren Errichtung 1359 begonnen wurde, konnten anläßlich des Einbaus einer Heizung 1977 durch Dr. Walter Sage archäologisch „ergraben" werden. Der allererste faßbare Kirchenbau erwies sich dabei als eine sehr einfache Anlage, eine einschiffige Kirche mit eingezogener Apsis. Ihre Gesamtlänge betrug knapp zwanzig, ihre Gesamtbreite gut neun Meter. Dieser erste Kirchenbau ging nach einem Umbau, der dem 12. Jahrhundert zuzuschreiben ist, in einem wesentlich größeren Kirchenbau mit einer Gesamtlänge von einundzwanzig Metern und einer Gesamtbreite von fast achtzehn Metern auf. Es fällt schwer, sich vorzustellen, daß Cosmas von Prag den allerersten Kirchenbau mit einer Länge von knapp zwanzig Metern und einer Breite von gut neun Metern als „sehr geräumig" bezeichnen konnte. Diese Beschreibung würde schon besser zum Bau des 12. Jahrhunderts passen. Und doch war der allererste Bau größer als die meisten Kirchen der Umgebung und zudem ein Steinbau.

„Stadt" Amberg

In einer am 22. Januar 1242 ausgefertigten Urkunde wird Amberg erstmals als „civitas", also als „Stadt" bezeichnet. Bevor wir uns überlegen, was davon zu halten ist, wollen wir ihren Inhalt kurz vorstellen. Aussteller dieser Urkunde war Bischof Poppo, der dem Bistum Bamberg von 1237 bis 1242 vorstand. Bischof Poppo, der dauernd von Schulden bedrängt war, sah sich gezwungen, zahlreiche Stiftsgüter zu verpfänden. Nicht nur finanziell, auch politisch hatte Poppo keine glückliche Hand. Nach der Bannung Kaiser Friedrichs II. durch den Papst wandte sich Poppo vom Kaiser ab, worauf ihn dieser der weltlichen Güter des Bischofsstuhls für verlustig erklärte. Da Poppo die Bischofsweihe nicht empfangen hatte, kam dies seiner Absetzung gleich.

Bischof Poppo hatte – um zur Urkunde von 1242 zurückzukehren – in Nürnberg 100 Pfund Regensburger Pfennige aufgenommen. Dies stellt eine recht respektable Summe dar, wenn man bedenkt, daß unter Ludwig dem Bayern 1323 die Stadtsteuer Ambergs auf 90 Pfund Regensburger Pfennige festgeschrieben wurde. Für das Darlehen hatte ein entfernter Verwandter des Bischofs, Markgraf Berthold von Hohenburg, Bürgschaft geleistet. Als Pfand übertrug ihm deshalb Bischof Poppo am 22. Januar 1242 die „civitas" Amberg. Der Markgraf war nicht nur ein sehr reicher, sondern gleichzeitig auch ein sehr mächtiger Mann, der unmittelbare Kontakte zum Kaiserhof besaß.

Mit der Nennung Ambergs als „civitas", also als „Stadt", stellt sich die Frage, ob aus dieser urkundlichen Erwähnung auf das tatsächliche Vorhandensein einer Stadt mit allen Rechten einer solchen im Jahr 1242 geschlossen werden darf. Für Amberg fehlt eine Stadterhebungsurkunde oder eine Nachricht über seine „Stadtwerdung" aus einer anderen Quelle, etwa einer Chronik, die diesen Vorgang belegen könnte. Somit läßt sich auch der Zeitpunkt der „Stadtwerdung" Ambergs nur sehr schwer nachweisen.

Sichtbaren Ausdruck fand die „Stadtwerdung" durch die Verwendung eines Siegels, eines hoheitlichen Symbols für diese „Gemeinschaft der Bürger" (= communitas civium). Das früheste erhaltene – wenngleich auch beschädigte – Siegel einer Amberger „Bürgergemeinde" hängt an einer nicht datierten Urkunde, die um 1270/80 geschrieben wurde. Das relativ große Siegel trägt die Umschrift: „S[IGILLUM] VNIVERSITATIS CIVIUM DE AMBERCH", also „Siegel der Gesamtheit der Bürger von Amberg". Aus dem Vorhandensein dieses Siegels kann spätestens um 1280 von der Existenz einer „Bürgergemeinde" und damit von einer Stadt mit eigener Rechtspersönlichkeit ausgegangen werden.

Ein zweites Indiz für die „Stadtwerdung" liegt in den „Anfängen, der Weiterentwicklung und schließlich der kunstvollen Ausformung des Stadtrechts in verfassungsmäßiger, formaler und materieller Hinsicht" (Wilhelm Volkert). Die Anfänge des Amberger Stadtrechtes werden mit einem Privileg vom 3. März 1294 faßbar, mit dem Herzog Rudolf I. eine auf seinen Vater, Herzog Ludwig II., zurückgehende Rechtsverleihung bestätigte. Amberg war nach dem Aussterben der Hohenburger Markgrafen, in deren Pfandbesitz es 1242 gekommen war, an Herzog Ludwig II. von Bayern übergegangen. Am 19. Juni 1269 bestätigte Herzog Ludwig II., daß er das „oppidum Amberch“, also den „Markt Amberg“, und nicht die „civitas“ aus dem Erbe der Hohenburger vom Bamberger Bischof, Graf Berthold von Leiningen (1257–1285), zu Lehen erhalten hatte. Diese Nennung des „Marktes Amberg“ in der Urkunde von 1269 spricht gegen die Annahme, daß Amberg bereits 1242 eine Stadt mit allen Rechten einer solchen war. Wann sich nun die „Stadtwerdung“ Ambergs exakt vollzog, läßt sich nicht mit Gewißheit sagen.

Das Amberger Stadtrecht

Die Verleihung eines Stadtrechtes ist unmittelbar mit dem Übergang Ambergs an das Haus Wittelsbach verbunden, das seit 1180 das bayerische Herzogtum zu Lehen hatte. Der erste wittelbachische Landesherr Ambergs war Herzog Ludwig II. (1253–1294). Dieser war es auch, der Amberg mit einem Stadtrecht privilegierte. Da sich eine entsprechende Urkunde Ludwigs II. nicht erhalten hat, wird diese Verleihung nur aus dem Diplom seines Sohnes, Herzog Rudolfs I., vom 3. März 1294 faßbar, mit dem der junge Pfalzgraf unmittelbar nach der Herrschaftsübernahme ausdrücklich ein Privileg seines Vaters bestätigte. Die als „Rudolfinum“ bezeichnete Urkunde überliefert damit die älteste Amberger „Stadtverfassung“. Sie nennt eine ganze Reihe von Festlegungen über das Strafrecht und das Gerichtsverfahren. Gleichzeitig weist sie die Existenz eines Stadtgerichts nach, das jedoch nur für die niedere Gerichtsbarkeit zuständig war. Die Hoch- bzw. Blutgerichtsbarkeit behielt sich der Herzog vor. Geregelt finden sich im Privileg Rudolfs aber auch die Freiheiten, Testamente zu verfassen, Ehen zu schließen und die Freizügigkeit im Hinblick auf Zu- und Wegzug.

Den zentralen Punkt der Urkunde – besonders im Hinblick auf die Ausbildung eines eigenen Amberger Stadtrechtes – bildete die Festschreibung der Ratsverfassung. Die Bürger hatten acht oder zehn Männer zu wählen, „die des Rates pflegen" und so stellvertretend für die gesamte Bürgerschaft nach innen und außen wirkten. Die Entscheidungen des Rates, der nicht weisungsgebunden war, sollten für alle Bürger verbindlich sein. Der Handlungsrahmen dieses Gremiums wurde durch das, was dem Landesherrn und der Stadt „gut und zur Ehre gereichend" war, abgesteckt. Sein Zuständigkeitsbereich war weitgesteckt. Er umfaßte nicht nur die Verwaltung des städtischen Vermögens, die Organisation der – wenngleich noch kleinen – Stadtverwaltung, die Ausübung der Niedergerichtsbarkeit, sondern auch die Aufsicht über Handel und Wandel in der Stadt, um nur einiges zu nennen.

Das „Rudolfinum" bildete die Basis, auf der sich das Amberger Stadtrecht entwickeln konnte. Dies gilt auch für die nachfolgenden „Freiheiten", die der Stadt vom jeweiligen Landesherrn gewährt wurden. Das landesherrliche Privilegienrecht gab dem Rat den Rahmen, um seinerseits innerstädtisches „Satzungsrecht" zu erlassen. Deshalb finden sich in den seit 1432 erhaltenen Ratsbüchern viele einzelne Rechtssatzungen überliefert. Eine – wenngleich noch völlig unsystematische Sammlung – des auf diese Weise entstandenen städtischen „Satzungsrechts" enthält das älteste erhaltene Stadtrechtsbuch aus der zweiten Hälfte des 14. Jahrhunderts.

Eine Zusammenstellung mit ersten erkennbaren Ansätzen zur Systematik erfuhren diese Rechtstexte im sogenannten „Alt Ayd und Gesatzpuech" aus der zweiten Hälfte des 15. Jahrhunderts, das damit gleichzeitig Abschluß und Neuanfang einer Entwicklung war. Auf seiner Basis arbeitete der städtische „Gesetzgeber" weiter, bis in der Mitte des 16. Jahrhunderts das „Amberger Gesatzbuch" systematisch gegliedert im Druck erscheinen konnte. Es besaß Gültigkeit bis zum Ende des Alten Reiches im Jahr 1803. Der moderne bayerische Staat, getragen vom Gedanken einer einheitlichen Gesetzgebung und Verwaltung, beseitigte diese seit Jahrhunderten gewachsenen Einzel- und Sonderrechte und ersetzte sie durch ein allgemeines Recht. Damit wurde auch das seit Jahrhunderten gewachsene, kunstvoll ausgestaltete Amberger Stadtrecht außer Kraft gesetzt.

Die Siegel und Wappen der Stadt Amberg

Hoheitszeichen in Form von Wappen begegnen uns im Alltag auf Schritt und Tritt. In besonderem Maße gilt dies natürlich für die Wappen der Städte und Gemeinden, die zumeist in Stein gehauen oder aufgemalt die Rathäuser zieren.

Als älteste Hoheitszeichen der Städte tauchen seit dem 12. Jahrhundert Siegel auf. Sie sind wesentlich älter als die Wappen. Schon im Frühmittelalter war der aus der Antike übernommene Brauch bekannt, mit Hilfe eines Siegelstempels einen Wachs- oder Metallabdruck herzustellen. Das Wort Siegel leitet sich vom lateinischen „sigillum" her und bedeutet soviel wie „kleines Zeichen". Für das Gebiet des heutigen Bayern kann bis zum Jahr 1300 die Siegelführung von über 60 Gemeinden nachgewiesen werden.

Amberg gehört zu den schon vor 1300 siegelführenden Gemeinden. Das älteste Amberger Stadtsiegel zeigt den heiligen Georg vor der romanischen Georgskirche als erster Pfarrkirche Ambergs; damit überliefert das Siegel, das sich durch seine Umschrift als Hoheitszeichen einer Amberger Bürgergemeinde ausweist, eine Ansicht des Vorgängerbaus der heutigen Kirche. Der älteste bekannte Abdruck dieses „Georgs-Siegels" hängt an einer nicht datierten Urkunde, die um 1270/80 geschrieben wurde und die heute im Archiv des Katharinenspitals Regensburg verwahrt wird. Wie lange dieses Siegel in Gebrauch war, läßt sich nicht exakt nachweisen. An einer Urkunde vom 6. November

1357 findet sich erstmals das neue Stadtsiegel mit Löwe und Rauten überliefert. Das neue Siegel zeigt das inzwischen vom Landesherrn verliehene Wappen.

Damit kommen wir zu einem weiteren Hoheitszeichen, dem Wappen der Stadt. Das Wort „Wappen“ stellt die niederdeutsche Sprachform des Wortes „Waffen“ dar. Erstmals wird es im 12. Jahrhundert in der speziellen Bedeutung von „Waffenzeichen“ verwendet. Die bis zur Unkenntlichkeit vermummten Panzerreiter bedienten sich der Wappen auf Schild und Rüstung, um im Kampfgetümmel Freund von Feind unterscheiden zu können. Deshalb tauchen auch folgerichtig die ersten Wappen bei solchen Gemeinden auf, die an Reichskriegen oder Heerfahrten des Landesherrn teilnahmen.

Das Bild des Amberger Wappens ist seit seinem ersten Auftauchen in der Mitte des 14. Jahrhunderts bis heute unverändert geblieben. Lediglich die Schildform änderte sich dem jeweiligen Zeitgeschmack entsprechend von spitzoval hin zu einer runden Form. Hinzu kam im 16. und 17. Jahrhundert ein rot bekrönter Löwe als Schildhalter. Das Wappenbild wird heraldisch korrekt so beschrieben: Geteilt; oben in Schwarz ein wachsender, rot gekrönter und rot bewehrter goldener Löwe; unten die bayerischen Rauten. „Rot bewehrt“ bezieht sich dabei auf die Krallen des Löwen.

Was bedeuten nun die verschiedenen Teile des Amberger Wappens? Beginnen wir mit den weiß-blauen Rauten. 1180 waren die Wittelsbacher von Kaiser Friedrich I. mit dem Herzogtum Bayern belehnt worden. 1242 beerbten sie das mächtige Geschlecht der Grafen von Bogen und übernahmen von diesen auch die weiß-blauen Rauten, die sich erstmals auf einem Siegel Herzog Ludwigs II. aus dem Jahre 1247 finden. Im Jahr 1214 erwarben die Wittelsbacher die Pfalzgrafschaft bei Rhein und damit auch deren Wappen, den Löwen. Obwohl die wittelsbachischen Lande im Hausvertrag von Pavia 1329 in eine bayerische und in eine pfälzische Linie geteilt wurden, führten beide Linien auch weiterhin den Titel eines Herzogs von Bayern und eines

Pfalzgrafen bei Rhein und damit die Rauten und den Löwen im Wappen. Amberg und das später als „herobere Pfalz" bezeichnete Gebiet waren 1329 an die rheinischen Pfalzgrafen gekommen. Fast könnte man meinen, daß die beiden Titel des Landesherrn – Pfalzgraf und Herzog – im Amberger Stadtwappen ihren heraldischen Niederschlag fanden. Aus dem goldenen Löwen in Schwarz leiten sich auch die Amberger Stadtfarben Gold und Schwarz her.

Amberg und Ludwig der Bayer

Der große Förderer Ambergs, Ludwig der Bayer, erblickte im Jahre 1283 in München als zweitgeborener Sohn Herzog Ludwigs II., des ersten Amberger Stadtherrn aus dem Hause Wittelsbach, das Licht der Welt und war als solcher eigentlich gar nicht zur Herrschaft prädestiniert. Doch Ludwig forderte die Ausübung von Herrschaftsrechten und setzte diesen Anspruch auch gegenüber seinem Bruder Rudolf durch. Ludwigs Machtbasis war jedoch gering: zusammen mit Rudolf herrschte er als Herzog in Oberbayern und gebot als Pfalzgraf über die Rheinpfalz. Trotz, oder besser wegen dieser geringen Machtfülle wurde Ludwig 1314 in Frankfurt zum deutschen König gewählt. Eine Gegenpartei wollte seine Wahl nicht anerkennen und wählte den Habsburger Friedrich den Schönen. Obwohl Ludwig noch im Jahr 1314 seine Krönung am rechten Ort, nämlich in Aachen, erreichen konnte, mußten nach achtjährigem Thronkampf die Waffen über die Herrschaft entscheiden. Erst nach der Schlacht bei Mühldorf am Inn (1322) und seinem Sieg über Friedrich war Ludwig unumschränkter Herrscher. Er nahm Friedrich gefangen und inhaftierte ihn bis zum Frühjahr 1325 auf der Burg Trausnitz (Oberpfalz). Ludwig behandelte den Spielgefährten früher Kindertage stets ritterlich und erhob ihn 1325 sogar zum Mitkönig.

Bald nach seinem militärischen Sieg traf Ludwig jedoch auf einen Gegner, vor dem die Waffen zwangsläufig stumpf bleiben mußten: Papst Johannes XXII. (1316–1334), der unter dem Einfluß des französischen Königs in Avignon residierte. Johannes XXII. nahm im Zusammenhang mit der Doppelwahl von 1314 das Recht des Papstes auf Approbation des zukünftigen Königs in Anspruch. Auf Grund dieser Argumentation konnte nur der rechtmäßiger König sein, der auch die päpstliche Zustimmung (= Approbation) besaß. Daran hielt Johannes XXII. auch nach Ludwigs militärischem Sieg fest. Da Ludwig jedoch nicht bereit war, den päpstlichen Approbationsanspruch anzuerkennen, erklärte der Papst sein Königtum für illegal und ungültig, nicht Ludwig „von Gottes Gnaden König", sondern Ludwig „der Bayer" müsse er heißen. 1324 bannte der Papst den König. In dieser Situation verbündete sich König Ludwig mit einer Reihe von Franziskanermönchen, die ihrerseits der Verfolgung durch die Kurie nur knapp entgangen waren. Sie hatten sich Ludwig zur Zusammenarbeit mit dem berühmten Schlagwort „Leihe Du uns Dein Schwert, wir Dir die Feder" angeboten, wodurch es zu einer großen, publizistischen Auseinandersetzung zwischen den beiden „Großmächten" des Abendlandes, Kaiser und Papst, kam.

Wie fast alle deutschen Könige vor ihm brach auch Ludwig zur Kaiserkrönung nach Italien auf. Am 17. Januar 1328 erreichte er die Kaiserkrönung in Rom, wenn auch nicht von der Hand des noch immer in Avignon residierenden Papstes, sondern von dem „Stadt-Römer" Sciarra Colonna. Auf dem Rückweg nach München ließ Kaiser Ludwig in Pavia 1329 einen Hausvertrag ausfertigen, der eine Teilung des Wittelsbachischen Hauses in eine bayerische und eine pfälzische Linie mit sich brachte. Da die pfälzische Linie aber ebenfalls Anteil an Bayern haben wollte, kamen mit diesem Vertrag Amberg und das später als „herobere Pfalz" bezeichnete Fürstentum an die Söhne seines Bruders, Pfalzgraf Rudolfs I.

Doch auch die Ludwig noch verbleibende Zeit blieb nicht frei von Zwistigkeiten und Auseinandersetzungen. Diese erfuhren ihren Höhepunkt, als die Kurfürsten 1346 den Luxemburger Karl IV. zum Gegenkönig wählten. Am

11. Oktober 1347 brach der Kaiser bei der Jagd unweit von Fürstenfeldbruck zusammen und starb. Nach einem rastlosen Leben fand Ludwig seine letzte Ruhe in der Münchner Liebfrauenkirche.

Für die Stadt Amberg bedeutete Ludwigs Herrschaft einen enormen Aufschwung: Bereits der Herzog bestätigte 1310 das auf seinen Vater, Herzog Ludwig II. zurückgehende Amberger Stadtrecht, das sein Bruder, Herzog Rudolf I. 1294 erneuert hatte, und erweiterte es um einen Abschnitt über „heimliche Eheschließungen". Der König stiftete 1317 den Amberger Bürgern, „die wir liep vor andern vnsern laeuten haben", ein Spital, „armen laeuten ze trost", wie es in der Stiftungsurkunde heißt. 1318 verpflichtete er alle Anwesenbesitzer - auch Adel und Klerus - ausnahmslos zur Entrichtung der Stadtsteuer. Im gleichen Jahr befreite er die Stadt von der „Gastungspflicht". Dies bedeutete Befreiung von der Verpflichtung, den Landesherrn mit seinem ganzen Gefolge verköstigen zu müssen. Darüber hinaus schrieb der König 1323 die Höhe der Stadtsteuer fest. 1326 überließ er den Amberger Bürgern alle Zolleinnahmen in der Stadt und auf dem Erzberg, die dem Landesherrn zustanden, zum Ausbau der Stadtbefestigung. Damit wurde die bisherige Spitalvorstadt, die ihr Entstehen ebenfalls Ludwig dem Bayern verdankte, und die Georgsvorstadt, die im Schatten der Georgskirche erwachsen war, in den neuen Mauerbering mit einbezogen.

Der Kaiser verbot 1328 die Pfandsetzung der Stadt bei Androhung der Reichsacht und befreite die Amberger Kaufleute von jeglichem Zoll in Bayern. Damit war Ambergs Weg zum zentralen Ort der Oberpfalz in der Regierungszeit Ludwigs des Bayern eingeleitet worden. Wie die Förderung Ambergs zeigt, führte Ludwig auch als König und Kaiser die von Herzog Ludwig I. begonnene Städtepolitik der Wittelsbacher fort. Ob Ludwig darüber hinaus persönliche Motive hatte, Amberg besonders gewogen zu sein, wie Karl V. Regensburg wegen seiner Zuneigung zur Bürgerstochter Barbara Blomberg, geht aus den erhaltenen Quellen nicht hervor.

Das Amberger Spital

Bis heute erinnert an Ludwig den Bayern die Stiftung eines Spitals im Jahr 1317, das er 1326 in die Hände des Amberger Rates legte. „Das Spital stehet an dem Statgraben, jetzt wol in der Stat, ist aber vorzeiten vor der stat neben dem Nabpurger thor zur linken handt gewesen, vnnd durch pfaltzgraf Ludwig, romischer Konnig, gestifft worden anno 1317. Hat ein feine cleine alte kirchen. Sonst ist es mit haus, städeln, multz- vnnd pachhaus, stallungen, pfrunntheuslein vnnd anderem weit umbfangen vnnd wol erbawet", schreibt der Amberger Chronist und Bürgermeister Michael Schwaiger in seiner 1564 im Druck erschienenen Stadtchronik.

Damit erfahren wir bereits relativ viel über das Amberger Spital. Es wurde im Jahr 1317 durch König Ludwig den Bayern gestiftet. Wie auch bei anderen Städten wurde es außerhalb der Stadt errichtet. Im Falle Ambergs lag die Gründung auch verkehrstechnisch recht günstig – unmittelbar am Kreuzungspunkt der von Bayreuth über Hahnbach kommenden Landstraße mit der nach Nürnberg führenden Straße. Gerade diese Lage beweist, daß das Spital auch die Funktion des von Fremden besuchten Gasthauses erfüllte. Daneben war es aber auch Kranken- und Waisenhaus. Erst allmählich entwickelten sich aus dem Spital heraus die übrigen Einrichtungen und verselbständigten sich, so daß das Spital am Ende nur noch Altenheim war. In Österreich lebt beispielsweise der Begriff „Spital" bis heute für Krankenhaus fort.

Im Jahr 1326 legte Ludwig seine Spitalstiftung in die Verantwortung des Amberger Rates. Während das Spital unmittelbar von einem Spitalmeister geleitet wurde, der in der Anfangszeit ein Geistlicher war, lag die Verwaltung der Stiftung bei den vom Rat eingesetzten Spitalpflegern. Wirtschaftlich wäre das Spital nur mit der von König Ludwig gestifteten Grundausstattung nicht lebensfähig gewesen. Durch zahlreiche weitere Stiftungen wurde seine wirtschaftliche Basis verbessert. Derartige Stiftungen bestanden in der Regel aus Bauernhöfen außerhalb der Stadt. Die erste nachweisbare Schenkung zum Spital stammt von dem Priester Albrecht dem Gebenbeck aus dem Jahr 1357. Er übergab dem Spital nicht nur großen Grundbesitz, sondern auch liturgisches Gerät wie zum Beispiel ein silbernes Rauchfaß sowie seine gesamte Bibliothek.

Alle diese Schenkungen, die der jeweilige Stifter dem Spital für sein eigenes Seelenheil überließ, dienten dem Unterhalt der Spitalinsassen. Sie waren im Gegenzug verpflichtet, ihren Dank durch das Gebet für die Stifter abzustatten, oder wie es Siegfried Reicke formulierte: „Das heilfördernde Gebet der Armen galt so im übertragenen Sinn als Gegenleistung für die Gewährung des Unterhalts." Bereits bei Schwaiger werden die Spitalinsassen „Pfründner" genannt. Der Ausdruck leitet sich von dem lateinischen Begriff „praebenda" = Pfründe her, als dem „Inbegriff der den Aufgenommenen von der Anstalt regelmäßig auf Dauer gewährten Reichnisse in Wohnung und Unterhalt" (Reicke). Die Aufnahme ins Spital erfolgte in Form eines Vertrages, bei dem das Vermögen oder zumindest ein Teil davon dem Spital übertragen werden mußte. Daneben fiel in aller Regel dem Spital mit dem Tod des Pfründners dessen gesamte Hinterlassenschaft zu. Neben dieser „Einkaufspraxis" gab es aber auch die unentgeltliche Aufnahme von Armen.

Das Leben der Spitalinsassen war klaren Regeln unterworfen. Dies galt auch für ihre Verpflegung. Aus dem Jahr 1540 hat sich eine Speisordnung des Spitals erhalten. Die 48 Spitalinsassen bekamen täglich zwei Mahlzeiten, die morgens aus Suppe, Fleisch und Kraut, abends aus „Heidelbrei" (Brei oder Grütze von Buchweizen) und Milch oder wieder aus Fleisch und Suppe bestanden. Mittwoch, Freitag und Samstag waren Fasttage. Ferner erhielt jeder Pfründner täglich eine Maß Bier und jede Woche einen Laib Brot. Neben dieser „Grundverpflegung" gab es noch die Kost, die an besonderen Fest- und Feiertagen oder den Jahrtagen verschiedener Stifter gewährt wurde, etwa Küchel in der Faschingszeit, an Ostern Kalb- oder Lammfleisch, zwischen

Ostern und Pfingsten jeden Samstag acht Eier. Zur geistlichen Betreuung der Spitalinsassen hatte bereits König Ludwig eine Messe in die spätere Spitalkirche gestiftet. Auch hier kamen durch Stiftungen weitere Altäre und Messen hinzu, die die Seelsorge im Spital verbessern sollten.

Das Spital überstand die erbitterten Auseinandersetzungen um den rechten Glauben im 16. und 17. Jahrhundert, die betrügerischen Machenschaften eines Verwalters in der Mitte des 18. Jahrhunderts sowie die Versuche, das gesamte Stiftungs- und Spitalwesen im beginnenden 19. Jahrhundert unter eine zentralistische Staatsaufsicht zu stellen. Somit besteht noch in unserer Zeit das von König Ludwig dem Bayern gestiftete Spital und erinnert an den Herrscher, dem Amberg so viel zu verdanken hat.

Die Stadtbefestigung

Der zweite wesentliche Pfeiler der „Stadt" war neben der Ausbildung eines eigenen Stadtrechts ihre Befestigung. Im Falle Ambergs findet sich in diesem Zusammenhang häufig der Ausspruch des Amberger Bürgermeisters und Chronisten Michael Schwaiger aus der zweiten Hälfte des 16. Jahrhunderts, „München sey die schönst, Leipzig die reichist und Amberg die festeste Fürstenstadt", zitiert. Der Ausdruck „fest" bezog sich dabei auf die Wehrhaftigkeit der Stadt. Die Stadtmauer bezeichnet Schwaiger als hoch und dick, mit Ziegeln gedeckt und vielen Schießlöchern und Schießscharten ausgestattet. Unter der eigentlichen Mauer befand sich ein weiter Zwinger, der seinerseits mit einer Zwingmauer umgeben war. Die ganze Anlage war zu Schwaigers Zeiten von einem „tiefen, weiten moosigen Wassergraben" umgeben, in welchem die Stadt Fische hielt. Bei den fünf Stadttoren ermöglichten „Schlagbrucken", also Zugbrücken, den Zugang zur Stadt. Letztere konnten im Verteidigungsfall nicht nur hochgezogen werden, sondern die Tore selbst wurden – wie Schwaiger schreibt – mit Fallgittern und Schranken bewehrt.

In der Frühzeit war das Verteidigungssystem Ambergs sicherlich noch nicht so ausgebildet wie in der Mitte des 16. Jahrhunderts, in der Schwaiger seine Chronik zu Papier brachte. Wir wissen nicht, ob das Dorf Ammenberg, das 1034 erstmals urkundlich erwähnt wird, ummauert war. In der Überlieferung des benachbarten Klosters Ensdorf wird Amberg in der Mitte des 12. Jahrhunderts als befestigter Markt bezeichnet. Die Ummauerung, die den Bürgern Schutz und Sicherheit bot, war neben der Verleihung eines Stadtrechts signifikantes Zeichen der Stadt. Die Wehrhaftigkeit Ambergs verbesserte sich mit der Stadtwerdung in der zweiten Hälfte des 13. Jahrhunderts. Ummauert war dabei der älteste Siedlungskern der Stadt am linken Vilsufer, nicht so eindeutig sind dagegen die Verhältnisse auf der rechten Seite der Vils.

Im April 1317 stiftete König Ludwig der Bayer den Amberger Bürgern ein Spital. Dieses ließ er – wie es in der Urkunde heißt – nahe bei dem Tor, wo man von Amberg nach Nabburg fährt, linker Hand errichten. Das Spital lag außerhalb der damaligen Mauern. Nicht einbezogen in den Mauerring war auch die sogenannte „Georgsvorstadt", die Kirche St. Georg und die in ihrem Schatten erwachsene Siedlung. Dieser Zustand sollte sich 1326 ändern. Wieder war es Ludwig der Bayer, der den Amberger Bürgern tatkräftig unter die Arme griff. Zum Ausbau der Stadtbefestigung übertrug er ihnen auf zehn Jahre den Zoll auf dem Erzberg sowie die übrigen landesherrlichen Zölle und Einnahmen in Amberg. Damit setzte eine Entwicklung ein, die das Weichbild der Stadt bis zum heutigen Tag prägt. Durch die Einbeziehung der außerhalb liegenden Teile in einen Mauerring erhielt die Stadt ihre unverwechselbare Eiform.

Mit der einmaligen Errichtung von Mauern, Toren und Türmen war es nicht getan.

Zur Erhaltung der Stadtbefestigung waren vielmehr immer wieder Ausbesserungen, Ergänzungen, Zwingereinbauten, usw. nötig. Um den Bauunterhalt zu gewährleisten, fand der Rat der Stadt ein recht probates Mittel. Die meisten Bußleistungen der vom Rat geahndeten Übertretungen seiner Satzungen und Gebote kamen der Stadtmauer zugute. Praktisch sah dies so aus, daß der vermögendere Bürger eine bestimmte Zahl von Ziegelsteinen zu liefern hatte, während der ärmere mit eigener Hand ein bestimmtes Stück mauern mußte.

Die Amberger Stadtbrille

Wer bei der Stadtbrille an die seit dem Mittelalter gebräuchliche Sehhilfe in Form optisch geschliffener Gläser denkt, nimmt den Begriff allzu wörtlich. Stein und Wasser helfen vielmehr in Amberg zusammen, aus zwei Bögen eines mittelalterlichen Wassertorbaus die weithin als Wahrzeichen bekannte Stadtbrille zu bilden. Als im Zuge der Verschönerungsmaßnahmen für die Landesgartenschau ein dritter Bogen entdeckt wurde, entbrannte ein „Optiker"-Streit der besonderen Art: Gibt es eine Brille mit drei Augen?

Diese Frage ist durch die inzwischen gefundene Kompromißlösung, in der sich der Amberger Wassertorbau präsentiert, entschieden. Zwei Bögen werden von der Vils durchflossen, der dritte bietet einem durch die ehemalige Remisenmauer optisch kaschierten Fußweg Raum.

Eine wichtige Entscheidungshilfe für das zukünftige Aussehen der Amberger Stadtbrille war die Geschichte dieses Gebäudes. Ihre erste schriftliche Erwähnung findet die Stadtbrille, als die Amberger die Rechtmäßigkeit ihrer Übergabe an Kurfürst Friedrich I. bestätigen mußten. So bekannten 1454 – wie es in der Urkunde heißt – „Bürgermeister, Rat und Gemein zu Amberg", daß sie den „schwipogen" zum Schloßbau gegeben haben. Diese „Überschreibung" erfolgte nicht freiwillig, Kurfürst Friedrich I., dessen rechtmäßige Herrschaft die Amberger ein Jahr zuvor nicht hatten anerkennen wollen, hatte die Aushändigung der Schwibbögen von der Stadt gefordert.

Damit wurde ein Teil der Amberger Stadtbefestigung Bestandteil des kurfürstlichen Schlosses und ging in das Eigentum des Landesherrn über. Für die Stadt Amberg war es von großer Wichtigkeit gewesen, nicht nur ihre Straßen und Plätze durch Mauern und Türme zu sichern. Auch die die Stadt durchfließende Vils durfte keinen Einlaß bieten. Deshalb mußte die Mauer die schiffbare Vils überspannen, durch deren Schwibbögen Ein- und Ausfahrt der Vilsschiffe möglich war. Gleichzeitig konnten die Schwibbögen aber durch eiserne Fallgatter verschlossen werden.

Nach dem Übergang des Wassertorbaus an den Kurfürsten findet sich dieser lange nicht mehr in den schriftlichen Quellen. Auf eine Sanierung der Stadtbrille weist eine Inschrift hin, die die Jahreszahl 1538 nennt. Ein Umbau des Gebäudes erfolgte 1580, wie aus einer weiteren Inschrift deutlich wird. Zwischen den Buchstaben „H" und nochmals „H" steht diese Jahreszahl. Damit dürfte sich der Steinmetz und Baumeister Hans Hauck von Trier verewigt haben, der wiederholt in Amberg nachweisbar ist. Weitere Baumaßnahmen lassen sich für das Jahr 1606 belegen. Ein Verbindungsgang vom Schloß zum Zeughaus wird erstmals 1630 genannt. Im Zuge dieser Umbauten gewann die Stadtbrille ihr heutiges Gesicht. Zwanzig Jahre später werden sogar drei Stockwerke beschrieben, die sich über den Schwibbögen befinden. Vor oder um 1600 wurde der westliche Bogen der Anlage verfüllt. Dies deckt sich auch mit den Ergebnissen der archäologischen Grabungen.

Wegen der Schließung des dritten Bogens wird in der Folgezeit auch nur noch von einem im Wasser der Vils stehenden Pfeiler berichtet. Dieser scheint sich zu Beginn des 17., aber auch zu Beginn des 18. Jahrhunderts in keinem guten Zustand mehr befunden zu haben. Seine Reparatur bzw. die Übernahme der dabei anfallenden Kosten war ein Streitpunkt zwischen der Stadt und dem Landrichteramt Amberg. Dies gilt auch für die bereits erwähnten Eisengatter, die in der Mitte des 18. Jahrhunderts offensichtlich vollständig verrostet an der Stadtbrille hingen.

Die Wiederentdeckung des dritten Bogens und seine Öffnung im Dezember 1990 zog eine teilweise sehr emotionsgeladene und mit großer Vehemenz geführte Diskussion um die zukünftige Gestaltung des Amberger Wassertorbaus nach sich, die in der Frage gipfelte: Welche Brille hätten Sie denn gern?

Amberger Glocken

Nach dem katholischen Kirchenrecht haben die Kirchen und öffentlichen Kapellen ein Recht auf Glocken, um die Gläubigen zum Gottesdienst einzuladen und an herkömmlichen Stunden zum Gebet aufzurufen. Volkskundlich gesehen regelt das Glockengeläut den Ablauf des Arbeitstags, ist Signal für die Abendruhe und leitet den Sonn- und Festtag ein. Daneben verkündet es den Mitmenschen freud- und leidvolle Erfahrungen aus dem jeweiligen Familienleben: Taufe, Hochzeit und Tod. Es ruft die Gläubigen zum Gottesdienst, erhöht das Gepränge kirchlicher Festtage und feierlicher Prozessionen. Daneben melden Glocken Krieg und Frieden, Feuersbrunst und Wassernot im Land. Damit sind die Glocken einer Stadt auch Teil und Zeugen ihrer Geschichte.

Die älteste Glocke Ambergs hängt im Turm der St. Martinskirche. Sie wurde ihrer Inschrift nach am 24. Juli 1318 gegossen, hing bereits im Vorgängerbau der jetzigen Kirche und läutete das erste Mal zu den Zeiten König Ludwigs des Bayern. Leider hat sich ihr Gießer in der Umschrift nicht genannt, so daß die Glocke keiner der damaligen Werkstätten zugeordnet werden kann. Nur um 40 Jahre jünger ist die Glocke, die der Nürnberger Meister Hermann für die St. Georgskirche fertigte. Sie wurde 1358 gegossen und sollte wohl schon Aufnahme in den heutigen Kirchenbau finden, mit dessen Errichtung 1359 begonnen wurde.

Zwei weitere Glocken finden sich in der St. Martinskirche, die noch im Turm der Vorgängerkirche gehangen sein müssen. Eine stammt aus der Werkstatt des Regensburger Gießers Johann Bayr und wurde dort 1399 gefertigt, die andere stammt aus dem Jahr 1405, gibt aber keine Aufschlüsse über ihre Herkunft. Von besonderem Interesse für die Stadtgeschichte ist aber die Glocke, die am Vorabend der Reformation, 1537, für die Martinskirche gegossen wurde. Mit einem Gewicht von 3000 Kilo ist sie die größte Glocke im Turm der Martinskirche. Finanziert wurde das Werk von Rat und Gemeinde der Stadt Amberg sowie – wie es in der Umschrift heißt – von „herzog Friderich pfalcgraf bey Rein sambt dem kuniglichen gemachel". Dieser Pfalzgraf Friedrich ist der nachmalige Kurfürst Friedrich II., der seit 1508 als Statthalter der Oberpfalz fungierte. Er war mit Dorothea von Dänemark verheiratet, die der Glockengießer, Meister Hans von Nürnberg, deshalb zurecht als seine „kunigliche gemachel" anspricht. Diese Mischfinanzierung kommt auch auf den Wappen zum Ausdruck, die Meister Hans auf der Glocke aufbrachte. Neben dem Wappen der Stadt finden sich auch die des Pfalzgrafen und seiner Gemahlin Dorothea. Außer Umschrift und Wappen der Auftraggeber brachte der Glockengießer Reliefdarstellungen der Heiligen Maria und des Heiligen Martin an.

Die Glocken begleiteten die Amberger seit jeher durch ihr Leben und teilten ihren Tag ein. Dies belegen die Ratsbücher augenfällig. Bevor man nicht zu einer bestimmten Messe geläutet hatte, durfte man keine Waren auf dem Wochenmarkt verkaufen. Mittag wars, „wenns von St. Merten zwelfe slacht". Nach dem Läuten der „Feierglocke", die zum Löschen der gewerblichen Herdfeuer aufforderte, durfte niemand mehr auf den Straßen und Plätzen unterwegs sein, die städtischen Wächter hatten ihren Dienst aufzunehmen. Der Türmer von St. Martin wachte über der Stadt, um Gefahren wie heranrückende Feinde oder ausbrechende Feuersbrünste durch Läuten der Glocken zu melden.

Die Hammereinung von 1341

Die sogenannte „Große Hammereinung" von 1387 als eines der frühesten Kartelle der europäischen Wirtschaftsgeschichte wurde bereits des öfteren vorgestellt und gewürdigt. In ihrem Schatten steht aber die Einung, die bereits 1341 von den Städten Amberg und Sulzbach geschlossen wurde.

Der Fachausdruck „Einung" bezeichnet einen rechtskräftigen Vertrag, den zwei oder mehr Parteien miteinander schließen. Der Vertrag, den die Amberger und Sulzbacher Bürger 1341 vereinbarten, betraf die Hammerwerke, die von verschiedenen Amberger und Sulzbacher Bürgern betrieben wurden. Unter Hammer verstanden die Zeitgenossen entweder einen Eisenhüttenbetrieb, den sie Schienhammer, oder einen Veredelungsbetrieb, den sie Blechhammer nannten. Gemeinsam war allen Hammerwerken, daß sie sich der Wasserkraft bedienten und daß sie nicht ohne Feuer auskamen. Dieses brauchte man zunächst einmal zum Ausschmelzen des Eisens aus dem Erz. Die Verarbeitung von Erz wie auch die Weiterverarbeitung von Eisen setzt das Vorkommen und den Abbau dieses Rohstoffes voraus. Amberg und Sulzbach verfügten über große und qualitativ gute Eisenerzvorkommen. Wurde der Bergbau in Regie der beiden Städte betrieben, so waren die Hammerwerke Eigentum von Privatleuten. Ein weiteres kam hinzu, was vor allem die Position der Amberger stärken sollte, die Lage an der Vils. Damit hatten die Amberger auch die Möglichkeit, in den Handel mit dem bedeutenden Erz einzusteigen. Eine Möglichkeit, die sie in der Folgezeit nach Kräften nutzten.

Doch zurück zur Einung von 1341, die sich heute neben vielen anderen wichtigen Urkunden sicher verwahrt im Magazin des Amberger Stadtarchivs befindet. Ausgestellt wurde der „brief" – wie sich die Urkunde selbst nennt – „do man zalt von Christis geburt dreuzehen hundert iar dor nach in dem ain vnd vierzigisten iar des nehsten samtztags vor dem palme tag". Aufgrund von Zeittafeln wissen wir, daß dieser Samstag vor dem Palmsonntag im Jahr 1341 der 31. März war.

Nachdem sich die Aussteller der Urkunde genannt haben, werden im ersten Teil die Löhne der verschiedenen Arbeiter des Hammerwerks festgeschrieben. Auf diese Weise sollte verhindert werden, daß sich die Hüttenbetreiber gegenseitig besonders gute Leute abwarben.

Ein frühes Zeugnis von Emanzipation ist der Aspekt, daß auch Frauen als Eigentümer von Hammerwerken auftreten. In jedem Fall müssen sie aber Amberger oder Sulzbacher Bürger(innen) sein. Weder die Amberger noch die Sulzbacher dürfen mit „Ausleuten", also Auswärtigen eine Hammergesellschaft bilden, oder diesen ihr Hammerwerk verkaufen. Als Buße sieht die Einung die Sperre der Erzlieferungen vor, wodurch die Hammerwerke ihres Rohstoffs beraubt waren. Also ein klassisches Kartell.

Im weiteren formuliert die Einung eine ganze Reihe arbeitsrechtlicher Bestimmungen, die vor allem das Hüttenpersonal und den „Hütkapfer" betrafen. Dieser führte den Betrieb als Werkmeister, während der Unternehmer in der Stadt saß, um dort seinen sonstigen Geschäften nachzugehen und sich der Politik zu widmen. Für die meisten Hammerherren war das Hüttenwerk nur ein Standbein ihrer wirtschaftlichen Tätigkeit. Zudem drängten sie aufgrund ihrer wirtschaftlichen Position in den Rat der jeweiligen Stadt, um auf diese Weise aktiv am politischen Leben teilzunehmen. Dies wird auch in der Hammereinung von 1341 deutlich. Die vertragschließenden Partner sind die Ratskollegien der beiden Städte Amberg und Sulzbach. Leider besitzt die Urkunde keine Nennung von Zeugen, so daß die einzelnen Rats- bzw. Hammerherrn nicht faßbar werden. Erst in der Einung von 1387 sind die Hammerherren namentlich bezeichnet und besiegeln diese auch, so daß die Namen dieser Familien deutlich werden. Von den Ambergern sind dabei vor allem die Rütz, Wollenzhofer, Alhart, Reich und Kastner zu nennen. Diese Familien saßen alle im Amberger Rat. Durch verwandtschaftliche Verbindungen

und Verschwägerungen bestanden enge Beziehungen. Sie zeichneten sich auch durch gemeinsame Lebensart aus. Da sie ihre Rechtsgeschäfte beurkundeten, wird der Umfang ihrer finanziellen Transaktionen und ihres Besitzes in Form besiegelter Pergamenturkunden bis heute faßbar.

Mit der ersten Hammereinung von 1341 wurde der Weg eingeschlagen, der mit der „Großen Einung" von 1387 einen Abschluß fand. Es kam zur Ausbildung eines – modern gesprochenen – oberpfälzischen Kartells im Bereich der Montanindustrie, deren Monopolstellung bis ins 17. Jahrhundert hinein ungebrochen blieb.

Der Amberger Salzhandel

Ein ganz wesentlicher Wirtschaftsfaktor des ausgehenden Mittelalters und der frühen Neuzeit war der Handel mit dem als „weißem Gold" bezeichneten Salz. Salz diente nicht nur der Verfeinerung von Speisen, sondern war neben dem Räuchern die einzige Möglichkeit ihrer Konservierung.

Salzhandel läßt sich im Amberger Raum erstmals 1169 nachweisen, als ein gewisser Heinrich, mit dem Beinamen Salzmesser, ins Kloster Ensdorf eintrat, um Mönch zu werden. Dabei schenkte er seinen nicht gerade geringen Grundbesitz dem Kloster. Es muß also bereits im 12. Jahrhundert in oder bei Amberg einen Umschlagplatz für Salz gegeben haben, der einen Salzmesser nötig machte. Zur Zeit Heinrichs stammte das nach Amberg gebrachte Salz aus Reichenhall, in späterer Zeit vor allem aus Hallein.

Den regen Salzhandel donau-, naab- und vilsaufwärts bis nach Amberg belegt der Regensburger Zolltarif von 1285. Dort heißt es, daß von jeder Kufe Salz, die auf Schiffen nach Amberg gebracht wurde, ein Pfennig Zoll zu entrichten war. In der Folgezeit gelang es dem Rat der Stadt Amberg, den Salzhandel als städtisches Monopol zu betreiben.

Bereits 1410 findet sich erstmals ein Salzhaus am Markt, 1415 der erste städtische Salzmeister genannt.

Dem Rat mußte deshalb daran gelegen sein, dieses städtische Monopol auch durchzusetzen. Der „Knackpunkt" waren dabei die Amberger Schiffsleute, die die Erze vilsabwärts bis nach Regensburg fuhren und auf dem Rückweg das Salz mitbrachten. Die Rück- bzw. Bergfahrt war äußerst beschwerlich, deshalb ist es nur zu gut zu verstehen, wenn sich die Amberger Schiffsleute ein kleines Zubrot verdienen wollten, in dem sie kleinere Mengen des Salzes „schwarz" in die Stadt brachten. Der Rat verbot diesen Schwarzhandel und stellte ihn unter Strafe. Daß die Ratsbücher dieses Verbot mehrfach überliefern, zeigt, daß es ständig übertreten wurde. Deshalb vereidigte der Rat schließlich sogar die Schiffshüter, darauf zu achten, daß in Regensburg nur für die Stadt Amberg bestimmtes Salz geladen wurde. Doch auch diese Rechnung ging nicht auf. Immer wieder wurden Schiffsleute vor dem Rat abgestraft. So mußte Hans Schmeltzl 1437 versprechen, binnen zwei Wochen zwei Gulden zu bezahlen, „darum" – so das Ratsbuch – „daz er ein scheiben saltzs auf dem schiff herauf gefurt hat".

Die Stadt Amberg versorgte aber nicht nur die eigenen Bürger mit Salz sondern praktisch das gesamte Fürstentum der „heroberen Pfalz". Daran änderte sich auch nichts, als Amberg und die Oberpfalz 1628 Bestandteile des bayerischen Kurfürstentums wurden. Der Kurfürst gewann jedoch dadurch stärkeren Einfluß auf den Amberger Salzhandel, daß die Amberger ihr Salz jetzt von dem kurbayerischen Salzamt Stadtamhof (bei Regensburg) beziehen mußten. Dabei handelte es sich ausschließlich um Halleiner Salz, für das der bayerische Kurfürst das alleinige Vertriebsrecht besaß. Zu Beginn des 18. Jahrhunderts wurde der Salzhandel für die Amberger immer schwieriger. Jetzt wurden vertraglich fixierte Abnahmeverpflichtungen seitens des Staates festgeschrieben. Die Amberger mußten für die immer größer werdenden Mengen ständig neue Absatzmärkte erschließen. 1757 wurde in Amberg ein kurbayerisches Salzamt errichtet, über das nun der Verkauf des Halleiner Salzes in der Oberpfalz abgewickelt wurde. Damit wurde der städtische Salzhandel aufgehoben. Das erst 1753 völlig neu erbaute städtische Salzhaus, die Salzstädel und -schiffe gingen in staatlichen Besitz über.

Die Amberger Vilsschiffahrt

Die wirtschaftliche Position des spätmittelalterlichen Amberg beruhte auf drei Säulen: auf den Eisenerzvorkommen des Amberger Bergbaus, auf der Verhüttung der Erze in den sogenannten Schienhämmern und auf ihrem Handel. Dazu bot sich von alters her die Wasserstraße an.

Die Stadt Amberg hatte im Bereich der Vilsschiffahrt alle anderen Konkurrenten ausgeschaltet. Damit verfügte sie über ein sehr einträgliches Monopol. Zwei wichtige Handelsgüter wurden auf der Vils transportiert. Vilsabwärts waren es die Erze, vilsaufwärts vor allem das Salz. Die Transportmöglichkeit der Erze auf der Vils war auch der entscheidende Vorsprung, den die Amberger vor den Sulzbachern hatten.

Im Gegensatz zur Bergfahrt war die Talfahrt der mit Eisenerzen beladenen Vilskähne noch relativ problemlos. Zu Streitigkeiten kam es nur wiederholt mit den Besitzern der verschiedenen Schienhämmer, die die Wasserkraft zum Betrieb ihrer Werke benutzten und deshalb den Fluß stauten. Für die Schiffahrt mußten die Wehre geöffnet werden. Während man vils-, naab- und donauabwärts in einem Tag von Amberg bis Regensburg gelangte, dauerte die Rückfahrt Tage. Die vor allem mit Salzscheiben, aber auch anderen Gütern wie Wein und Getreide beladenen Kähne konnten nur von Pferden gezogen flußaufwärts nach Amberg gebracht werden. Diesen beschwerlichen Transport nannte man „Traideln". Dabei kam es zu häufigen Auseinandersetzungen mit den verschiedenen Anrainern, deren Fluren von den Pferden des öfteren in Mitleidenschaft gezogen wurden.

Amberg verfügte über keinen natürlichen Hafen. Die mit dem wertvollen Salz beladenen Schiffe legten unweit der Martinskirche an. Dies gab der parallel zur Vils verlaufenden Gasse bis zum heutigen Tag den Namen Schiffgasse. Das Löschen der Fracht vollzog sich in Gegenwart städtischer Beamter, die vor allem die Entladung des Salzes und dessen Transport in den nahegelegenen Salzstadel überwachten. Damit verfügte die Stadt Amberg auch über das Monopol im Bereich des Salzhandels. Deshalb erstaunt es nicht, daß die Stadt in diesem sehr einträglichen Geschäft keine Konkurrenz dulden wollte. So finden sich in den Ratsbüchern zahlreiche Einträge über die Abstrafung der Schiffsleute. Diese versuchten wiederholt, um den Gewinn ihrer harten Arbeit etwas zu steigern, Salz in Eigenregie nach Amberg zu bringen.

Während die in Amberg ankommenden Kähne unweit der Martinskirche gelöscht wurden, nahmen sie ihre Erzfracht meistens außerhalb der Stadt auf. Die Verladestätte befand sich beim Wingershof. Diese Erzschütte hatte man zu diesem Zweck befestigen und pflastern lassen.

Wie die erhaltenen Handelsprivilegien, die bis in die Mitte des 12. Jahrhunderts zurückreichen, zeigen, fuhren die Amberger Kaufleute nicht nur bis Passau, wo ihnen der dortige Bischof im Jahr 1166 umfangreiche Zollfreiheiten einräumte, sondern sogar bis Ungarn. Sie reisten aber auch donauaufwärts bis Ulm, wo ebenfalls ein wichtiger Warenumschlagsplatz bestand.

Die Amberger Messen

Von Interesse sind nicht nur die Handelszüge, die im Auftrag vermögender Amberger Kaufleute für den Warenaustausch sorgten. Wichtig ist auch die Stadt selbst als Umschlagplatz für die unterschiedlichsten Güter. Gemeint sind dabei weniger die Amberger Wochenmärkte, bei denen

Güter des täglichen Bedarfs gehandelt wurden, als vielmehr die in der Stadt abgehaltenen Messen.

Erstmals wird mit dem Privileg Pfalzgraf Ruprechts I. vom 10. Juni 1351 eine Messe faßbar, die jährlich von „Margarethe" bis „Jakobi" (12. bis 25. Juli) dauern sollte. Allen Kaufleuten und Gästen, die dazu nach Amberg kommen wollten, sicherte der Pfalzgraf Frieden und freies Geleit zu. Deshalb gebot Ruprecht I. den landesherrlichen Amtsleuten, die Kaufleute mit ihren Waren auf dem Weg von und nach Amberg durch das pfalzgräfliche Gebiet zu geleiten. Fast alle weiteren Bestimmungen des nur abschriftlich erhaltenen Privilegs zielten ebenfalls auf die Aufrechterhaltung der Sicherheit ab.

Schon zwei Jahre später erweiterte Pfalzgraf Ruprecht I. sein erstes Privileg beträchtlich. Jetzt war bereits von drei Messen die Rede und zwar für die Zeit von acht Tagen vor bis acht Tage nach Pfingsten, acht Tage vor bis acht Tage nach „Jakobi" (25. Juli) und schließlich acht Tage vor bis acht Tage nach „Kreuzerhöhung" (14. September). 1364 erhielt die Stadt Amberg ein drittes Messeprivileg, durch das die jeweiligen Messen deutlich verkürzt wurden. Verlegt wurde dabei die Messe, die am Fest Kreuzerhöhung abgehalten werden sollte, auf die Kalte Kirchweih (11. November). Möglicherweise wollte der Landesherr die Amberger Messen auf diese Weise besser in das System oberdeutscher Messen eingliedern. Wie aus der Amberger Überlieferung hervorgeht, wurde die „Kalte Kirchweih" in Amberg jedoch immer am 14. September begangen. Vielleicht wollte man damit die Verlegung von 1364 umgehen.

Leider lassen sich die Güter, die in Amberg während dieser Messen angeboten wurden, nur selten fassen. Der Grund ist recht einleuchtend. Aktenkundig wurden diese Vorgänge nur, wenn es zu Auseinandersetzungen kam. So beauftragten beispielsweise Nürnberger Kaufleute 1454 einen Amberger Fuhrmann mit dem Rücktransport von Tuch, das sie in Amberg nicht hatten verkaufen können. Entgegen dem Privileg der Nürnberger Kaufleute verlangte der Amberger Hofkastner für dieses Tuch Zoll.

Von insgesamt drei Messen blieben zwei als Jahrmärkte oder Dulten bis heute bestehen. Im 18. Jahrhundert wurden sie zwar von Handelsleuten aus Nürnberg, Bayreuth, Regensburg, Augsburg und Frankfurt beschickt. Es überwog jedoch bereits der Anteil einheimischer Händler. Zu Beginn des 19. Jahrhunderts zählte Joseph von Destouches in Amberg 36 Handelsleute. Von diesen waren aber aus seiner Sicht nur 15 wirkliche Handelsleute, die übrigen Krämer. Insgesamt gab es nur drei oder vier Großhandelskaufleute mit ordentlichen Lagern, die vor allem mit Tuchen und Seidenwaren handelten. Dies gilt auch für die größeren der Krämer, die sich jedoch zusehends auf Kurzwaren und Spezereien verlegten. Die unterste Stufe der Amberger Handelsleute bildeten sogenannte Gewürzkrämer, die ihre Ware stets mit sich tragen konnten.

Das Amberger Münzwesen

Das Recht, Münzen zu schlagen, war ursprünglich dem König bzw. Kaiser vorbehalten. Doch schon im 13. Jahrhundert ging dieses Regal, königliche Recht, auf die verschiedenen Landesherrn über. Damit konnten auch der bayerische Herzog und der pfälzische Kurfürst daran gehen, eigene Münzen zu prägen. Hauptort der „heroberen Pfalz“ war Amberg, so daß es nicht verwundert, daß hier eine Münzstätte errichtet wurde, die unter der Leitung eines Münzmeisters stand. Die Münzstätte Amberg läßt sich erstmals 1274 nachweisen. In ihr ließ Herzog Ludwig II. Münzen prägen. Wurden anfangs nur Pfennige in Amberg geschlagen, so erhielt Pfalzgraf Ruprecht I. 1349 von Kaiser Karl IV. das Recht, in Amberg auch Haller zu prägen. Dieses sehr einträgliche Recht verpachtete Ruprecht I. an Friedrich Alhart, der aufgrund seiner ausgedehnten Handelsbeziehungen auch die Möglichkeit besaß, das zur Münzprägung benötigte Silber zu beschaffen. Den Reichtum Friedrich Alharts, der durch seine Tätigkeit als Münzmeister noch beträchtlich gesteigert wurde, dokumentiert 1370 seine Stiftung der sogenannten „Praedicatur", der Predigerstelle, in die Amberger Martinskirche.

Die Zeit des kurpfälzischen Münzwesens in Amberg endete 1538. Besonders unter der Statthalterschaft Pfalzgraf Friedrichs, des späteren Kurfürsten Friedrichs II., waren in Amberg noch prächtige Münzen geschlagen worden. Erwähnenswert sind besonders die „Schaumünzen", die Friedrich prägen ließ, als er mit der Reichsstatthalterschaft betraut worden war. Den vom Münzmeister Martin Lerch hergestellten Münzen lagen teilweise Entwürfe Albrecht Dürers zugrunde.

Bald nach der Übernahme der Oberpfalz durch den bayerischen Herzog Maximilian I., 1621, wurde die Amberger Münzstätte wieder in Betrieb genommen. Diese Phase findet sich zumeist als „Kipperzeit" bezeichnet, die Münzmeister arbeiteten teils auf eigene, teils auf Rechnung Dritter. Bereits 1628 mußte die Amberger Münzstätte wieder geschlossen werden.

Mehr als 130 Jahre lang wurde in Amberg keine Münze mehr geschlagen. Erst 1762 befahl Kurfürst Max III. Joseph dem Münz- und Bergkollegium die Wiederinbetriebnahme der Amberger Münzstätte. Am 4. Oktober 1762 wurde mit der Stadt Amberg ein Vertrag über die Wasserkraft geschlossen und der Bau der kurbayerischen Münzstätte „in der ehemaligen Baron von Hanekampschen Behausung" am Spitalgraben in Amberg begonnen. Ein Jahr später, am 5. Oktober 1763, nahm die Amberger Münze ihre Tätigkeit auf. Geprägt wurden, um nur einige zu nennen: der Wappentaler Kurfürst Max III. Joseph von 1763, der erste bayerische Levantetaler von 1768 und der Konventionswappentaler von 1794. Im gleichen Jahr, am 18. Oktober, kam jedoch schon das endgültige Ende der Amberger Münzstätte.

Ein allerletztes Nachspiel erfuhr die Amberger Geldgeschichte in den 20er Jahren unseres Jahrhunderts. Die Münzen des Amberger Notgeldes wurden von der Porzellanmanufaktur in Meißen erstellt. Sie zeigten den Turm der Martinskirche, um ihrer 500jährigen Geschichte zu gedenken. Mit der Inflation wurde aber auch städtisches Papiergeld in Umlauf gebracht. Der „Einhundert-Millionen-Mark"-Schein vom 1. Oktober 1923 zeigte das Wingershofer-Tor. Das gleiche Bild wurde auch für den „Eine-Milliarde-Mark"-Schein vom 15. Oktober 1923 verwendet. Am 20. Oktober wurde ein „10-Milliarden-Mark"-Schein in Umlauf gebracht, auf dem das Amberger Rathaus abgebildet war. Bei den städtischen Billionenscheinen vom 1. November 1923 wurde auf eine bildliche Darstellung verzichtet. Mit dem Zusammenbrechen der Inflation endete auch die Geschichte des Amberger Geldes.

Die Friedhöfe

Grundsätzlich wurde das Friedhofs- und Bestattungsrecht durch das Kirchenrecht geregelt. Eine Änderung brachte in Deutschland erst 1900 das Bürgerliche Gesetzbuch. Unter kirchlichem Begräbnis im engeren Sinne versteht das Kirchenrecht das pfarrliche Recht der Aussegnung der Leiche eines Getauften und deren Beisetzung in geweihter Erde unter Gebeten und Segnungen. Das Begräbnisrecht stand bis 1900 nur dem Pfarrer zu. Bis zur Übertragung der Kirche an die Jesuiten im Jahr 1629 war St. Georg die Amberger Pfarrkirche. Während in der Chronik des Cosmas von Prag 1094 erstmals eine Amberger Pfarrkirche – nämlich St. Georg – außerhalb des Ortes genannt wird, bestand im alten Siedlungskern an der Vils sicherlich auch bereits eine dem heiligen Martin geweihte Kirche. Jedes der beiden Gotteshäuser war von einem Friedhof umgeben. Michael Schwaiger berichtet in seiner 1564 erschienenen Chronik, daß bei St. Georg „vor alters her" sich der Stadt „Begrebnis" befindet. Gleichzeitig erwähnt er eine kleine Kapelle „auff dem Kirchhoff, ... S. Vlrich genannt". Gemeint ist damit der heute nicht mehr sichtbare Karner, also das Beinhaus, des Georgsfriedhofs. Ein solches Beinhaus befand sich auch auf dem Friedhof der Martinskirche. Dieses ist in der heutigen Sakristei aufgegangen.

Durchbrochen wurde das alleinige Recht des Pfarrers, Bestattungen vornehmen zu dürfen, vor allem von Spitälern und Siechhäusern, wie sie sich auch in Amberg außerhalb der Stadtmauer befanden. War das eine der heiligen Dreifaltigkeit geweiht, so hatte das andere die heilige Katharina zur Patronin.

Im 16. Jahrhundert ging man in Amberg – wie auch in den meisten anderen Städten – daran, die Friedhöfe von der Pfarrkirche weg vor die Mauern der Stadt zu verlegen. Dafür gab es eine ganze Reihe von Gründen. Häufig waren die Friedhöfe zu klein geworden, Erweiterungsmöglichkeiten gab es in der frühneuzeitlichen Stadt nicht. Der Anstoß ging in Amberg vom Landesherrn aus. 1533 schlug Pfalzgraf Friedrich II. vor, die Toten nicht mehr in der Stadt zu begraben. Sie sollten vielmehr in den beiden Friedhöfen bei der Dreifaltigkeit und St. Katharina beigesetzt werden. Die Grenze des jeweiligen Einzugsgebiets sollte die Vils bilden. Doch offensichtlich konnten sich die Amberger Ratsherrn anfangs nicht recht für diesen Vorschlag erwärmen. 1541 verboten sie lediglich, Tote aus dem flachen Land oder aus den Siechhäusern zur Bestattung in die Stadt zu verbringen. In der schon erwähnten Chronik Schwaigers findet sich noch kein Hinweis auf einen Friedhof bei der Dreifaltigkeit. Er berichtet nur von der schönen kleinen Kirche, die dort 1514 gebaut worden war. Erst im Juli 1579 gingen zwei Amberger Ratsherren in ihrer Funktion als Verwalter des Siechenhauses bei der Dreifaltigkeit daran, ein Gartengrundstück zur Anlage eines Friedhofes zu erwerben, der 1580 eröffnet werden konnte. Auch der Katharinenfriedhof existierte in der Mitte des 16. Jahrhunderts, als Schwaiger seine Chronik verfaßte, noch nicht, sondern wurde erst später angelegt.

Während der Georgsfriedhof bereits dem Bau des Jesuitenkollegs in der zweiten Hälfte des 17. Jahrhunderts weichen mußte, bestand der Martinsfriedhof noch bis 1780 fort. Heute erinnert nur noch die aus dem 16. Jahrhundert stammende Ölberggruppe an den einstigen Friedhof im Herzen der Stadt.

Die Beinhäuser

Ein Schauer befällt die meisten, die erstmals ein Beinhaus besuchen. In Reih und Glied liegen vor dem Betrachter die Schädel und Knochen Verstorbener. Und doch kann sich dieser makabren Ästhetik kaum jemand entziehen. Es ist fast in Vergessenheit geraten, daß auch in Amberg zwei solcher Beinhäuser bestanden.

Bei einem Beinhaus handelt es sich um einen Raum, der der Aufbewahrung von auf dem Friedhof geborgenen Gebeinen dient. Dieser, meist ein eigenes Gebäude in Form einer Kapelle, wird, wie Radulfus Glaber schon 1045 schrieb, im Volksmund Karner genannt. Die Kapellenform wurde nicht zufällig gewählt, war doch mit der eigentlichen Beinkammer häufig ein Kultraum verbunden, in dem für die Seelen der Verstorbenen die heilige Messe gelesen werden konnte. Häufig war auf dem dort befindlichen Altar eine Messe gestiftet worden, wie dies etwa auch in Amberg der Fall war.

Im spätmittelalterlichen Amberg bestanden die beiden Friedhöfe, die die Pfarrkirche St. Georg und die St. Martinskirche (mit deren Neubau 1421 begonnen wurde) umgaben. Auf Grund der räumlichen Enge der spätmittelalterlichen Stadt konnten die Friedhöfe nicht über ein bestimmtes Maß hinaus erweitert werden, deshalb mußten immer wieder Grabstellen aufgelassen werden. Die dabei auftauchenden Gebeine nahm der zum jeweiligen Friedhof gehörige Karner auf.

Das Beinhaus, das zum Georgsfriedhof gehörte, ist heute nicht mehr sichtbar. Als der Amberger Bürgermeister Michael Schwaiger 1559 seine Chronik verfaßte, bestand dieser Karner noch: „Bey dieser Kirchen [= St. Georg] ist vor alters her vnd noch der Stad Begrebnis, vnd auff dem Kirchhoff eine kleine Capellen, S. Vlrich genannt, stehet gar an der Stadtmawer, vnd ist ein Thurm der Stadtmawer darein gefast." Auch aus anderer Überlieferung wird deutlich, daß dieses Beinhaus mit einer Messe verbunden war, die auf einem dem Heiligen Ulrich geweihten Altar gelesen wurde.

Noch aus dem ersten Drittel des 16. Jahrhunderts kennen wir die Einnahmen, die der jeweilige Kaplan der Ulrichsmesse bezog. Aus dem Jahr 1533/34 stammt eine Rechnung dieses Benefiziums. War der Heilige Ulrich ursprünglich ein beliebter Patron des Adels, so wurde er im ausgehenden Mittelalter mehr und mehr zum Volksheiligen und Nothelfer.

Erhalten hat sich dagegen bis auf den heutigen Tag – wenn auch in überbauter Form – der Karner, der zum Martinsfriedhof gehörte. Auch hier war das Beinhaus mit einer Meßstiftung verbunden, der Altar dem Heiligen Leonhard geweiht. Die ehemalige Beinkammer dürfte mit dem gewölbten Untergeschoß der heutigen Sakristei zu identifizieren sein. Seit dem 11. Jahrhundert galt Leonhard als Patron der Gefangenen und Kranken, der Pilger und der Kreuzzüge. Erst im Spätmittelalter wurde Leonhard zum Bauern- und Viehpatron. Dieser Karner war schon zu Zeiten Michael Schwaigers überbaut und diente – wie wohl auch die Ulrichskapelle – schon nicht mehr als Beinhaus. So schreibt Schwaiger: „So ist zur Rechten Hand daran [gemeint ist die St. Martinskirche] St. Leonhardi Capellen, darinn die Sacristey und oben darauf eine gewölbte Librerey ist." Die Kapelle, bei der sich auch eine Meßstiftung befand, diente nach Schwaiger als Sakristei, während sich darüber eine „Librerey", eine Bibliothek, befand.

Beisetzungen in der St. Martinskirche

Während der „Normalsterbliche" des Spätmittelalters und der frühen Neuzeit in den beiden genannten Friedhöfen bei St. Georg und St. Martin seine letzte Ruhestätte fand, verfügten die großen Geschlechter der Stadt mit den von ihnen gestifteten Kapellen in St. Martin über eigene Grablegen.

Die Kerzen auf den Altären wurden gelöscht. Der Schulmeister verließ mit seinen Sängern die Martinskirche. Der letzte Ton der „Missa defunctorum", der Messe für die Verstorbenen, war im Kirchenschiff, das seine zukünftige Größe erst ahnen ließ, verklungen. Es war ein bitterkalter Januartag des Jahres 1448. Die Gläubigen hatten am Seelamt und an der Beisetzung Jordan Giessers teilgenommen, der – wie aus der Inschrift auf seinem Grabstein hervorgeht – am „Mittwoch vor Erhardi", am 3. Januar, 1448 verstorben war. Giesser wurde freilich nicht in dem Friedhof beigesetzt, der die Martinskirche damals noch umgab, sondern im Inneren der Kirche, in der Sebastianskapelle. Schon zu Lebzeiten hatte Jordan Giesser, der zu den führenden Amberger Familien seiner Zeit gehörte, in die eben erst erbaute Kapelle einen Altar zusammen mit einer Messe gestiftet. Damit hatte er auch das Recht erworben, direkt vor seinem Altar beigesetzt zu werden.

Viele vermögende Amberger Familien gingen in der Folgezeit daran, sich – im wahrsten Sinne des Wortes – in der Amberger Martinskirche zu verewigen. Davon künden bis zum heutigen Tag nicht nur ihre Wappen über den Seitenkapellen der Kirche, sondern vor allem auch ihre Grabsteine. Jordan war auch nicht der letzte Giesser, der sein Grab in St. Martin fand. 1491 folgte ihm „der erber Christoph Giesser, dem Gott genad", wie auf seinem Grabstein zu lesen ist.

Mit der Altarstiftung in die Kapelle war – wie bereits erwähnt – die Stiftung einer entsprechenden Messe auf dem jeweiligen Altar verbunden. Das bedeutet, daß für diesen Altar ein eigener Geistlicher angestellt wurde, der die Messen zu lesen hatte. Sein Einkommen bestand aus Zinsen und Naturalien von den Bauernhöfen, die zur jeweiligen Messe gestiftet worden waren. Jeder, der es sich leisten konnte, einen Geistlichen und eine Messe zu unterhalten, hatte auch die Möglichkeit, in der Kirche beigesetzt zu werden. Am Vorabend der Reformation waren in der Martinskirche auf diese Weise fast 50 Geistliche tätig. In den meisten Fällen lag das Präsentationsrecht dieser Messen (das

Recht den geistlichen Inhaber gegenüber dem Regensburger Bischof vorzuschlagen) beim Rat. 1516 griff Christoph Giesser unmittelbar in die Besetzung der Giessermesse ein und empfahl seinen Vetter, den Geistlichen Andreas Giesser.

Ein anderes Beispiel sind die Kastner, die ebenfalls ihre Kapelle als Grablege der Familie benutzten. 1441 stiftete Georg Kastner die Barbaramesse. Es ist kein Zufall, daß die Kastner gerade der Heiligen Barbara eine Messe weihten; ist sie doch die Heilige des Bergbaus. Diesem und der Verhüttung der Erze in Schienhämmern verdankten die Kastner wie übrigens auch die Giesser ihren Reichtum und ihre gesellschaftliche Stellung. Der „Castner der ellder, den Got genad“ hat auch in dieser Kapelle unter einer schweren Platte aus rotem Marmor seine letzte Ruhestätte gefunden. 1454 stiftete Gregor Kastner eine dem heiligen Thomas geweihte Messe im Chor der Kirche. Hier wurde der 1493 verstorbene Hans Kastner beigesetzt.

Neben den Amberger Geschlechtern wurden Vertreter von Adel – allen voran Vertreter des regierenden Hauses der Wittelsbacher – und Geistlichkeit in der Kirche bestattet. Erst 1783 schaffte der aufgeklärte Staat die Beisetzungen in Kirchen ab. Somit ist ein aufmerksamer Besuch der Martinskirche auch ein Gang durch die Geschichte der großen Amberger Familien.

Das Grabmal Pfalzgraf Ruprecht Pipans

Am 25. Januar 1397 starb in Amberg Pfalzgraf Ruprecht, der den Beinamen Pipan führte. Ruprecht war der erstgeborene Sohn Kurfürst Ruprechts III. (1352–1410), der von 1400 bis 1410 die Krone des Deutschen Reichs trug, und dessen Gemahlin Elisabeth (1358–1411). Sie war eine Tochter Friedrichs V., des Nürnberger Burggrafen. Pfalzgraf Ruprecht

Pipan starb nicht nur in Amberg, sondern hatte am 20. Februar 1375 auch hier das Licht der Welt erblickt. Da man mit dem Bau des neuen Schlosses erst 1417 begann, wurde Ruprecht Pipan noch in der alten Residenz der Pfalzgrafen-Kurfürsten geboren. Er hatte sich mit Elisabeth von Sponheim (1365–1417), einer Angehörigen des pfälzischen Adels, vermählt.

Aventin überliefert in seiner „Bayerischen Chronik", daß der junge Pfalzgraf auch am Zug gegen die Türken beteiligt war. Nur mit Mühe entging er dabei dem sicheren Tod. Wie Aventin schreibt, mußte er dabei „all sein leut und guet" hinter sich lassen. Aventin fährt fort: „Er kam mit gar wenigen wider zu land und starb in kurzen Tagen zu Amberg; da ligt er begrabn in samt Martins kirchen." Bis zu seinem frühen Tod vertrat Ruprecht die Interessen der Kurpfalz in Amberg. Seine letzte Ruhestätte fand der erst 22-jährige Pfalzgraf, dem es auf Grund seiner wenigen Lebensjahre nicht vergönnt war, ein eigenständiges Profil als Fürst und Landesherr zu entwickeln, im Vorgängerbau der heutigen St. Martinskirche. Die Tumba, die die sterblichen Überreste Ruprechts birgt, wurde in der ersten Hälfte des 15. Jahrhunderts in den Chor des jetzigen Kirchenbaus übertragen. Sie befindet sich hinter dem Hochaltar.

Dieses Hochgrab vermittelt auch ein recht anschauliches Bild des Pfalzgrafen.

Er ruht fast vollplastisch auf der Deckplatte der in Sandstein gemeißelten Tumba, gekleidet in Harnisch mit Fürstenmantel und -hut. Mit der rechten Hand hält er das Banner mit den weiß-blauen Rauten, mit der linken das pfalzbayerische Wappen. Unter diesem springt ein kleiner Hund zu seinem Herren empor. Die Füße des Pfalzgrafen ruhen auf einem Löwen. Das von Locken umrahmte Haupt des Pfalzgrafen wird von zwei Engeln flankiert, von denen der eine das Rautenbanner entrollt, der andere das Kissen hält, auf dem Ruprecht ruht. Diese korrespondieren mit zwei weiteren Engeln zu Füßen des Pfalzgrafen. Ein Spruchband umrahmt die gesamte Deckplatte. In gotischen Minuskeln enthält sie folgende Inschrift: „Anno · d[omin]i ·

MCCCXCVII · obiit · illustr[is] · princ[eps] · dominus · Rupert Pipan comes · palatinus Reni · utr[iusque] · Bavarie · dux · in · die · conu[er]sionis · s[ancti] · Pauli." Übersetzt lautet die Inschrift: Im Jahre des Herrn 1397 starb der berühmte Fürst, Herr Rupert Pipan, Pfalzgraf zu Rhein, Herzog beider Bayern (= Ober- und Niederbayern), am Tag der Bekehrung des Heiligen Paulus (= 25. Januar).

Die Seitenwände des Hochgrabes zeigen unter Spitzbogenarkaden Szenen aus der Heiligen Schrift: Die östliche Längsseite stellt die Grablegung Christi dar, die westliche den Tod Mariens, die südliche Schmalseite die Kreuzabnahme Christi, die nördliche seine Auferstehung. Damit sind diese Darstellungen gleichzeitig auch theologisches Programm. Dies wird besonders deutlich, wenn die Kreuzabnahme mit der Auferstehung korrespondiert. Die Überwindung des Todes des einzelnen Menschen durch den Kreuzestod und die Auferstehung Christi. Gerade sie ist besonders beeindruckend gestaltet. Unter Spitzbogenarkaden sehen wir die Szene vor uns. In der Mitte der Auferstandene, die Rechte segnend erhoben, in der Linken eine Fahne haltend. Er sitzt auf dem geöffneten Grab. Umgeben ist er von fünf Personen, gekleidet nach der Mode des ausgehenden 14. Jahrhunderts. Zu Füßen des Auferstandenen kauert ein Wächter, angetan mit Rüstung und Helm, der sich den leicht geneigten Kopf hält. Wie auch auf der Deckplatte finden wir auf der rechten Seite zu Füßen des Auferstandenen einen Hund als Symbol der unverbrüchlichen Treue. Die Reliefs an der Tumba Pfalzgraf Ruprecht Pipans sind künstlerisch hochinteressante Heidelberger Arbeiten. Die Schwere der Romanik ist noch nicht ganz gewichen, das Filigrane der Gotik hat noch nicht eingesetzt. Die Tumba bildet damit gleichsam ein Bindeglied zwischen dem romanischen Kirchenbau und der gotischen St. Martinskirche.

Bistum Amberg

Ausgehend von der heutigen Diözesaneinteilung wirkt die Nennung eines Amberger Bischofs nur schwer verständlich und doch gab es einige Jahre ein „Bistum Amberg". Das große abendländische Kirchenschisma zu Beginn des 15. Jahrhunderts erreichte seinen Höhepunkt, als sich 1408/09 drei Päpste gegenüberstanden: der römische Papst Gregor XII., der auf dem Konzil von Pisa gewählte Alexander V. und schließlich der in Frankreich residierende Benedikt XIII.

An der Spitze des Reiches stand damals König Ruprecht, der als Kurfürst Ruprecht III. auch Landesherr Ambergs und des Fürstentums „der heroberen Pfalz in Bayern" war. König Ruprecht hielt an Angelus Corrarius fest, der am 30. November 1406 gewählt worden war und als Gregor XII. den Stuhl Petri bestiegen hatte, und erwartete die gleiche Parteinahme vom deutschen Klerus und seinen Untertanen. Im Bistum Regensburg gab es in dieser Frage keine Schwierigkeiten, so lange Bischof Johann I. von Moosburg der Diözese vorstand.

Zu einer Veränderung der Verhältnisse kam es, als nach seinem Tod, 1409, Albert III., Stauffer von Stauffenberg, den Regensburger Bischofsstuhl bestieg. Anders als sein Vorgänger war Bischof Albert ein Anhänger des Konzilspapstes Alexanders V., der ihn auch in seinem Amt bestätigte. Mit der Entscheidung Bischof Alberts III. griff das Schisma auch auf die Diözese Regensburg über. König Ruprecht ging deshalb daran, mit Zustimmung „seines" Papstes, Gregors XII., in der „heroberen Pfalz" ein eigenes Bistum zu errichten. Zum Sitz des Bistums bestimmte der König Amberg, den zentralen Ort „der heroberen Pfalz", in dem Ruprecht darüber hinaus das Licht der Welt erblickt hatte.

Über den ersten „Amberger" Bischof, einen Presbyter namens Hermann, geben die erhaltenen schriftlichen Quellen nur wenig Aufschluß. Es kann nicht einmal mit Sicherheit gesagt werden, ob er noch zu Lebzeiten König Ruprechts (der König starb am 18. Mai 1410) seinen Einzug in Amberg hielt. Wesentlich besser ist die Überlieferung für seinen Nachfolger, Conrad de Susato, der seit 1413 das Amberger Bischofsamt inne hatte. Conrad de Susato, Konrad von Soest, läßt sich 1387 als Student in Heidelberg nachweisen, wo er 1391 den Magister- und 1407 den Doktorgrad der Theologie erwarb. 1410 wurde Konrad Professor der Theologie in Heidelberg. Konrad hatte nicht nur zum inzwischen bereits verstorbenen König ein sehr gutes Verhältnis, sondern auch zu dessen Nachfolger, König Sigmund. Als im Jahr 1415 das Schisma beigelegt wurde, endete auch die Geschichte des Bistums Amberg. Kein Ende nahm dagegen die Karriere des Conrad de Susato. 1428 bestieg er als Konrad VII. den Regensburger Bischofsstuhl, 1432 führte er auf dem Konzil von Basel den Vorsitz der dogmatischen Kommission. Am 18. Mai 1437 starb er.

Nicht ganz gesichert erscheint es, ob diese kurze Zeit des Bistums Amberg nicht doch eine Auswirkung bis zum heutigen Tag hat. Mehrfach wurde der 1421 begonnene Bau der Amberger St. Martinskirche mit dem Bischofssitz in Verbindung gebracht. Vielleicht war dem – gemessen an der damaligen Einwohnerzahl – reichlich überdimensionierten Kirchenbau, der größten gotischen Hallenkirche der Oberpfalz nach dem Regensburger Dom, die Aufgabe einer „Kathedralkirche" des neuen Bistums Amberg zugedacht.

Die Schlußsteine der Amberger Ratskapelle

Das Amberger Rathaus, wie es sich heute präsentiert, geht in seinem Kern auf die zweite Hälfte des 14. Jahrhunderts zurück. Zu seiner Erstausstattung gehörte neben einem Teil des heutigen „Großen Saals" das „Gotische Zimmer". Seine Funktion als Sakralraum wird nicht nur durch die Verwendung von Birnstabrippen, sondern vor allem auch durch die Gestaltung der drei Schlußsteine unterstrichen. Der Bildhauer wählte dafür einen bärtigen Männerkopf, drei ineinander verschlungene Jünglinge sowie einen Löwen, der drei vor ihm liegende Löwenjunge anhaucht.

Für den Menschen des Mittelalters standen vielfach Symbole stellvertretend für den Inhalt. Ist dies bereits teilweise im Alltagsleben zu beobachten, so umso mehr, wenn es um die Geheimnisse des christlichen Glaubens ging. Besonders beliebt waren dabei Symbole aus dem Bereich der Natur. Ein ganzes Buch mit solchen Naturgeschichten, die christlich gedeutet wurden, stammt von einem anonymen Autor des zweiten nachchristlichen Jahrhunderts, der sich „Physiologus" nannte. „Physiologus" bezeichnete man in der Spätantike einen „Naturkundigen", der es verstand, die transzendente Bedeutung der sichtbaren Natur metaphysisch, moralisch oder mystisch zu interpretieren. Der „Physiologus" erzählt von den Eigenschaften bekannter aber auch sagenhafter Tiere, wie dem Löwen oder dem Einhorn. Diese Naturgeschichten deutet er anschließend auf Christus oder den Teufel oder sonst religiös. Sein Werk erfreute sich während des ganzen Mittelalters großer Beliebtheit und fand rasch Verbreitung im ganzen Abendland. Bald durchdrang es die mittelalterliche Dichtung und die bildende Kunst.

Vor diesem Hintergrund sind auch die drei Gewölbeschlußsteine des „Gotischen Zimmers" zu sehen. Von besonderem Interesse ist der Schlußstein mit den Löwen. Ihre Darstellung geht auf eine Geschichte des „Physiologus" zurück, nach der die Löwen ihre Jungen tot gebären würden. Erst nach der Geburt würde ihnen der Löwenvater das Leben einhauchen. Diese Vorstellung suchte der „naturkundige" Meister nun christlich auszulegen. Der Löwe als Symbol der Kraft, der Stärke, des Lebens schlechthin schenkt seinen drei Jungen das Leben. Drei Tage nach seinem Tod stand Christus von den Toten auf. Somit wurde die Darstellung des lebenspendenden Löwen zum Symbol der Auferstehung Christi von den Toten. Getreu der literarischen Vorlage gestaltete der Bildhauer diesen Schlußstein im „Gotischen Zimmer".

Auch die drei ineinander verschlungenen Jünglinge sind symbolisch zu interpretieren. Sie stehen für den ewig jungen, unteilbaren dreifaltigen Gott. Schwieriger zu deuten ist der dritte Schlußstein. Vielleicht handelt es sich bei dem bärtigen Männerhaupt um eine Aposteldarstellung. Die Deutung der Schlußsteine gab den Ausschlag dafür, daß das „Gotische Zimmer" als ehemalige Ratskapelle angesehen wird. Offensichtlich versammelten sich auch die Amberger Ratsherren des Spätmittelalters vor ihren Sitzungen in der Kapelle, um einige Minuten im Gebet zuzubringen.

Von der „Winkel-Schule" zum Gymnasium

Schon im 14. Jahrhundert bestanden neben der Lateinschule von St. Martin deutsche „Winkel-Schulen", in denen einigen Knaben die Grundbegriffe des Lesens, Schreibens und Rechnens vermittelt wurden. Unter zusammengesetzten Hauptwörtern, deren erster Bestandteil das Wort „Winkel" bildet, versteht man Einrichtungen, die nicht so recht der Norm entsprechen. „Winkel-Wirtshäuser" waren Gaststätten, die über kein ordentliches Schankrecht verfügten, in „Winkel-Schulen" unterrichtete ein „Lehrer" nach eigenem Gutdünken, ohne einer irgendwie gearteten kommunalen oder staatlichen Schulaufsicht zu unterliegen. Alle diese Bezeichnungen werden abschätzig gebraucht, dies gilt manchmal auch für einen heute als „Winkel-Advokaten" gescholtenen Rechtsanwalt.

Doch zurück zum Schulwesen. Insgesamt waren aber im 15. Jahrhundert immer noch die Orden die Träger der Bildung. In Amberg übernahmen seit 1452 die Franziskaner pädagogische Aufgaben bei den Knaben, seit 1462 die

„Lehrfrauen" (wohl Franziskanerinnen) bei den Mädchen. Ein weltlicher Schulmeister taucht erstmals 1472 in den Quellen auf: „Johannes Kranz von Pettstadt ist begonnt zwey jar hie frey ze sitzen und kinder zu leren und schul zu halten." Johannes Kranz, dessen Wirken schon unter städtischer Kontrolle stand, war zwei Jahre von Steuern und Abgaben befreit und mußte dafür die Kinder unterrichten. Freilich dürfen wir uns kein festes Schulhaus mit Unterrichtsräumen vorstellen. Kranz wird den Kindern in seiner Wohnstube das Lesen, Schreiben und Rechnen nach eigenem Ermessen beigebracht haben.

Seit 1540 ging die Stadt daran, die Lehrer zu entlohnen. Mit der damit einsetzenden „Kommunalisierung" des „deutschen" Schulwesens – im Gegensatz zum „lateinischen" – konnte sie auch Einfluß auf die Lehrinhalte nehmen. Der Amberger Bürgermeister Michael Schwaiger berichtet in seiner 1564 gedruckten Chronik bereits von „zwey Knaben vnd zwey Meidle schul, in denen der deutsch Catechismus, das Lesen, Schreiben vnd Rechnen vleissig gelernet wird". Die Gesamtzahl der Schülerinnen und Schüler gibt Schwaiger mit 280 an.

Wesentlich elitärer als in der „deutschen" Schule war die Ausbildung in der bereits erwähnten „Lateinschule". Eine Lateinschule bei St. Martin läßt sich in Amberg seit 1385 nachweisen. In diesem Jahr unterrichtete ein Schulmeister 24 Zöglinge vor allem in Latein und Religion. Später kam auch hier Deutsch-Lesen und -Schreiben hinzu. Die Hauptintention der Schule bestand darin, begabten Bürgersöhnen den Übertritt zur Universität zu erleichtern. Nicht wenige Amberger nahmen im 15. Jahrhundert ein Studium in Heidelberg oder in Ingolstadt auf.

Zur Einführung des höheren Schulwesens in Amberg kam es mit der Niederlassung der Jesuiten, die am 18. Oktober 1626 feierlich ein Gymnasium eröffneten. Hauptziel der Ausbildung war vor allem die perfekte Beherrschung der lateinischen und griechischen Sprache. Dazu diente nicht nur die Lektüre von Caesar, Cicero, Homer und Hesiod, sondern auch das Halten lateinischer oder griechischer Referate vor der Klasse sowie die Aufführung fremdsprachiger Dramen. Damit wurden die Jesuiten bis zur Auflösung des Ordens 1773 zur wichtigsten Bildungseinrichtung in Amberg.

Das höhere Mädchenschulwesen lag in der Hand der Salesianerinnen, die 1692 nach Amberg kamen. Ihrem Wirken setzte die Säkularisation von 1803 ein abruptes Ende. Die dadurch entstandene Lücke konnte erst 1839 wieder geschlossen werden, als sich die „Armen Schulschwestern Unserer Lieben Frau“ in Amberg niederließen. Sie begannen ihre Tätigkeit in einem zum alten Schloß der Pfalzgrafen gehörigen Anwesen an der Vils, das deshalb bis zum heutigen Tag als „Klösterl“ bezeichnet wird.

Der „Amberger Aufruhr“ von 1453/54

Das Verhältnis zwischen der Stadt Amberg und ihrem Landesherrn, seit 1329 dem Kurfürsten von der Pfalz, war überwiegend von gutem Einvernehmen bestimmt. Trotzdem kam es zweimal zu größeren Auseinandersetzungen, die als „Amberger Aufruhr“ von 1453 beziehungsweise „Amberger Lärmen“ von 1592 in die Geschichte eingingen.

Die Differenzen zwischen Fürst und Stadt, die zum „Amberger Aufruhr“ führen sollten, entzündeten sich an einer Frage des dynastischen Familien- und Erbrechts. Ausgangspunkt war der unerwartet frühe Tod Kurfürst Ludwigs IV. im Jahr 1449. Erbe und Nachfolger wurde sein erst dreizehn Monate alter Sohn Philipp. Zu seinem Vormund hatte Ludwig seinen Bruder, Pfalzgraf Friedrich, bestimmt, der für seinen Neffen von 1449 bis 1451 die Vormundschaft übernahm. Da unmittelbar nach dem Beginn der vormundschaftlichen Regierung politische und militärische Ereignisse eintraten, die den Bestand der Kurpfalz bedrohten, sah sich Friedrich 1451 veranlaßt, selbst die Kurwürde zu übernehmen. Um aber die Rechte seines Neffen nicht zu schmälern, adoptierte er den kleinen Philipp, brachte sein eigenes Erbteil in die Kurpfalz ein und verzichtete für sich auf eine standesgemäße Eheschließung. Dazu holte Friedrich die Zustimmung der Mutter Philipps sowie der pfälzischen Großen ein.

Die Stadt Amberg jedoch war nicht bereit, die Herrschaftsübernahme Friedrichs anzuerkennen. Sie berief sich darauf, daß sie bereits im Frühjahr des Jahres 1450 Philipp gehuldigt und den Treueschwur geleistet habe. Damit betrachtete Amberg Friedrich als Usurpatoren, der sich die Kurwürde widerrechtlich angeeignet hatte. Um die Sache beizulegen, entsandte Friedrich zwei Räte nach Amberg, unter ihnen seinen Erzieher, den Wormser Domherrn Dr. Johann Ernst Landschad. Dieser predigte am 24. Februar 1453 in der Amberger St. Martinskirche „von vierlay gewissen" und versuchte damit auch die theologischen Bedenken gegen eine Huldigung an Friedrich zu zerstreuen. Während der Rat wahrscheinlich zum Einlenken bereit gewesen wäre, lehnte die „Gemein", die Vertretung der Bürgerschaft, dies ab. Aus der Chronik des Mathias von Kemnath erfahren wir, daß die Amberger „kein gruntlich underrichtung" hören wollten, sondern die Räte „mit gewapenter (also bewaffneter) handt und uppigen schmelichen wortten... überliefen". Auch der Versuch der beiden Räte, das übrige Fürstentum der „heroberen Pfalz" auf diplomatischem Weg zu gewinnen, schlug fehl.

Am Samstag vor dem Palmsonntag näherte sich ein Zug Bewaffneter der Stadt, die sich sogleich zur Verteidigung anschickte. Die Bedrohung von außen ließ die Amberger aktiv werden. Als Drahtzieher des Unternehmens sah man Friedrich. Sofort bemächtigte man sich der beiden Räte, die erneut in der Stadt weilten, sowie des Landrichters und setzte sie gefangen. Damit war es zum offenen Bruch mit dem Kurfürsten gekommen. Nachdem die Angreifer schon wenig später unverrichteter Dinge wieder von Amberg abzogen, mußte die Stadt vor allem auf den Druck des Regensburger Bischofs hin – Dr. Landschad war nicht nur kurfürstlicher Rat sondern auch Geistlicher – ihre Gefangenen wieder auf freien Fuß setzen.

Kurfürst Friedrich I., dem die Geschichtsschreibung den Beinamen „der Siegreiche" geben sollte, konnte diese Schlappe nicht hinnehmen. Obwohl fast ein Jahr verging, bis er zum Losschlagen bereit war, mußte es den Ambergern eigentlich klar sein, daß die Sache noch nicht ausgestanden war. In den ersten Februartagen des Jahres 1454 erschien der Kurfürst persönlich mit 1100 schwerbewaffneten Reitern und 2000 Mann Fußvolk vor Amberg. Die Stadt hatte sich entschlossen, dem Kurfürsten keinen Widerstand entgegenzusetzen. Am 3. Februar huldigte sie Friedrich und gewährte ihm – wie der Chronist berichtet – „ain grosse steuer". Am nächsten Tag ließ der Kurfürst 60 Amberger festnehmen, deren Namen sich auf von kurfürstlichen Spitzeln geführten Listen befanden. Von diesen ließ er Veit Arnpeck zufolge vier, der übrigen Überlieferung zufolge drei am Morgen des 5. Februar 1454 auf dem Marktplatz enthaupten. Der Kurfürst nahm selbst an der Hinrichtung teil. Damit endete der „Amberger Aufruhr". An die Hinrichtung erinnert bis zum heutigen Tag ein Pflasterstein mit weißen Kreuzen auf dem Amberger Marktplatz.

Eine Folge des „Amberger Aufruhrs" war die starke Befestigung des Amberger Schlosses durch Friedrich I. Darüber hinaus mußte die Stadt den als „Stadtbrille" bekannten Wassertorbau über die Vils an den Kurfürsten „abtreten".

Feste auf dem Marktplatz

Der Amberger Marktplatz stellt eine Erweiterung der Straße dar, die die Stadt in zwei Hälften teilt. Seine räumliche Begrenzung erfährt er durch Rathaus, Martinskirche, ehemalige Ratstrinkstube und eine Zeile von Bürgerhäusern. Die Bestimmung des Platzes war von Anfang an von den Bedürfnissen des Handels geprägt, der damit im wahrsten Sinne des Wortes unter den Augen der städtischen

Obrigkeit durchgeführt wurde. Daneben bot sich die Weite des Platzes für Festlichkeiten und Feiern an.

Erstmals wurde der Marktplatz Zeuge größerer Festlichkeiten im Zusammenhang mit der berühmten „Amberger Hochzeit". Im Februar des Jahres 1474 vermählte sich der pfälzische Kurprinz Philipp, das Mündel Kurfürst Friedrichs I., mit Margarete von Bayern-Landshut. Dieses Fest blieb nicht nur wegen der illustren Gästeschar, sondern vor allem auch wegen der ungeheueren Mengen an Speisen und Getränken in langer Erinnerung. Einen Höhepunkt der Feier bildete dabei das Stechen, ein ritterliches Turnier, das auf dem Marktplatz abgehalten wurde. Zu diesem Zweck hatte man – um den Turnierplatz zu vergrößern – eine ganze Reihe von Häusern abgebrochen. In diesem Zusammenhang läßt sich auch erstmals ein „Gang" auf dem Altan des Amberger Rathauses nachweisen, von dem aus die Gäste dem Turnier zuschauen konnten.

Weniger kämpferisch ging es ein gutes Jahrhundert später zu, als in Amberg 1596 ein sogenanntes großes Hauptschießen durchgeführt wurde. Auch hier versammelten sich die Schützen auf dem Marktplatz und zogen mit Fahnen und Spielleuten zum Schießplatz – ein sicherlich farbenfrohes Ereignis. Besonderen Glanz erhielt dieses Schießen nicht nur durch Schützen aus allen Teilen des Reiches, sondern vor allem durch die Teilnahme Kurfürst Friedrichs IV.

Andere Feste und Feierlichkeiten bezogen neben dem Marktplatz auch weite Teile der Stadt mit ein, wobei der Marktplatz aber immer den zentralen Punkt bildete. Zu denken ist dabei vor allem an die Barockfeste des 18. Jahrhunderts. Dabei bediente man sich vor allem des Mittels der Illumination, um die Stadt in ein festliches Licht zu tauchen. So wurde im März 1715 die Rückkehr Ambergs und der Oberpfalz zu Bayern und damit zu Kurfürst Max Emanuel feierlich begangen. Mit auf den Türmen aufgesteckten Wachsfackeln wurde die Stadt beleuchtet. Hinzu kamen ebenfalls mit Fackeln dargestellte Sinnbilder, „Devisen" (= Sinnsprüche) und Aufschriften, die auch zahlreiche Bürgerhäuser schmückten. Darstellungen des Kurfürsten, seiner Gemahlin und deren Wappen und Bilder der Stadt Amberg zierten daneben das Rathaus. Am Tag war vor allem der Marktplatz Ort der Feierlichkeiten. So wurde die Huldigung von einer großen Parade der Miliz begleitet.

Die Reihe der Feste, für die der Marktplatz die Kulisse bildete, ließe sich beliebig fortsetzen. Zu denken ist an die Empfänge für Mitglieder der königlichen Familie, etwa an den großartigen Willkommensgruß, den die Stadt König Ludwig I. 1830 bereitete. Freilich hatten die Feste auf dem Marktplatz nicht immer einen heiteren Anstrich. So bedienten sich auch die braunen Machthaber des Marktplatzes, um hier ihre martialisch inszenierten Feiern durchzuführen. Heute ist der Marktplatz wieder Mittelpunkt des urbanen Lebens der Stadt und Zentrum fröhlicher Festlichkeit, wie dies das „Altstadtfest" belegt.

Gaumenfreuden

Essen und Trinken kam auch in vergangenen Zeiten immer eine große Rolle zu. Dies gilt bis zum heutigen Tag, erinnert sei nur an die „Schmankerlwochen", die inzwischen ein fester Bestandteil im „Amberger Jahreskreis" geworden sind.

Von ersten „Schmankerlwochen" hören wir im Februar des Jahres 1474, als sich der pfälzische Kurprinz Philipp mit Margarete, der Tochter Herzog Ludwigs IX. des Reichen, in Amberg vermählte. Aus einzelnen vor der Hochzeit genau festgelegten Ordnungen werden die Abgaben deutlich, die die Beamten der verschiedenen oberpfälzischen Ämter für Küche und Keller zu erbringen hatten. So mußte beispielsweise der Pfleger von Nabburg 3.000 Hühner, 6.000 Eier, 300 Kälber, 100 Spanferkel und 100 Hasen liefern.

Hinzu kamen weiteres Geflügel, Wildbret und Fische. Vom Heidelberger Hof wurden unter anderem fünf Zentner

Mandeln und dreizehn Körbe Feigen angeliefert. Zum Würzen der Speisen standen 30 Scheiben Salz, Honig, Zucker sowie Safran und andere Gewürze zur Verfügung. Leider ist über die Zubereitung der Gerichte nichts bekannt. Auffällig ist jedoch – nimmt man die gesamten Lieferungen zusammen – , daß Quantität Qualität bei weitem überwogen haben dürfte.

Für die Ernährung des mittelalterlichen und frühneuzeitlichen Menschen gilt grundsätzlich, daß der, der satt werden wollte, viel essen mußte; der Reiche aß also nicht besser, sondern mehr als der Arme. Zur Zeit der Amberger Hochzeit gab es bereits deutschsprachige Kochbücher. Die erste erhalten gebliebene Sammlung von Kochrezepten mit dem Titel „Buch von guter spise" von 1350 stammt aus der geistlichen Hofhaltung des Würzburger Bischofs. Ein bedeutendes Kochbuch verfaßte zu Beginn des 15. Jahrhunderts Meister Eberhard, Koch am Hof Herzog Heinrichs von Bayern-Landshut, des Großvaters der Braut der Amberger Hochzeit von 1474, so daß anzunehmen ist, daß die Rezepte Meister Eberhards auch bei der Amberger Hochzeit bekannt waren.

Einen guten Einblick in die Küche des ausgehenden 16. Jahrhunderts in der Amberger Gegend gibt das „Köstlich new Kochbuch von allerhand Speisen, an Obst, Fleisch, Geflügel, Wildpret, Fischen vnnd Gebackens", das Anna, die Witwe des Altdorfer Arztes Johann Jakob Wecker, zusammengestellt hat. Anna Wecker erlebte die Drucklegung ihres Kochbuches nicht mehr; dieses wurde erst nach ihrem Tod von ihrer Tochter Katharina herausgegeben. Es wurde 1598 in Amberg von Michael Forster gedruckt und fand hier sicherlich auch seine Käufer. Gedacht war das Werk – wie aus dem Titel hervorgeht – „nicht allein vor Gesundt, sondern auch vnd fürnemlich vor Krancke, auch schwangere Weiber, Kindbetterinnen vnnd alte schwache Leute". Daraus wird deutlich, daß der Mensch den Einfluß der Ernährung auf die Gesundheit allmählich erkannte, wie auch aus dem Vorwort der Anna Wecker von 1596 zu ihrem Kochbuch hervorgeht.

Das Buch umfaßte ursprünglich vier Kapitel:
1. Von Mandel, Gersten und allerley Gemüs
2. Von allerley dürrem (also getrocknetem) und grünem (also frischem) Obst
3. Von allerhand Fleischwerk
4. Von allerhand Fischen, Sulzen und Sossen

Die zweite Auflage von 1607 wurde noch um ein Kapitel „Von allerhand Pasteten" gemehrt.

Da die Ernährung aus pflanzlichen Produkten diejenige aus tierischen bei weitem überwog, verwundert es nicht, daß das erste Kapitel des Kochbuchs der Anna Wecker am umfangreichsten ist.

Doch nun zu den Rezepten selbst. Ein gutes Beispiel dafür, daß die Anna Wecker darauf bedacht war, daß auch das Auge mitißt, stellt das Rezept vom „Igel" dar: „Nimm einen wohl gekochten Reis, so viel gestossene Mandeln [also genauso viel gehackte Mandeln wie Reis], die treib mit Milchrahm durch, tu Zucker und Rosenwasser darein; wiltu – wenn du möchtest – forme die Masse wie einen Igel, mach ihm ein kleines eingezogenes Köpflein, ein spitziges aufgeworfenes Rüsselein, mit Näglein Äuglein, schneide Mandeln, die sollen an einem Ort spitzig sein, bestecke die darauff und darumb .... Du magst am obern Teil vergolden, dazwischen streue Weinbeerlein .... Mach ein gute Brüh von Mandeln oder Rahm, Zucker und Rosenwasser daran."

Neben diesen Gerichten finden sich aber auch Rezepte, die der gehobenen Küche zuzurechnen sind. Ein gutes Beispiel dafür sind die „Strauben aus Fischrogen". Anna Wekker gibt dafür folgende Anweisung: „Nimm Rogen von dem Hecht, trockne den in einer Schüssel, daß er sich durchstreichen läßt, treib ihn durch mit einer Erbsbrüh, mache einen Teig mit an, mache ihn mit Wein dünn, salz ihn, tu auch ein wenig Ingwer und Saffran darein, backs wie ein Strauben." Interessant ist bei diesem Rezept aber auch der Zusatz der Weckerin: „Dieses Gebackne taugt für keine Kranken, es sind nur Essen für diese, die zu seltsamen Dingen Lust haben." Offensichtlich galt das Gericht also als Aphrodisiakum.

Die Sudelköche

Köche finden sich im Eid- und Gesatzbuch, das in den Jahren 1456 bis 1465 von dem damaligen Stadtschreiber angelegt wurde. Demzufolge wurden die Köche, die ihre Gerichte auf den Jahrmärkten feilboten, vereidigt. Sie hatten zu schwören, nur sauberes, reines und durch die städtischen Fleischschauer geprüftes Fleisch zum Kochen zu verwenden. Gleichzeitig durften sie weder rohes Fleisch verkaufen, noch Fische kochen. Diese Köche arbeiteten, wie aus dem Eid hervorgeht, im Freien. Sie kochten unmittelbar „an der ratstiege", also vor dem Rathaus. 1477 verbot der Rat das Kochen „auf der gassen", also im Freien. Als Ausnahme galt nur noch das Kochen anläßlich der Jahrmärkte. In ihren Häusern durften sie weiterhin kochen, mußten aber vor dem Rat einen Eid leisten. Dies deutet daraufhin, daß alle Köche vereidigt wurden und nicht nur diejenigen, die bei Jahrmärkten kochten.

Einen sehr interessanten Aspekt beleuchtet ein Ratsbeschluß von 1472. Der Koch Heintz wurde verpflichtet, den Kocheid zu leisten und nur noch in seinem Haus und nicht außerhalb zu kochen. Gleichzeitig durfte er die Gerichte „nit in die offen wirtheuser vertragen". Schickte aber jemand um Essen aus seinem Haus, so sollte er für diesen kochen. Aus dem Eintrag wird deutlich, daß die Köche nicht in den Wirtshäusern arbeiteten, sondern zuhause kochten und die fertigen Essen dann in die Wirtshäuser brachten.

Interessant ist auch der immer wieder auftauchende Hinweis darauf, daß die Köche kein rohes Fleisch verkaufen durften. Am 22. Oktober 1545 untersagte der Rat den Sudelköchen, ungeschaute Schweine zu brühen. Gleichzeitig wurde ihnen verboten, an Feiertagen vor oder während der Morgenpredigt Einheimische zu verköstigen. Nach Schmeller bedeutet „sudeln" kochen. In Klammern fügt Schmeller hinzu „meist im verächtlichen Sinn". „Sudelkoch" definiert

Schmeller als einen, „der Kaldaunen, Würste und dergleichen auskocht".

1547 lassen sich die Amberger Sudelköche namentlich erfassen. Der Rat verbot ihnen bei einer Strafe von zehn Gulden, Kälber und Schweine zu kaufen, um sie zu verkochen, nachdem in der Stadt an Schaffleisch großer Mangel war und die Sudelköche das gesamte übrige Mastvieh aufgekauft und verkocht hatten. Vor dem Rat erschienen: der junge Hanns Starckhgraf, Vtz König, Hanns Multzer, Endres Quentzler, Heintz Schwentter, Wolf Seydl, Claß Hierner, Herman Koch, Vlman Durlmeyer, Valtin Hartung, Luelpier, Hanns Weigl und Horg Peckhen, der Knödelwirt.

Im Zusammenhang mit der Ratswahl des Jahres 1548 waren von der Bevölkerung offensichtlich auch Beschwerden gegen die Sudelköche vorgebracht worden. Der neugewählte Rat lud die Sudelköche deshalb am 15. Oktober aufs Rathaus. Dabei wurde ihnen vorgehalten, daß eine deutliche Diskrepanz zwischen dem höheren Einkaufs- und dem niedrigeren Ausschankpreis beim Bier bestand. Diese schien häufig durch schlechtes Einschenken oder Aufschläge beim Essen wettgemacht zu werden. Zudem wurden häufig Schweine geschlachtet und gekocht, die von den städtischen Schweineschauern nicht begutachtet worden waren. Die Sudelköche wurden vom Rat gerügt und teilweise auch abgestraft. Darüber hinaus wurde ihnen eingeschärft, sich nach dem Biersatz zu richten und „auch rechte volle mas einzuschenken". Die Übertretung dieses Gebotes sollte in Zukunft mit zehn Gulden geahndet werden.

Ein neuer Aspekt im Zusammenhang mit den Sudelköchen scheint am 1. April 1578 auf. Wieder wurden sie aufs Rathaus vorgeladen. Dabei wurde ihnen nicht nur vorgehalten, daß sie das Fleisch weit über dem vom Rat fixierten Satz verkauften, sondern auch, daß sich „allerlei loß gesinde etlich tege und necht bei ihnen" aufhalte, „die nichts thun dann zerren und vmbschleiffen". Deshalb wurde ihnen aufgetragen, sich in Zukunft an die Sätze zu halten, die Würste nicht zu klein zu machen sowie „frembde, herrenlose vnd vnbekannte personen" nicht länger als eine Nacht zu beherbergen. Die Häuser der Sudelköche waren demzufolge also auch zu Beherbergungsbetrieben geworden.

Offensichtlich hielten sich die Sudelköche aber nicht immer an dieses Gebot. Am 6. Mai 1589 wurden sie erneut durch den Rat gewarnt, kein „loß leichtuertigs gesind zu beherbergen vnd auch kein vnzucht bei ihnen zu gestatten". Der Rat ging diesmal soweit, für Vergehen von Gästen die Wirte, in diesem Fall die Sudelköche, haftbar zu machen. Gleichzeitig wurde ihnen aufgetragen, verdächtige Personen anzuzeigen.

Das Frauenhaus

In den von Mauern umfangenen Städten hatte an der Schwelle vom Mittelalter zur Neuzeit alles seine feste Ordnung. Dies galt nicht nur für den Bereich der Arbeit, wo beispielsweise im Bereich der Handwerke vom Rat der Stadt erlassene Zunftordnungen Lehrlingsausbildung, Meisterwerdung und Niederlassung eines Betriebes regelten, sondern auch für das Vergnügen. Der Rat der Stadt legte fest, wie lange die Bürger in den Wirtshäusern sitzen durften, verbot Glücksspiele und unterhielt ein städtisches Frauenhaus.

Die Entstehung eines Frauenhauses in Amberg ist in das 14. Jahrhundert zu datieren. Es befand sich in der St. Georgsvorstadt. Nachbaranwesen werden in den Quellen als „bey den schonen frawen" oder „neben dez vesten sunds haus" gelegen bezeichnet. In diesen beiden Begriffen spiegelt sich die recht ambivalente Sicht der Prostitution in der spätmittelalterlichen Stadt wieder: „huldigt" der erste der „Dame Venus" in der begehrenswerten Schönheit der Frau, so bezieht sich der zweite auf den Tatbestand der „Sünde", den jegliche Form außerehelicher Sexualität darstellte. Der Zusatz „vest" beim Haus der Sünde deutet darauf hin, daß es sich um ein steinernes Haus handelte.

Das Frauenhaus stand unter der Leitung eines Frauenwirts, den der Rat – wie auch alle übrigen städtischen Amtsträger – vereidigte. Er hatte zu schwören, keine fremden „unvertigen" Leute im Haus zu dulden. „Unfertig" bedeutet dabei nach Schmeller das Gegenteil von rechtfertig; als „unvertige Frauen" bezeichnete man beispielsweise Lustdirnen. Ferner verpflichtete er sich eidlich, an Feiertagen niemanden im Frauenhaus „anzunehmen". Wenn Ehemänner in das Haus kamen, mußte er sie dem Bürgermeister melden. Gleichzeitig verpflichtete er sich, zusammen mit seinen Frauen bei Feueralarm zum Löschen zu eilen. Die Abgaben an die Stadt mußte er wöchentlich abliefern. Sie bildeten eine feste Größe im städtischen Haushalt. So findet sich beispielsweise in der Stadtkammerrechnung des Paul Maler von dem Sonntag vor Mariä Geburt (= 2. September) 1487 bis zum Sonntag Reminiscere (= 2. März) 1488 der Eintrag „vom frawenhaws 3 Pfund 8 Pfennig". Dies stellt eine beachtliche Summe dar, ein Pfund Pfennige entsprachen 240 Pfennigen, aus dem Frauenhaus wurden demnach 728 Pfennige eingenommen. Die Höhe dieses Betrages wird deutlich, wenn man sie in Relation zu dem üblichen Preisniveau der Zeit setzt. So kostete ein Pfund bestes Ochsenfleisch vier Pfennige, das Schweinefleisch dreieinhalb Pfennige und das Weißbrot viereinhalb Pfennige. Ein Handwerker verdiente durchschnittlich sieben Pfennige pro Tag.

Es mag auf den ersten Blick überraschen, daß es sich bei dem Frauenwirt um einen „städtischen Amtsträger" handelte, der einem vom Rat konzessionierten Bordell vorstand. Doch in der spätmittelalterlichen und frühneuzeitlichen Stadt erfüllten Frauenhaus und die darin tätigen Prostituierten eine wichtige Aufgabe. Sie schützten nicht nur die Ehre der „Frauen von Stand", sondern halfen auch – so merkwürdig dies klingt – gegen Ehebruch. Zum einen, indem sie Verheiratete – zumindestens theoretisch – zurückzuweisen hatten, zum anderen boten sie sich unverheirateten (jungen) Männern an. Hinzu kam im ersten Fall, daß ein im Frauenhaus begangener Verstoß gegen die eheliche Treue von der Gemeinschaft als das geringere Übel betrachtet wurde. Das Frauenhaus und die „schonen frawen" erfüllten somit eine wichtige Funktion, die dem Rat der Stadt bewußt war, indem sie dafür sorgten, daß die Sexualität in einer Weise kanalisiert wurde, die die (öffentliche) Ordnung nicht störte.

Dadurch, daß die Frauenwirte vereidigt wurden, haben sich auch einige Namen erhalten, die der jeweilige Stadtschreiber dabei dem Text des Eides hinzugefügt hat. Geschworen haben: Hanns Pab 1478, Kilian Ziegler von Königsberg 1480, Conrat Romer von Marckerlpach und sein Anhang 1481 sowie Hanns Kraushell von Leipzig 1491. Diese Eintragungen zeigen, daß die meisten Frauenwirte von auswärts kamen. Vielfach brachten sie auch die Damen mit; zumindest aus der Eidleistung des Conrat Romer geht hervor, daß er zusammen mit „seinen" Mädchen auf dem Rathaus vereidigt wurde.

Neben dem städtischen Bordell gab es offensichtlich aber auch eine ganze Reihe „Freischaffender", gegen die der Rat – wie die Ratsbücher belegen – mit großer Härte vorging. An diesem restriktiven Vorgehen des Rats waren der Frauenwirt und seine Mädchen ebenfall interessiert. Am 8. Januar 1440 wird Margret Techler lebenslänglich der Stadt Amberg verwiesen, weil sie „vil vnd lange jar vil puberey in irem haus pflegen lassen" und viele Frauen dazu gebracht hat. Modern gesprochen hatte sich Margret Techler als Kupplerin betätigt. Gleichzeitig wird ihrem Mann aufgetragen, keine solche „puberey" mehr in seinem Haus zu dulden. 1441 wird Kunigunde Streiterin für ein Jahr der Stadt verwiesen, weil sie „vil vnd manigerlay puberey vnd hurerey" getrieben hat. „Puberey" gehört – wie Schmeller schreibt – zum Stamm „Bueb in seiner schlimmen und lasterhaften Bedeutung". „Pueben" bedeutet so viel wie ein recht liederliches Leben zu führen.

Häufig waren aber auch Freier von Strafe bedroht, so 1444 der Tagwerker Jorg sowie Hanns Schaider und der Blechschmidknecht Niclas, weil sie am „heiligen Palmabend" (am Samstag vor dem Palmsonntag, am 4. April) im Frauenhaus „gelegen waren". Die Buße betrug jeweils

32 Pfennige (dies entspricht in etwa dem Wochenverdienst eines Handwerkers), die dem Bau der St. Martinskirche zugute kamen. 1472 kam Michel Payr in das Lochgefängnis, weil er gebettelt, Almosen gesammelt und diese abends in das Frauenhaus getragen hatte. Der Hafner Plech wurde 1483 gestraft, weil er verheiratet war und trotzdem „an allerheiligen nacht, auch sonst ander heilig nacht im Frawenhaus ist gelegen".

1545 schloß der Rat der Stadt das Amberger Frauenhaus. Als äußere Begründung diente dem Rat die angebliche Ansteckung von Handwerksburschen durch die Dirnen mit Geschlechtskrankheiten. Die Schließung des städtischen Bordells erfolgte jedoch sicherlich auch – wie der Stadtschreiber vermerkte – auf Betreiben der lutherischen Prediger.

Der Callgirlskandal von 1475

Offensichtlich war das städtische Frauenhaus, das in der Mitte des 16. Jahrhunderts geschlossen werden sollte, nicht die einzige Stätte außerehelicher intimer Lustbarkeit in Amberg. Dies geht aus einem der im Stadtarchiv verwahrten Ratsbücher hervor. Den Eintragungen im dritten Ratsbuch zufolge, die mehrere Seiten füllen und die der Stadtschreiber recht eindeutig mit der „hurn capitl" beziehungsweise der „hurn zunft" überschrieb, griff der Rat im Jahr 1475 drakonisch durch. In einer Art „Großrazzia" wurden zahlreiche Frauen festgenommen und anschliessend größtenteils der Stadt verwiesen. Leider läßt sich nicht feststellen, wodurch diese Aktion ins Rollen kam. War es – wie vielleicht zu vermuten ist – der Frauenwirt, der sich durch die Tätigkeit freischaffender Dirnen in seinen Einnahmen geschmälert sah und deshalb auf deren Ausweisung hinarbeitete? Dagegen spricht, daß nicht alle Frauen, die der Rat aufgreifen ließ, Prostituierte waren. Einige lebten mit Männern zusammen, ohne mit diesen verheiratet zu sein. So heißt es etwa von einer Walburga von Cham, daß sie ein „unvertig leben" mit dem Koch des Amberger Franziskanerklosters geführt habe. Interessant ist in ihrem Fall die Entscheidung des Rats, daß „so sie das lennger treiben würde, sol sie das tun in dem gemeinen Haus, als sich gebührt". Von Prüderie keine Spur; Walburga wird vielmehr aufgefordert, entweder ihren Lebenswandel zu ändern, oder diesen im städtischen Bordell zu führen.

Offensichtlich als Dirne arbeitete dagegen die Els, die Tochter eines Maurers, von der der Stadtschreiber berichtet, daß sie ihr „unfugliches leben mit puberey und frömbden männern gröblich gepflegen habe". Wobei das inzwischen ausgestorbene Wort „puberey" – vornehm formuliert – auf einen recht promiskuitiven Lebenswandel abhob. Fast der gleiche Eintrag findet sich bei Margreth Kopf.

Interessant ist auch der Umstand, daß die meisten der aufgegriffenen Frauen, wie etwa die Walburga aus Cham, offensichtlich nicht von Amberg stammten. So war etwa Anna Kempner aus Pfreimd, Anna Groß aus Mühlhausen und eine Barbara aus Beroltzhausen. Auch dies ist ein deutlicher Hinweis für die schlechte soziale aber auch wirtschaftliche Situation von Frauen und Mädchen, die unterhalb der Schicht der zünftischen Handwerke geboren waren. Dies gilt auch für die wenigen Ambergerinnen, die genannt werden. Sie stammten aus Familien, deren „Ehrlichkeit" von Haus aus sehr zweifelhaft war, wie Bader und Türmer. Beispiele sind die „Els, die Tochter des Hanns Baders", von der es heißt, daß sie – obgleich in Pottenstein verheiratet – in Amberg ein recht wüstes Leben treibe. Sofort der Stadt verwiesen wurde auch Barbara, die Tochter eines Stadttürmers, sowie ihre Mutter, die ihre Töchter zu einem derartigen Lebenswandel angestiftet habe. Nach Eberhard Isenmann galten als „unehrlich" die „Außenseiter und die Angehörigen verfemter, übel beleumundeter Berufe, ferner die Kinder dieser ‚unehrlichen' Leute, aber auch die als ‚unehrlich' geltenden unehelichen Kinder, die vor oder außer der Ehe gezeugt wurden". Zum Kernbestand der „unehrlichen“ Berufe gehörten in erster Linie Scharfrichter, Schinder (= Abdecker), Totengräber und fahrende Spielleute. Mit regionalen Unterschieden kam aber noch eine ganze Reihe von Berufen hinzu wie Amtsbüttel (= Gerichtsdiener), Gefängniswärter, Müller, Türmer, Bader und Prostituierte. Die Müller standen häufig genauso wie die Bader im Ruf der „Unehrlichkeit“, weil sie manchmal auch Bordelle unterhielten, bzw. weil im Falle der Bader die Bademaiden über ein über das bloße Baden hinausgehendes Repertoire verfügten.

Doch zurück zum Amberger Callgirlskandal. Der Ausweisung zum Opfer fielen aber auch Frauen, die Verhältnisse zu verheirateten Männern unterhielten. So etwa eine namentlich nicht bezeichnete Frau, die aus Dinkelsbühl stammte und wie der Stadtschreiber bemerkt, den „Anhang des Hans Wild“ bildete, „der ein eeweib hat“.

Badestuben und Vils-Nackedeis

Unter dem Begriff „Baden“ lassen sich zwei völlig verschiedene Bereiche verstehen: zum einen das Baden im Sinne von Schwimmen in stehenden oder fließenden Gewässern, zum anderen das Baden in Form eines Wannenbades.

Als öffentliche und gewerblich betriebene Institution erhielt die Badestube in der spätmittelalterlichen Stadt größte Bedeutung. Die Bader boten in ihren Badestuben, die teilweise recht komfortabel ausgestattet waren, Schwitz- und Wannenbäder an. Dazu kam – wenngleich auf Betreiben der Barbiere, die dieselben Tätigkeiten ausübten, eine Beschränkung auf die Badestube allein festgeschrieben worden war – Haarschneiden, Bartscheren, Aderlaß und Wundbehandlung. Vielfach waren aber auch die Grenzen zwischen Badestuben und Bordellen fließend. Dies dürfte auch einer der Hauptgründe gewesen sein, warum die Bader – wie bereits erwähnt – als unehrlich galten.

In Amberg bestand die älteste, urkundlich nachweisbare Badestube am Kirchsteg. Sie taucht in einer Urkunde von 1345 erstmals auf, 1382 wird Ott, Bader genannt. 1470 wird diese Badestube aufgelassen. 1382 läßt sich ein Bad am Brückl nachweisen, 1388 ein Conrad, Bader an der Fleischbrücke, 1470 Hans Diepold als Bader am Mühlsteg. Zu erwähnen sind noch die Bader am Roßmarkt. Um das Badewesen in Amberg in Griff zu bekommen, erließen Bürgermeister und Rat 1485 eine Handwerksordnung, die die Bader zünftisch organisierte. Geregelt wurden nicht nur Zunftaufnahme, Meisterrecht und Gesellenaufnahme, sondern es wurde beispielsweise auch das Verbot festgeschrieben, einer anderen Badestube „padfolgk", also Arbeitskräfte, abzuwerben.

Diese Belege unterstreichen, daß der Amberger des Spätmittelalters die Wohltat des Bades zu schätzen wußte. Leider lassen die erhaltenen Quellen keine Aufschlüsse über das Innenleben der Amberger Badestuben zu. Jedenfalls erachtete man das Bad als so wichtig, daß man es beispielsweise auch den Spitalinsassen zukommen ließ. Verschiedene Amberger Bürger stifteten den armen Pfründnern im Spital an ihrem „Jahrtag", der zum Gedächtnis des Stifters jährlich begangen werden sollte, nicht nur eine besondere Kost, sondern auch ein Bad. Offensichtlich erfüllte das Bad nicht nur körperliche Bedürfnisse, sondern hatte auch soziale Funktionen, den der Spruch: „Wilte ein tag fröhlich sein, geh ins Bad!", unterstreicht.

Neben der Badestube kannte der Mensch des 16. Jahrhunderts auch das Baden im Sinne von Schwimmen. Hier bot sich den Ambergern in den Sommermonaten die Vils an. Wie im Falle des Frauenhauses waren es auch hier die evangelischen Prediger, die den Rat drängten, dagegen einzuschreiten. So wandte sich der Rat 1578, 1584 und 1596 gegen dieses Baden, „so durch alte vnnd junge personen bej tag, abents vnd wol gar in der nacht mit grossem geschrei, vnzucht und muetwillen geubt". Die Wiederholung des Verbots zeigt, daß sich die „Vils-Nackedeis" durch magistratische Mandate recht wenig beeindrucken ließen.

Mit der Reformation war auch das Ende des bisherigen, unbeschwerten Lebens in den Badestuben gekommen. Die Bader entwickelten sich zusehends zu Ärzten des einfachen Volkes, obgleich auch dabei der Badebetrieb nie ganz zum Erliegen kam.

Theatertradition in Amberg

In Amberg reicht die Geschichte des Theaterspielens weit zurück. Am Fronleichnamstag, dem 16. Juni 1468, veranstaltete das Fleischhackerhandwerk einen „Drachenstich". Dies ist der früheste schriftliche Beleg für eine szenische Aufführung in Amberg. Wie auch in anderen Städten lassen sich in Amberg zu Beginn des 16. Jahrhunderts Aufführungen von „Osterspielen" nachweisen, in denen Leiden, Sterben und Auferstehung Christi zur Läuterung und Erbauung des „sündigen Christenmenschen" auf die Bühne gebracht wurden. Ursprünglich waren die „Oster-" und „Passionsspiele" die eigentlichen geistlichen Volksspiele, geprägt durch ihre merkwürdige Mischung aus religiösen, künstlerischen und volkstümlichen Elementen. Im 16. Jahrhundert sank ihr künstlerischer Rang deutlich ab, derbe und obszöne Komik wie im „Fastnachtsspiel" fand jetzt auch Eingang in die „Osterspiele".

Das Amberger Theaterleben wurde durch das Wirken der Jesuiten neu belebt, die seit 1626 Schulaufführungen durchführten. Das erste Schuldrama, das zur Aufführung gelangte, trug den Titel „Die Heilung des Blinden". Bereits aus dem Titel dieses Stücks wird die Intention der Jesuiten deutlich: das Theater sollte als Bühne zur Übermittlung christlichen Gedankenguts dienen und war damit ein wichtiges Mittel der katholischen Reform. Die theologische Ausrichtung des Spiels hielt sich bis zur Aufhebung des Ordens 1773 ungebrochen.

Auf den Geschmack eines breiteren Publikums hoben dagegen fahrende Wanderbühnen ab, die sich seit 1752 in

Amberg nachweisen lassen. Ab den späten 70er Jahren des 18. Jahrhunderts stand diesen in Amberg das sogenannte „Mayerhofersche Komödienhaus" zur Verfügung. Der Ratsherr Josef Mayerhofer hatte das Anwesen Seminargasse 14 erworben und mit eigenen Mitteln zu einem Komödienhaus umgebaut. Wie aus der Überlieferung hervorgeht, genügte das Haus den verschiedenen Schauspielergesellschaften kaum. So heißt es, daß „... die Schauspieler sowohl als die Zuschauer jederzeit über die schlechte und unschickliche Beschaffenheit des Theaters und überhaupt des Platzes hiezu und zwar mit Recht geklagt ... [haben]".

Abhilfe konnte nur die Errichtung eines eigenen Stadttheaters in Amberg schaffen. Eine Gelegenheit dafür bot sich, als die Kirche des Franziskanerklosters nach seiner Säkularisation vom 4. Oktober 1802 zum Kaufe stand. Das Klostergebäude hatte bereits der Amberger Bürger Thomas Bruckmüller erworben. Der endgültige Beschluß des Amberger Stadtmagistrats, die – wie es hieß – „... ehemalige Franziskanerkirche in eine Schaubühne umzuschaffen", fiel am 22. April 1803.

Wie schon bei den Jesuiten verfolgte das Theater von Anfang an ein pädagogisches Ziel. Im Sinne Friedrich Schillers sollte auch in Amberg das Theater als „moralische Anstalt" dienen. Im „Aufruf zur Subscription" des Theaters heißt es wörtlich: „Wahre Aufklärung und Bildung des Volkes ist eine schwere und nunmehr vorzügliche Aufgabe ... . Eines der wesentlichsten Vehikel hierzu ist, nach einstimmiger Meinung aufgeklärter Menschenkenner, eine in objektiver und subjektiver Hinsicht gut bestellte Schaubühne." Nach fünfmonatiger Umbauzeit konnte die feierliche Eröffnung am 12. Oktober 1803 erfolgen. Als Eröffnungspremiere stand das Schauspiel „Die Dienstpflicht" des damals meistgespielten Bühnenschriftstellers, August Wilhelm Iffland (1759–1814), auf dem Programm. Damit begann eine Stadttheatertradition, die bis zum heutigen Tag Bestand hat.

Hartmann Schedel – Stadtarzt und Chronist

Der Begriff „Chronik“ meint nichts anderes als einen Bericht über geschichtliche Vorgänge in zeitlicher Reihung. Grundlage sind dabei nicht die Kalenderjahre, sondern größere zeitliche Epochen, wie etwa die Regierungsjahre von Kaisern oder Päpsten. Die umfassendste Chronik ist dabei die Darstellung der gesamten Weltgeschichte, wie sie eine „Weltchronik“ behandelt. Im Mittelalter finden wir Chroniken und Jahrbücher anfangs vor allem im Bereich der Klöster. Ihre Abfassung setzt nicht nur Kenntnisse über die verschiedenen Ereignisse voraus, die Möglichkeiten sich in einer Bibliothek darüber zu informieren, sondern vor allem auch die Fähigkeit, diese zu Papier zu bringen.

Die früheste Chronik der Stadt Amberg beispielsweise taucht erst relativ spät auf. Es handelt sich dabei um eine Arbeit, die der ehemalige Bürgermeister Michael Schwaiger 1559 handschriftlich vollendete. Sie wurde gegen den Willen des Autors 1564 in Wittenberg gedruckt. Das Ziel dieser Chronik war es, die Geschichte der Stadt Amberg bis zur eigenen Lebenszeit des Verfassers aufzuzeichnen, um sie so der Nachwelt zu überliefern. Die Absicht der Autoren von sogenannten „Weltchroniken“ war es, die ganze Weltgeschichte, die sich bis zu ihrer Zeit ereignet hatte, an künftige Generationen weiterzugeben.

In den Mauern der Stadt Amberg weilte für einige Jahre auch der berühmte Verfasser einer Weltchronik, der Arzt Hartmann Schedel. Der im Februar 1440 in Nürnberg geborene Schedel kam 1475 als Stadtarzt nach Amberg, wo er bis 1481 wirkte. Sein Weggang aus Amberg liegt vor allem darin begründet, daß der Rat der Stadt nicht bereit war, den finanziellen Forderungen Schedels nachzukommen. 1493 erschien seine Weltchronik zunächst in lateinischer, dann im gleichen Jahr auch in deutscher Sprache. Nicht nur der Autor hatte keine Mühe gescheut, sondern auch die Illustratoren waren gefordert. Schließlich befinden sich im umfangreichsten illustrierten Druckwerk des 15. Jahrhunderts mehr als 2000 Holzschnitte, von denen die Stadtansichten am bekanntesten sind.

Schedels Weltchronik beginnt mit der Schöpfung der Welt durch Gott. Diesem Teil folgen verschiedene Ausschnitte aus dem Alten und Neuen Testament. Hieran schließt sich die Geschichte des Mittelalters bis in die Lebenszeit des Autors. Nur letzterer kommt aus der Sicht des modernen Historikers Quellenwert zu. Eine Besonderheit für den heutigen Leser bildet das siebte und letzte Kapitel, das das Kommen des Antichrist und das Jüngste Gericht behandelt. Damit steht Hartmann Schedel ganz in der Tradition des mittelalterlichen Welt- und Geschichtsbildes, nach der die Menschheitsgeschichte von Gott ausgeht und dorthin zurückkehrt.

Der Büchsenmeister Martin Merz

Bis zum heutigen Tag erinnert ein Grabstein aus rotem Marmor von beeindruckender Größe an der südlichen Umfassungsmauer der Amberger St. Martinskirche, unmittelbar neben dem Westportal an den Büchsenmeister Martin Merz. Ein Flachrelief zeigt den am 28. April 1501 in Amberg verstorbenen Merz. Von einem unbekannten Künstler wurde er stehend auf einem Geschützrohr dargestellt, die Hände gefaltet, durch die die Perlen eines Rosenkranzes gleiten. Gekleidet ist er in reiche bürgerliche Tracht. Am auffälligsten an der imposanten Erscheinung ist freilich der Umstand, daß das rechte Auge mit einem Pflaster verklebt ist. Über der Gestalt prangt reiches gotisches Laubwerk. Hinter ihm wird ein von zwei Engeln gehaltener Brokatvorhang sichtbar. Zu seinen Füßen brachte der Künstler zwei Wappenschilde an, von denen das linke einen Basilisken, das rechte ein leichtes Geschütz zeigt. Bei einem Basilisken handelt es sich um ein sagenhaftes Tier, um einen Drachen mit dem Kopf und den Füßen eines Hahnes. Gleichzeitig verstand man zur Zeit des Martin Merz unter einem Basilisken auch ein schweres Geschütz mit einem unverhältnismäßig langen Rohr. Somit sind diese Wappen bereits ein deutlicher Hinweis auf die Tätigkeit des Dargestellten.

Martin Merz wurde um 1440 wohl in Vilseck geboren. 1460 befand er sich im Dienste Kurfürst Friedrichs I. von der Pfalz, dessen „oberster Büchsenmeister" er 1469 wurde. „Büchsenmeister" war vom 14. bis zum 16. Jahrhundert die Berufsbezeichnung für denjenigen, der es verstand, Büchsen herzustellen und fachgerecht zu bedienen. Zur Ergreifung dieses Berufes bedurfte es nicht nur einer umfassenden Ausbildung, der Bewerber hatte darüber hinaus eine ganze Reihe charakterlicher Voraussetzungen zu erfüllen. Er war für die Handhabung der schweren Geschütze zuständig, die kleineren wurden von seinem Gehilfen bedient. Nicht unerheblich war seine Bezahlung, die nicht nur in vierfachem Sold, sondern nach erfolgreicher Belagerung auch in einem bestimmten Teil der Beute bestand. Das Können des Martin Merz beruhte nicht nur auf handwerklichem Geschick, sondern auch auf seiner enormen mathematischen Begabung. Merz war an den militärischen Erfolgen Kurfürst Friedrichs I. maßgeblich beteiligt. Gerühmt wurde vor allem die Genauigkeit und Treffsicherheit seiner Geschütze.

Spätestens nach der Beendigung des „Veldenzer Krieges" (1460/61), der zwischen Kurfürst Friedrich I. und seinem Vetter, Ludwig dem Schwarzen von Pfalz-Zweibrücken-Simmern, wegen der Grafschaft Veldenz wiederholt ausgebrochen war, ließ sich Merz endgültig in Amberg nieder. Aus der Vils-Stadt stammte auch seine Ehefrau Elsbeth, mit der er seit 1465 verheiratet war. Hatte er als Heiratsgut von seiner Schwiegermutter schon ein halbes Haus am Fischsteg erhalten, so erwarb er 1472 das Nachbarhaus; 1475 kam noch ein gegenüber liegendes Anwesen hinzu.

In den Folgejahren betätigte sich Merz vor allem als Ausbilder im Bereich der Artillerie in verschiedenen Diensten.

1473 vollendete er außerdem die „Kunst aus den büchsen zu schießen“, ein Lehrbuch der Artillerie, das freilich nie im Druck erschien. Dies war wohl auch nicht Absicht des Autors, der die Texte zu den Abbildungen seines Werkes teilweise in Geheimschrift verfaßte, um Unbefugten das Verständnis zu erschweren.

Ein letztes Mal zog Martin Merz 1486 mit Kurfürst Philipp ins Feld, als es galt, die Feste Geroldseck zu erobern, die Merz sechs Wochen lang „mit seinen gewaltigen Geschützen Ballauf, Neidhart, Baslerin, Löw und Narr beschoß“. Am 28. April 1501 starb Martin Merz in Amberg und fand auf dem St. Martinsfriedhof seine letzte Ruhestätte.

Amberger als Höhlenforscher

Ein unscheinbarer Druck, der im Stadtarchiv Amberg verwahrt wird, überliefert einen reichlich phantastischen Bericht über die „Expedition“ einiger Amberger Bürger in die Höhle von Breitenwinn im Jahre 1535. Dieser stammt aus der Feder Berthold Puchners, der – wie er am Ende seiner Ausführungen ausdrücklich versichert – selbst an dem Unterfangen teilnahm. Obgleich weder Drucker noch Druckort genannt werden, ist anzunehmen, daß es sich bei diesem „Expeditionsbericht“ um den ältesten erhaltenen Amberger Druck handelt. Möglicherweise wurde die kleine, nur sieben Seiten umfassende Schrift in der Offizin – wie man damals Druckereien nannte – des ersten schriftlich nachweisbaren Amberger Buchdruckers, Wolf Guldenmund, hergestellt.

Doch nun zur „Expedition“ selbst, zu der am Abend vor Peter und Paul, am 28. Juni, des Jahres 1535 insgesamt 25 Amberger aufbrachen. Sie führten einen Wagen mit sich, auf dem Licht, Leitern, „Feuerzeug“, Brecheisen, Seile, aber auch Lebensmittel, Wein und Brot, verstaut waren. Nach ihrer Ankunft in Hohenburg übernachteten sie dort, um am nächsten Morgen um fünf Uhr mit dem Einstieg in die Höhle zu beginnen. Dazu wählten sie zwei Hauptleute, von denen der eine den Zug anführen, der andere die Nachhut bilden sollte. Die auf dem Wagen mitgeführten Gegenstände wurden an die Teilnehmer der „Expedition" verteilt. Um die Rückkehr zu gewährleisten, war der Hauptmann, der die Nachhut bildete, nicht nur für das Leitseil verantwortlich, sondern hatte auch Markierungen für den Rückweg anzubringen. Den Eingang zur Höhle sicherten vier Bewaffnete.

Damit begann die eigentliche „Expedition" in die Höhle. Nachdem die Gruppe 100 Klafter tief in den Berg vorgedrungen war, kam sie an eine sehr enge Stelle. Diese war – wie es im Bericht heißt – so greulich anzusehen, daß ein Teilnehmer, ein Amberger Goldschmiedegeselle, sein Heil in der Flucht suchte. Die übrigen krochen die nächsten 50 Klafter weiter. Aus dem engen Gang kamen sie in einen Raum mit gewölbter Decke, der nicht viel kleiner als ein Tanzboden war. Beim Hineinkriechen stießen sie auf so viele Totengebeine, daß sie der Anführer zur Seite räumen mußte, sonst wäre die Gruppe nicht hineingekommen. Der Beschreibung nach, waren die Gebeine so groß, daß die Amberger sie für Knochen von Riesen hielten.

An diesen Raum schloß sich wieder ein enger Gang an. Nachdem sich die Vils-Städter auch durch diesen gezwängt hatten, gelangten sie in einen weiten, schönen Palast, der so groß war, daß man darin 100 Pferde hätte stellen können. An den Wänden befanden sich zwei Totenschädel, die so fest im Fels waren, daß sie sie nicht einmal mit einer Spitzhacke herausbekamen. Deshalb zerschlugen sie die Schädel und jeder nahm etwas anderes mit, „eyner die hyrnschale, der ander zenn, etc.". Von dieser Höhle führten zahlreiche Gänge weg in den Fels, die ebenfalls mit großen Gebeinen verfüllt waren.

Um vorwärts zu kommen, zwängten sich die Amberger durch den einzig freien Spalt und kamen in einen Raum, der so groß war wie ein „Stifts- oder Kapitelhaus". In einem Gewölbe, das sich an diese Höhle anschloß, fanden die

Amberger einen Totenschädel von übermenschlicher Größe. Wegen seiner imposanten Erscheinung wollten sie diesen mitnehmen, doch er zerfiel dabei zu Staub. Durch einen weiteren Gang kamen die Vils-Städter zu einem unterirdischen Bach, ohne daß sie feststellen konnten, wo dieser seinen Zu- oder Abfluß hatte. Schließlich gelangten sie in eine Tropfsteinhöhle. Der Formenreichtum der Stalagmiten und Stalaktiten versetzte die Gruppe dabei in großes Erstaunen.

Manches, was den Ambergern im Berg begegnete, sahen sie für das Werk von Gespenstern oder gar für Zauberei an. Dies wird auch deutlich, als sie gegen 12 Uhr mittags wieder ans Tageslicht gelangten. Berthold Puchner berichtet, daß sich alle im Berg „völlig entfärbt" hätten, so daß sie alle wie Leichen aussahen. Jeder erschrak beim Anblick seiner Kameraden. Mit dem Dank an Gott, daß keiner zu Schaden gekommen war, endet der Bericht Puchners, den er im Auftrag des Amberger Rentmeisters verfaßt haben möchte. Ob ein solcher tatsächlich vorlag, und sich Puchner nicht nur unter den Schutz einer staatlichen Autorität stellen wollte, und wie es nach der Fertigstellung des Berichtes zu dessen Drucklegung kam, liegt im Dunkeln.

Der Amberger Henker

Die Stellung des Henkers war recht zwiespältig. Einerseits war er ein wichtiger Mann innerhalb der spätmittelalterlichen und frühneuzeitlichen Rechtspflege, andererseits war er verfemt und galt als unehrenhaft. In Amberg diente der Scharfrichter gleich zwei Herren: zum einen der Stadt, die die Niedergerichtsbarkeit ausübte, zum anderen dem Landesherrn, der die Hoch- bzw. Blutgerichtsbarkeit besaß. Dies kommt auch in seinem Eid zum Ausdruck, den er der Stadt Amberg leisten mußte. Dort heißt es unter anderem, daß er Stillschweigen darüber zu bewahren hat, was er bei den Gefangenen hört und daß er die Stadt nicht ohne

Zustimmung des Bürgermeisters verlassen darf. Später wurde hinzugefügt, daß der Henker nicht in die Weinhäuser der Stadt kommen oder dort gar „rumor" treiben oder spielen darf. Sein Grundgehalt bestand aus zehn Groschen und freier Wohnung. Daneben wurde jede „Amtshandlung" gesondert entlohnt. So erhielt er beispielsweise für das Augenausbrechen und Ohrenabschneiden vier Groschen pro Person.

Wie auch beim Eid des Frauenwirts trugen die Stadtschreiber die Namen der Henker, die vereidigt wurden, dem Eidestext im Eid- und Gesatzbuch nach. Geschworen haben: Heintz Kempf 1462, Caspar von Hagenau 1467, Hanns von Sunsheim 1469, Konrat Prenner aus dem Ries 1469, Hanns Stainle von Oberkunstadt 1485, Hanns Seitz von Wien 1484, Hanns Ludwig von Weißenburg am Rhein 1489 und Hanns Kempf 1490.

Häufig findet sich der Scharfrichter in den Quellen als „Meister" angesprochen. So etwa in der Stadtkammerrechnung von 1590, wo es heißt: „Meister Joachim, Nachrichter allhier". Der Amberger Henker übte Leibes- und Ehrenstrafen aus, vollzog daneben aber auch die Todesstrafe. Leibes- und Ehrenstrafen waren theoretisch zwar zu trennen, das „Ausstreichen" mit Ruten war etwa eine typische Leibes-, das Prangerstehen eine typische Ehrenstrafe, so fielen sie faktisch doch zusammen. Der am Pranger stehende Delinquent war der Gewalttätigkeit der johlenden Menge in gleicher Weise ausgesetzt, wie das „Ausstreichen" mit Ruten einen Ehrverlust bedeutete.

Ein gutes Beispiel für eine Leibesstrafe ist die Verurteilung des Contz Ott im Jahr 1474. Dieser war trotz des Verbots nachts auf die Gasse gegangen und hatte sich in den Amberger Weinhäusern recht unschicklich aufgeführt. Deshalb wurde er auf den Pranger gestellt, anschließend vor die Stadt geführt, wo ihm die Augen ausgestochen wurden. Der Meineid des Jorig Kemerl sollte 1458 durch Abhauen der Finger und Abschneiden der Zunge geahndet werden. Gnadenhalber wurden ihm jedoch „nur" die Augen ausgestochen. Daneben lassen sich aber auch Hinrichtungen nachweisen, die der Amberger Henker durchzuführen hatte. 1482 wurde Hans Ernst als Straßenräuber mit dem Schwert gerichtet, die Kathrein Getzlin von Paulsdorf, die ihre beiden Kinder umgebracht hatte, 1479 lebendig beim Galgen begraben, eine Barbara von Pfreimd 1485 in einen Sack genäht und ertränkt.

Für das geringe Sozialprestige des Henkers spricht auch die Lage seiner Behausung. Anfangs bewohnte er ein steinernes Haus gegenüber dem Frauenhaus, später wurde ihm das letzte Haus an der Stadtmauer gegenüber dem Pfarrhof von St. Georg zugewiesen. Dieses Scharfrichterhaus verschwand mit der Errichtung des Jesuitenkollegs in Amberg. Wie bereits erwähnt gehörte der Scharfrichter zu den „Verfemten“ in der Stadt. Das wird nicht nur deutlich, wenn es darum geht, Wirtshäuser und Weinschänken zu besuchen. Es bestand auch gleichzeitig große Furcht, sich durch persönlichen Umgang mit dem Scharfrichter selbst unehrlich zu machen. Wie weit diese Furcht ging, zeigt die Beschwerde des Schreinerhandwerks gegen den Zunftkollegen Peter Haunold 1614, der mit Pferd und Schlitten des Scharfrichters nach Thumbach gefahren war.

Es ergibt sich also ein sehr ambivalentes Bild: zum einen war der Henker von der Gemeinschaft ausgeschlossen, dies zeigte sich beim Kirchenbesuch genauso wie im Wirtshaus, andererseits war er aber wiederum ein sehr gefragter Mann, galten doch im Volksglauben alle Gegenstände, die mit einer Hinrichtung in Zusammenhang standen, als magisch. Zu Recht schrieb Michael Schattenhofer: „Magische Kräfte hatten Amulette vom Holz des Galgens und vom Galgenstrick, ... besondere Heilkräfte Salben aus Menschenschmalz und gegerbter Menschenhaut, die bei Hebammen als Geburtsmittel beliebt war und als Leibgürtel getragen wurde. Das Blut von Hingerichteten half gegen Epilepsie und Aussatz und der Daumen eines Diebes am Henkerstrick machte das Bier haltbarer.“

Eine Hinrichtung von 1519

Im August des Jahres 1519 erregte ein schauerlicher Mord die Gemüter in Amberg. Opfer waren Anna, die Witwe des Wolf Sauerzapf, ihre gleichnamige Tochter sowie eine zum Haus gehörende Dienerin. Die Sauerzapf gehörten zu den einflußreichsten Familien der Oberpfalz. Ihr Reichtum gründete sich auf den Besitz einer ganzen Reihe von Hammerwerken. Vertreter der Familie Sauerzapf gehörten in Amberg dem Rat an und stellten auch wiederholt Bürgermeister.

Der dreifache Mörder Hanns Weber stammte aus Theuern. Aus zuverlässiger Quelle – dem sogenannten „Urgichtbuch der Oberpfalz" aus den Jahren 1519–1522 – sind wir über den Tathergang sowie über die Verurteilung und die Hinrichtung des Mörders recht gut informiert.

Am Bartholomäustag, am 24. August, des Jahres 1519, wollte Weber – eigenen Angaben zufolge – nach Zant zum Heiligen Kreuz wallfahren. Auf dem Weg dorthin kam er auch nach Amberg, wo ihn die Witwe Sauerzapf in ihr Haus rief, um ihn mit einer Brotzeit zu verköstigen. Seine ersten Aussagen waren recht widersprüchlich. So behauptete Weber anfangs, gleich nach der Brotzeit das Haus verlassen zu haben. Unter der Folter ließ er sich zu Teilgeständnissen herbei, wollte ursprünglich nur die Magd mit einer Hacke erschlagen haben und erfand schließlich noch einen Komplizen, der sich jedoch bei einer Gegenüberstellung als völlig unschuldig erwies.

Unter der strengen Folter legte der Delinquent schließlich ein vollständiges Geständnis ab und sagte aus, daß er zuerst die Dienerin im Stall mit einer Hacke erschlagen habe, als sie sich gebückt hatte. Mit ihr zusammen hatte er nach einem Schatz graben wollen, was er auch der Witwe Sauerzapf gesagt habe. Als diese längere Zeit von ihrer Dienerin und dem Weber nichts gehört hatte, kam sie in den Stall nach, wo sie von Weber beim Eingang erschlagen wurde. Die Tochter Anna habe die Mutter schreien gehört und sei in den Hof gelaufen. Dort habe Weber sie eingeholt und beim Brunnen ebenfalls mit der Hacke erschlagen.

Der Grausamkeit der Tat stand die Hinrichtung in nichts nach. Das Gericht befand zu Recht – wie es in der Quelle heißt –, daß Weber sein Leben verwirkt habe und aufgrund der besonderen Umstände seiner Tat „anderst dann ein gewönlich Mörder vom Leben zum Tod gericht werden soll". Das Urteil sah vor, daß Hanns Weber auf dem Rücken liegend von der Gerichtsstätte aus zum Tatort geschleift werden sollte. Vor dem Haus war er auf einen Wagen zu setzen, auf dem die einzelnen Glieder der Hände, mit denen er die Morde begangen hatte, mit glühenden Zangen zerbrochen werden sollten. Danach war er dreimal um den Marktplatz zu führen, wobei er mit glühenden Zangen gezwickt werden sollte. Für die eigentliche Hinrichtung war eine Bühne auf dem Marktplatz zu errichten. Dort sollten dem Delinquenten die Glieder einzeln mit einem Rad gebrochen werden. Daraufhin sollte ihm ein Pfahl durch den Leib getrieben werden. An diesem Pfahl hängend sollte Weber zur gewöhnlichen Richtstätte geschleift und dort schließlich auf das Rad geflochten „und" – wie es in der Quelle heißt – „also vom Leben zum Tod gericht werden".

Das Gericht suchte damit die beispiellose Rohheit des Verbrechens mit einer exemplarischen Hinrichtung zu bestrafen. Besonders ins Auge fallen dabei sogenannte „spiegelnde Strafen". Die Strafe sollte also die Tat wiederspiegeln. So wurde dem Meineidigen die Schwurhand abgeschlagen oder die Zunge herausgerissen. Hier wurden die einzelnen Glieder der Hände, die den Mord begangen hatten, mit glühender Zange zerbrochen. Das Gericht, das Hanns Weber verurteilte, war das Landgericht Amberg. Der Stadt war es – wie bereits erwähnt – nie gelungen, die Hochgerichtsbarkeit zu erlangen. Die Stadt Amberg konnte also niemanden zum Tode verurteilen. Es ist anzunehmen, daß bei der Hinrichtung des Hanns Weber Ende August 1519 ganz Amberg auf den Beinen war, um sich dieses Ereignis nicht entgehen zu lassen. Wir wissen nicht, ob auch bei dieser Hinrichtung gedruckte Handzettel verkauft wur-

den – wie dies später groß in Mode kommen sollte –, die ähnlich den Moritatensängern die einzelnen Stationen von der Tat bis zur Hinrichtung in recht drastischen Bildern schilderten.

Der „Fuchssteiner"

Bei den „Fuchssteinern" handelte es sich um ein Adelsgeschlecht, das sich nach einem kleinen Ort, fünf Kilometer von Amberg entfernt, nannte. Der erste dieser Familie, der sich urkundlich nachweisen läßt, war ein Heinrich Fuchssteiner, der 1343 in Amberg lebte. Der Ortsname „Fuchsstein" dürfte von dem steinigen Boden bei den Füchsen abgeleitet sein.

Ein Nachkomme des Heinrich Fuchssteiner war Dr. Johann von Fuchsstein, der sich darüber hinaus nach dem kurpfälzischen Lehen Ebermannsdorf nannte. Er war – wie Anton Dollacker schreibt – „äußerst begabt und geschickt und hochgelobet, aber auch ränkevoll und bestechlich". Wie viele seiner Standesgenossen hatte der Fuchssteiner erkennen müssen, daß die adelige Herkunft allein nicht mehr ausreichte, um ein standesgemäßes Leben führen zu können. Deshalb erwarb er eine vorzügliche Ausbildung, die er mit dem „Doktor der Rechte" abschloß.

Johann von Fuchsstein gewann die Gunst Pfalzgraf Friedrichs, des nachmaligen Kurfürsten Friedrich II., der seit 1508 als Statthalter der Oberpfalz wirkte. Fuchsstein wurde Kanzler Friedrichs. Als Friedrich 1521 das Amt des Reichsstatthalters in Nürnberg übernahm, begleitete ihn der Fuchssteiner als Beisitzer. Alle Chronisten bemühen sich nun, darauf hinzuweisen, daß der Fuchssteiner in Nürnberg „am liederlichen und verschwenderischen Leben seines Herrn teilnahm". Johann von Fuchsstein schloß sich rasch der gerade aufkommenden Lehre Martin Luthers an und engagierte sich für Franz von Sickingen (1481–1523), dem Johann Wolfgang von Goethe im „Götz von Berlichingen“ 1773 ein literarisches Denkmal setzte. Als Hauptmann der oberrheinischen Ritterschaft, dem „Landauer Bund“, hatte Franz von Sickingen den Kampf gegen Trier begonnen, wohl um selbst Fürst des säkularisierten Kurfürstentums zu werden. Von den verbündeten Fürsten von Trier, Hessen und der Pfalz wurde er auf seiner „Ebernburg“ eingeschlossen und im Kampf schwer verwundet. Am Tag der Übergabe starb er.

Johann von Fuchsstein suchte den finanziellen Engpässen Pfalzgraf Friedrichs dadurch zu begegnen, daß er die kurpfälzischen Ämter Lauf und Hersbruck ohne Wissen und Zustimmung Kurfürst Ludwigs V. an die Reichsstadt Nürnberg verkaufte. Für diesen Handel wurde der Fuchssteiner seitens der Nürnberger kräftig entlohnt.

Aus den Quellen geht nicht eindeutig hervor, ob es das Eintreten für Franz von Sickingen oder das „Geschäft“ mit der Reichsstadt Nürnberg war, das zur Verhaftung des Fuchssteiners am Faschingsdienstag des Jahres 1523 führte. Auf Befehl Kurfürst Ludwigs V. wurde der Fuchssteiner in dem Turm des Amberger Schlosses festgesetzt, der seither seinen Namen führt. Erst auf die Bitte von 30 Adeligen für den Standesgenossen entschloß sich Pfalzgraf Friedrich zur Freilassung des Fuchssteiners nach mehrmonatiger Haft. Als das Schreiben Kurfürst Ludwigs V. in Amberg eintraf, das entgegen der Entscheidung Friedrichs die weitere Festsetzung des Fuchssteiners anordnete, hatte dieser bereits das Weite gesucht.

In der Folgezeit nahm der Fuchssteiner Verbindung zu den aufständischen Bauern auf. In der Reichsstadt Kaufbeuren arbeitete er die als „zwölf Artikel“ bezeichneten Grundforderungen der Bauern aus. Diese verbreiteten sich rasch in ganz Deutschland. Nach dem Zusammenbruch des Bauernaufstandes war der Fuchssteiner im geheimen Auftrag für den aus Württemberg vertriebenen Herzog Ulrich tätig. Als dieser wieder in sein Herzogtum zurückkehren konnte, bedurfte er des Fuchssteiners nicht mehr, der rasch verarmte. Der Regensburger Geschichtsschreiber Gmeiner berichtet über sein Ende: „Er starb elendiglich im Bischofshof zu Regensburg; da fand man ihn tot im Bette, denn er durfte sich nirgends sehen lassen, er wäre sonst auf der Gasse gestorben." Die Formulierung Gmeiners deutet daraufhin, daß der Fuchssteiner für „vogelfrei" erklärt worden war und nur noch im Schutz des Bischofshofs in Regensburg seine Tage fristen konnte.

Der „Dockenhansl"

Häufig wurden in früherer Zeit Türme nach den vornehmsten oder herausragendsten Arrestanten bezeichnet, die darin untergebracht wurden. Dies gilt für den gerade erwähnten „Fuchssteiner" beim Amberger Schloß, aber auch für den sogenannten „Dockenhansl".

Als Hans Christian Eycher oder Aychele erblickte der später im Volksmund als „Dockenhansl" bezeichnete Amberger in der Mitte des 16. Jahrhunderts das Licht der Welt oder besser der Vils-Stadt, über deren Mauern er kaum hinausgekommen sein dürfte. Der Spitzname „Dockenhansl" ist mit großer Wahrscheinlichkeit nicht auf den Umgang Eychers mit den gleichnamigen großen Hunden zurückzuführen, sondern auf die Herstellung oder Reparatur von Puppen. Diese wurden bis in unser Jahrhundert herein als „Docken" bezeichnet.

Rudolf Regler schrieb über den „Dockenhansl": „Von Beruf war er zweifellos ein Außenseiter, nämlich modern gesagt Kunstgewerbler. Politisch war er ein guter Demokrat, weil er persönliche Individualität und freie Entfaltung der Persönlichkeit vor obrigkeitliche Einmischung stellte. Menschlich steckte in ihm ein kindliches Gemüt und eine gute Portion Schelm, der seinen Ulk mit seinen Zeitgenossen trieb."

Der erste schriftliche Beleg über ihn findet sich in den Ratsbüchern. In der Ratssitzung vom 14. Februar 1581 beschloß der Amberger Rat, den „Hans Aychele, sonsten Dockenhennsl genannt" in das Lazaretthaus zu verbringen.

Gleichzeitig wurde ihm angezeigt, „er soll sich in der cur wol halten". Dies beweist, daß gegen ihn wohl schon einiges vorlag. Interessant erscheint auch der Hinweis, daß diese Maßnahme der Kurfürstin angezeigt werden mußte. Offensichtlich stand der „Dockenhansl" unter deren Schutz. Vielleicht war er sogar Hofpuppenmacher.

Daß der „Dockenhansl" in einem besonderen Verhältnis zum kurfürstlichen Hof stand, wird auch zwei Jahre später deutlich. Der Rat hatte sich am 5. Februar 1583 mit seinem Antrag auf Aufnahme ins Spital zu beschäftigen, der vom Kurfürsten persönlich ausdrücklich unterstützt wurde. Der Amberger Rat konnte sich für dieses Unterfangen allerdings nicht recht erwärmen, zumal der „Dockenhansl" jung und – wie es wörtlich heißt – „leibshalb vermöglich", d. h. körperlich durchaus arbeitsfähig sei. Dies kommt auch einige Zeilen weiter unten deutlich zum Ausdruck, wo es heißt: „könnte wohl arbeiten, sei aber zu faul, stellte sich yemalen, als sei er krank."

Offensichtlich auf Druck des Kurfürsten entschloß sich der Rat, den „Dockenhansl" wenigstens wieder im Lazaretthaus aufzunehmen. Im Falle ungebührlichen Verhaltens wurde ihm sofortige Ausweisung angedroht. Mit der Ausweisung aus dem Lazaretthaus sah sich der „Dockenhansl" ein Jahr später erneut konfrontiert, falls er sich nicht besser halten wolle als bisher. Die jetzt in Aussicht gestellte Entfernung aus dem Lazaretthaus war um so begründeter, als ihn doch der Rat inzwischen mit dem Mesnerdienst betraut hatte.

Was Eycher im einzelnen angestellt hat, darüber schweigen sich die erhaltenen schriftlichen Quellen, allen voran die Ratsbücher, aus. Nur einmal lassen sich seine Kapriolen fassen. Im Juli des Jahres 1585 sprang der „Dockenhansl" als fröhlicher Nackedei im Lazaretthaus herum und ohrfeigte bei dieser Gelegenheit eine dort beschäftigte Magd. Dafür strafte ihn der Amberger Rat „etlich tag und nacht" mit Gefängnis. Der „Dockenhansl" wurde in den Turm gesperrt, der bereits 1586 seinen Namen tragen sollte. Regler schreibt zurecht: „Ihm wurde ein Nachruhm zuteil, um den ihn so mancher Amberger Ratsherr von Anno dazumal fast beneiden könnte."

Die Einführung der Reformation

Für das Selbstverständnis der Amberger Reformation sollte bedeutsam werden, „daß bei ihr kein geringerer als der Reformator selbst Pate gestanden hatte; die Stadt, nicht der Landesherr hatte den Durchbruch gewagt" (Volker Press). Es war ein beinahe revolutionärer Akt, als sich 1538 der Amberger Rat an Martin Luther und Philipp Melanchthon mit der Bitte wandte, ihm einen geeigneten evangelischen Prädikanten zu entsenden. Die Verbindung des Amberger Rats nach Wittenberg war durch den Amberger Sebastian Fröschel, der seinerseits im Umkreis Martin Luthers tätig war, hergestellt worden.

Sebastian Fröschel erblickte nur einige Tage später als der Reformator Philipp Melanchthon, am 24. Februar 1497, als Sohn eines Tuchscherers in Amberg das Licht der Welt. 1514 gewährte ihm der Rat ein Stipendium, das ihm ein Studium an der Universität Leipzig ermöglichte. Dort nahm er 1519 an der berühmten Disputation zwischen Martin Luther und Dr. Johannes Eck teil. Daraufhin wandte sich Fröschel selbst der Reformation zu und wurde Geistlicher in Leipzig. Nachdem er die Stadt 1522 verlassen mußte, begab er sich nach Wittenberg, wo er zum engsten Kreis um Luther und Melanchthon gehörte. Er starb am 20. Dezember 1570 in Wittenberg.

Am 30. Oktober 1538 schlugen Luther und Melanchthon in einem von beiden unterzeichneten Schreiben den aus Salzburg stammenden Andreas Hügel vor. Die beiden Reformatoren hätten Hügel gleich mit dem Schreiben nach Amberg gesandt, wie aus diesem hervorgeht, doch wollten sie sich vorab versichern, daß Hügel dem Amberger Rat auch genehm war. Sein „Handikap" bestand darin, daß – wie es wörtlich in dem Schreiben heißt – „die person nicht anseheIich, vnnd die stimm nicht so groß sein möcht, als in einer grossen kirchen wol gezimet". Entgegen dieser Bedenken entschied sich der Rat der Stadt Amberg für Hügel und stellte ihn gegen die Proteste des katholisch gebliebenen Regensburger Bischofs am 1. März 1539 ein. Wenig später forderte der Rat der Stadt von Hügel die Spendung des Abendmahls in beiderlei Gestalt. Trotz dieser Erfolge gelang es der Initiative des Amberger Pfarrers Georg Helbling und des Guardians des Franziskanerklosters, die Entfernung Hügels aus Amberg durchzusetzen, der wieder nach Wittenberg zurückkehrte.

Die entscheidende Wende zugunsten der Reformation in Amberg brachte das Jahr 1544 mit sich. Da Friedrich II., der in diesem Jahr die pfälzische Kurwürde übernahm, sich in der Frage des „rechten Glaubens" eher zaudernd verhielt, nahm der Rat seine Korrespondenz mit Luther und Melanchthon wegen der Entsendung eines geeigneten evangelischen Prädikanten wieder auf. Obgleich sich der Rat der Stadt gegen eine erneute Berufung Hügels nach Amberg stellte, wurde doch die Einführung der „neuen" Zeremonien forciert.

In den Jahren 1544 bis 1548 gelang es dem Rat der Stadt, die Reformation „unter offenkundigem Rückhalt an der Bevölkerung" (Volker Press) durchzusetzen. In diese Jahre fällt auch die reichsweite Auseinandersetzung um das sogenannte „Interim", jene kaiserliche Kompromißformel, die den evangelisch gewordenen Reichsständen eine „goldene Brücke" zur Rückkehr zum „alten" Glauben bauen wollte. Während Kurfürst Friedrich II. das „Interim" akzeptierte, war die Stadt Amberg dazu nicht bereit. Für den wenig geradlinigen Kurs Friedrichs in der Religionsfrage spricht es, daß er es 1549 „den Ambergern freistellte, auf eigene Faust an der Reformation festzuhalten und die politisch prekäre Berufung auf ihn zu vermeiden" (Volker Press). Trotz dieses Zugeständnisses hatte der Amberger Rat mit Stadtpfarrer Helbling einen großen (katholischen) Gegenspieler zu fürchten. Erst mit dessen Tod 1553 konnte sich in Amberg die „evangelische Sache" endgültig durchsetzen.

Der Rat handelte jetzt rasch. Der Pfarrhof bei St. Georg – bis 1629 war St. Georg, nicht St. Martin, die Pfarrei Ambergs – wurde durch den evangelischen Prädikanten Wolfgang Strasser besetzt, die alten Zeremonien abgeschafft.

Der nächste Schritt bestand darin, daß sich die Stadt eine eigene Kirchenordnung gab. Wieder blickte der Rat nach Wittenberg und wieder war die erste Anlaufstelle Sebastian Fröschel. Er besorgte dem Amberger Rat die Wittenberger Kirchenordnung und ließ sie durch Philipp Melanchthon beglaubigen. Auf der Basis der Wittenberger und der mecklenburgischen Kirchenordnung erarbeitete der Amberger Geistliche Peter Ketzmann eine eigene Amberger Kirchenordnung. Seinen Entwurf legte der Amberger Rat 1555 Philipp Melanchthon vor, der sie durch ein Gutachten verbesserte. Diese von Melanchthon überarbeitete Kirchenordnung nahm die Stadt Amberg an. Mit dem Erlaß der Kirchenordnung dokumentierte der Rat nicht nur eine recht eigenständige Haltung in der Religionsfrage, sondern auch ein enormes Selbstbewußtsein. Diesem tat es auch keinen Abbruch, als 1557 die Amberger Kirchenordnung der Pfälzischen Kirchenordnung Kurfürst Ottheinrichs angepaßt werden mußte.

Ein Passionsspiel des Hans Sachs

Der am 5. November 1494 in Nürnberg geborene Meistersinger und Schuhmacher Hans Sachs, der bereits 1523 mit vier Prosadialogen, vor allem aber mit seinem Gedicht „Die Wittenbergisch Nachtigall" engagiert für die Reformation Martin Luthers eingetreten war, widmete 1560 dem Rat der Stadt Amberg „Der gantz Passion. Nach dem Text der vier Evangelisten." Das Werk sollte – wie sein Verfasser schrieb – „vor einer christlichen Gemain" gespielt werden. Das zehn Akte umfassende Stück wurde nicht in Nürnberg, sondern in der kurfürstlichen Stadt Amberg durch Wolf Guldenmund, den ersten in Amberg nachweisbaren Drucker, gedruckt. Guldenmund hatte 1523 das Bürgerrecht der Stadt Amberg erworben. Mit seinem Wirken verbindet sich eine ganze Reihe wichtiger städtischer Aufträge, so etwa das „Amberger Gesatzbuch“, das Guldenmund 1554 druckte. Gestorben ist Guldenmund hochbetagt als Pfründner des Amberger Spitals. Doch zurück zu Hans Sachs.

Hans Sachs schloß die Arbeiten an seiner „Passion“ am 12. April 1558 ab und widmete sie dem Rat der Stadt Amberg. Dies unterstreicht augenfällig, welche Bedeutung die Stadt Amberg für das geistige und geistliche evangelische Leben im 16. Jahrhundert besaß. Der Rat der Stadt Amberg hatte sich bereits 1538 der Reformation geöffnet und in Verhandlungen mit Martin Luther und Philipp Melanchthon einen evangelischen „Praedicanten“ erhalten. Die Vorreiterrolle Ambergs auf dem Gebiet der Reformation war natürlich in den benachbarten Reichsstädten, vor allem in Nürnberg, wohin Amberg traditionell sehr gute Verbindungen hatte, nicht unbeachtet geblieben. Ob Hans Sachs selbst unmittelbar Beziehungen zu Amberg hatte, ist unklar. Es läßt sich auch nicht mit Bestimmtheit sagen, ob der Dichter sein Werk schon vor der Drucklegung dem Rat der Stadt Amberg verehrte, doch ist dies, nachdem der Druck in Amberg erfolgte, als sehr wahrscheinlich anzunehmen.

„Der Passion“ – wie es zur Zeit von Hans Sachs noch hieß – beginnt wie auch die Evangelien, die der Dichter ausdrücklich als Textgrundlage nennt, mit dem letzten Abendmahl und endet mit der Grablege Christi. Freilich bearbeitete Hans Sachs mit diesem Stoff kein Neuland. Es gab bereits eine ganze Reihe von Passionen und Osterspielen, die dem Volk das biblische Geschehen vor Augen führten. Und doch überrascht es, ein solches Stück von Hans Sachs überliefert zu finden, wird doch sein Werk häufig nur mit recht burleskem Humor in Verbindung gebracht. Zurecht bemerkte dazu Georg Leingärtner in seinem Vorwort zur Neuausgabe dieser „Passion“, daß damals Kirche und Leben, Gott und Welt noch eng zusammengehörten. Deshalb konnte auch ein Dichter zugleich auf beiden künstlerischen Ebenen, der geistlichen und der weltlichen, schaffen. Dies belegen die 85 Fastnachtsspiele von Hans Sachs ebenso wie seine 4000 Meisterlieder.

Im Gegensatz zu vielen anderen Passionsspielen präsentiert sich das Stück von Hans Sachs in geradezu prägnanter Kürze. Leingärtner meinte dazu: „Es spiegelt den Leidensweg Jesu wie ein harter Holzschnitt, mit wenigen kantigen Strichen.“ Aufgrund dieses Umstandes konnte die „Passion“, für die man nur 31 Darsteller benötigte, auch von Laienspielgruppen gut in Szene gesetzt werden. Ob sie in Amberg aufgeführt wurde, läßt sich leider nicht feststellen. Einer der wenigen Drucke, die sich von „Der gantz Passion“ erhalten haben, wird in der Provinzialbibliothek Amberg verwahrt.

Reformatorische Sittenstrenge gegen den Amberger Fasching

Den ersten Hinweis auf einen Amberger Fasching finden wir im Jahr 1347. Diesem Eintrag zufolge kamen alljährlich die Bäcker Ambergs mit dem Landrichter am Sonntag nach Lichtmeß zu Wein, Braten und Semmeln zusammen. Daß die Fastnacht des ausgehenden Mittelalters vor allem mit Essen und Trinken zu tun hatte, wird auch aus anderen Quellen deutlich. So hatten etwa die Grunduntertanen unter anderem alljährlich auch sogenannte Fastnachtshühner an die jeweilige Herrschaft abzuliefern.

Im 15. Jahrhundert scheint sich die Fastnacht in Amberg zu einem Spektakel mit Musik, Tanz und Verkleidung im heutigen Sinn entwickelt zu haben. Jedenfalls lassen die Einschränkungen und Verbote, die der Rat der Stadt beim Erlaß des „Gesatzbuchs von 1554“ verfügte, diesen Schluß zu. Ganz im Geist der Reformation suchte man jetzt auch die Fastnacht zu kanalisieren und soweit wie möglich zurückzudrängen. Da sich vor der Mitte des 16. Jahrhunderts keine entsprechenden Bestimmungen oder Abstrafungen von Ausschreitungen zur Faschingszeit nachweisen lassen, kann man daraus schließen, daß der Rat als städtische Obrigkeit diese tolerierte. Dies deckt sich auch mit Beobachtungen, die in anderen Gebieten gemacht werden können. Kirche und Obrigkeiten duldeten das Fastnachtstreiben nicht nur, sondern förderten es. Stellten doch diese wenigen Tage ein Ventil für die Zwänge und Reglementierungen dar, denen der Mensch des ausgehenden Mittelalters und der frühen Neuzeit das ganze übrige Jahr unterworfen war.

Doch zurück zum Gesatzbuch von 1554. Verboten war das „drummelschlagen zu faßnacht vnd anderen zeiten bey tag und nacht". Geahndet wurden Übertretungen dieses Verbots mit Beschlagnahme des Instruments. Verboten war auch das „juchtzen und schreyen" des Nachts auf den Gassen. „Mumereyen zur faßnacht", also Verkleidung und Maskierung waren nicht verboten. Dagegen war es untersagt, maskiert Waffen zu tragen. Von allen Verboten erscheint dies auch für uns einsichtig, erschwerte es doch die Maskierung, potentielle Rechtsbrecher zu identifizieren. Besonderen Zuspruchs erfreuten sich auch Schlittenfahrten, an denen die Amberger maskiert oder nicht maskiert teilnahmen. Der Rat verfügte, daß nachts nur Schlitten mit Geläut und von Fackeln erhellt benutzt werden durften. Auch hierbei sollten sich die Fahrer des „geschrays" enthalten.

Einen besonderen Punkt bildete natürlich der Tanz, bei dem sich die Geschlechter näherkamen. Der entsprechende Passus im Gesatzbuch beginnt mit der Feststellung, daß der Rat wohl Ursache genug hätte, die – wie es wörtlich heißt – „abend oder kurtzweyl tentze" ganz einzustellen. Doch wolle man davon Abstand nehmen. Stattdessen wurde aber das Tanzvergnügen gleich einer ganzen Reihe von Einschränkungen unterworfen. Dies begann bereits bei der Musik. Zulässig war nur noch „stilles saitenspiel". Damit versuchte man die Tanzmöglichkeiten von vornherein einzuschränken. Getanzt werden durfte nur „erber, züchtig, on rhumor, zwitracht und geschrey". Um dies zu bewerkstelligen, mußten sich die Tänzer auch des „vmbschwingens, vmbdrehens oder vmbwerffens der mayd" enthalten. Galt es in der Reformationszeit bereits als sittenwidrig, die Knöchel der Dame unverhüllt zu zeigen, so wäre die Enthüllung des ganzen Beins skandalös gewesen. Beim vollständigen Umdrehen wäre natürlich auch der Unterleib, der zu dieser Zeit noch von keiner Unterwäsche verdeckt war, sichtbar geworden. Den Herren war es verboten, „ in blossen hosen vnd wammes" zu tanzen. Um die Gefahren etwaiger Unsittlichkeit noch weiter zu reduzieren, durften Tanzveranstaltungen nur zwischen ein Uhr mittags und dem Läuten der Feuerglocke, also bis zum Einbruch der Dunkelheit, stattfinden.

Damit beseitigte die Reformation die im 15. Jahrhundert allmählich entstandene Amberger Faschingstradition. Erst nach dem 30jährigen Krieg finden sich allmählich wieder Spuren eines Amberger Faschings. Unterbrechungen bildeten die großen Kriege des 18. Jahrhunderts. 1809 taucht in der Chronik von Destouches dann der Amberger „Karneval" auf. Im 19. Jahrhundert lassen sich einige Faschingszüge in Amberg nachweisen. Einen Neuanfang des Amberger Faschings bedeutete die Begründung der „Amberger Narrhalla 1934 e. V.".

Michael Schwaiger – Bürgermeister und Chronist

Eine wichtige Quelle zur Geschichte Ambergs im Spätmittelalter bildet die Chronik des Bürgermeisters Michael Schwaiger. Die handschriftliche Fassung schloß Schwaiger am 16. Mai 1559 ab, im Druck erschien die Chronik 1564 in Wittenberg.

Michael Schwaiger wurde um 1510 als Sohn des gleichnamigen Amberger Bürgermeisters geboren. Mit 26 Jahren wurde Schwaiger in den Inneren Rat seiner Vaterstadt gewählt, bereits 1539 wurde er Bürgermeister. Dieses Amt sollte er die nächsten 20 Jahre inne haben. Seinen wahrlich kometenhaften Aufstieg verdankte Michael Schwaiger nicht nur der Position seines Vaters, sondern auch dem Umstand, daß der junge Schwaiger in das bedeutende Montangeschlecht der Kastner eingeheiratet hatte. Seine Gemahlin Barbara war eine Tochter des Bürgermeisters Andreas Kastner. Aus dieser familiären Bindung resultierten aber auch gewaltige Schwierigkeiten für Michael Schwaiger. Einerseits der Verwandtschaft verbunden, mußte er aber doch andererseits als Bürgermeister die Belange der Allgemeinheit vertreten. Dies galt vor allem in der großen Auseinandersetzung zwischen dem Montanunternehmen der Kastner und Plech und der städtischen Bergwerksgesellschaft.

Trotz seiner vielfältigen Aufgaben nahm sich Schwaiger die Zeit, eine Chronik aus den im Stadtarchiv verwahrten Unterlagen zu erstellen. Zu diesem Unternehmen hatte ihn Kurfürst Friedrich II. kurz vor seinem Tod (1556) aufgefordert. Schwaiger, der in diesen Jahren unter schweren Podagra-Anfällen (= Fußgicht) litt, machte aus dieser Not eine Tugend und schrieb in der Zeit, in der er ans Haus gefesselt war, an der Chronik, deren Manuskript er 1559 abschließen konnte.

Noch im gleichen Jahr stellte Schwaiger seine Chronik dem Amberger Schulmeister Georg Agricola (1530–1575) zur Verfügung, der sie als Grundlage für sein Loblied auf die Stadt Amberg benutzte. Gleichzeitig informierte Agricola seine Wittenberger Freunde über die Existenz dieser Chronik. Auf ihre Bitte hin übersandte Schwaiger dem Wittenberger Arzt und Schwiegersohn Melanchthons, Dr. Caspar Peucer, eine Abschrift seines Werkes. Entgegen dem ausdrücklichen Wunsch des Autors, entschlossen sich Peucer und der ebenfalls in Wittenberg weilende Amberger Sebastian Fröschel zur Drucklegung dieser Arbeit, die am Neujahrstag 1564 erschien.

Damit kam völlig unerwartet und unbeabsichtigt eine gewaltige Lawine ins Rollen, die Schwaigers letzte Lebensjahre überschattete. Kurfürst Friedrich III. sah durch verschiedene Passagen im Werk Schwaigers die Rechte der Kurpfalz in Amberg geschmälert und entschied sich, gegen den Autor vorzugehen. Am 7. Oktober 1564 ließ die Amberger Regierung Schwaiger zum Verhör vorladen. Da er wegen seiner Podagra jedoch wieder das Bett hüten mußte, befragte eine Regierungskommission im November den Kranken in seinem Haus.

Schnell zeigte sich, daß es sich bei der „Affäre Schwaiger" weniger um die Auseinandersetzung um ein Buch handelte, sondern daß es vielmehr um ganz handfeste politische und religionspolitische Fragen ging. Der ehemalige Bürgermeister erwies sich jedoch als geschickter Taktiker, wenngleich er es erleben mußte, daß der Stadtrat am 14. Juni 1565 beschloß, sämtliche Exemplare der „Schwaiger-Chronik" einzusammeln, um sie der kurfürstlichen Regierung auszuhändigen. Schwaiger überlebte diese Auseinandersetzung nicht mehr allzu lange. Er verstarb 1568 in seiner Vaterstadt.

Andreas Raselius – ein Amberger Musiker

Andreas Raselius, der sich später nach seiner Heimat den Beinamen „Ambergensis" geben sollte, wurde um 1563 als Sohn des evangelischen Pfarrers Thomas Raselius in Hahnbach geboren. Nach dem Tod des Vaters, 1569, erwarb die Mutter, Anna, eine gebürtige Ambergerin, für sich und ihre Kinder das Amberger Bürgerrecht. Um 1575 besuchte Andreas das Gymnasium in Amberg. In dieser Zeit wurde der Grundstock seiner musikalischen Ausbildung gelegt. Von Amberg aus wandte sich der junge Andreas nach Heidelberg, wo er sich im November 1581 an der dortigen Universität einschrieb. Die Beziehung zwischen Amberg und Heidelberg waren in diesen Jahren sehr vielfältig. So wirkte etwa ein Mann namens Johann Knöfel als Hofkapellmeister in Heidelberg, der 1581 der Stadt Amberg seine „Newen deutschen Liedlein“ gewidmet hatte. Raselius beendete am 18. Februar 1584 seine Studien mit dem Erreichen des Magistergrades.

Sein Lebensweg nahm bedingt durch die religionspolitische Entwicklung eine Wendung. Der durch das Luthertum geprägte Raselius verließ Heidelberg, als nach dem Tod des evangelischen Kurfürsten Ludwig VI. dessen vom Calvinismus geprägter Bruder, Johann Casimir, die vormundschaftliche Regierung für den noch unmündigen Kurfürsten Friedrich IV. übernahm. Für sechs Jahre sollte die evangelische Reichsstadt Regensburg neue Heimat des Andreas Raselius werden. Neben einer Lehrtätigkeit am evangelischen „Gymnasium poeticum“ hatte Raselius auch die Stelle des Kantors an der Neupfarrkirche inne.

Aus seinem Musiklehrbuch, das Raselius 1589 in Regensburg verfaßte, geht hervor, daß er auch ein recht moderner Musikpädagoge war. So schreibt er: „Spielend sollte der Schüler diese und andere musikalische Dinge lernen, im leichten Wechsel von Unterricht und praktischer Übung.“ Und an anderer Stelle heißt es: „Überhaupt will ich mich lieber gering schätzen lassen, als daß ich mich entschließen könnte, eine leichte Sache schwer zu machen.“ Offensichtlich war aber auch die praktische Arbeit des Raselius, vor allem als Kantor, sehr erfolgreich. Berühmt waren die fünfstimmigen Gesänge, die er zusammen mit dem Chor der Neupfarrkirche bei den Gottesdiensten zur Aufführung brachte.

Trotz seiner vielfältigen Aufgaben als Lehrer, Kantor, Komponist und Musiktheoretiker betätigte sich Andreas Raselius darüber hinaus auch noch als Historiker. 1598 erschienen aus seiner Feder die „Annales Ratisponensis“, die „Regensburger Jahrbücher“, die in lateinischer und deutscher Fassung vorliegen. Sie decken den gewaltigen Zeitraum „von der Erbauung der Stadt bis 1545“ ab.

In Regensburg fand Raselius aber auch die Frau fürs Leben in der Apothekertochter Maria Erndl, die ihm acht Kinder schenken sollte, von denen aber nur vier Söhne überlebten.

Seinem Wirkungskreis Regensburg wurde Raselius entrissen, als er von dem inzwischen volljährig gewordenen Kurfürsten Friedrich IV. 1600 wieder nach Heidelberg berufen wurde. Friedrich stand nicht nur den Künsten insgesamt aufgeschlossen gegenüber, sondern war auch ein großer Freund der Musik. In Heidelberg hatte Raselius die Stelle des Hofkapellmeisters inne, wenngleich er diese nicht mehr allzu lange bekleiden sollte. Schon am 6. Januar 1602 verstarb Andreas Raselius in Heidelberg.

Unter seinen 597 Kompositionen ragen besonders die Evangelienvertonungen hervor, obgleich auch sie wie seine übrigen Werke in Vergessenheit geraten waren und erst jetzt mit dem neu einsetzenden Interesse an der „Alten Musik" wieder entdeckt werden.

Die Fürstengräber in der St. Martinskirche

Wie bereits erwähnt fanden im Mittelalter und in der frühen Neuzeit Verstorbene nicht nur in Friedhöfen ihre letzte Ruhe, sondern auch in Kirchen; dies gilt besonders für die Angehörigen fürstlicher Geschlechter. So finden sich auch in Amberg Grablegen der pfälzischen Wittelsbacher. Das Hochgrab Pfalzgraf Ruprecht Pipans in der Amberger St. Martinskirche wurde schon vorgestellt.

In den Jahren der großen Auseinandersetzungen um den rechten Glauben regierte in Amberg als Statthalter der spätere Kurfürst Ludwig VI. Während sein Vater, Kurfürst Friedrich III., sich zum calvinischen Bekenntnis bekehrt hatte, hielt Ludwig wie auch die Stadt Amberg an der Lehre Martin Luthers fest. Dies führte zu vielfachen Spannungen zwischen Amberg und Heidelberg.

Ludwig war mit Elisabeth von Hessen-Kassel vermählt. Von den sieben Kindern, die das Paar hatte, starben vier sehr jung und fanden in der Amberger St. Martinskirche ihre letzte Ruhestätte. Beigesetzt wurden sie bei den Chorpfeilern seitlich vom Hochaltar, wo sich auch ihre Grabplatten befanden. Sie stammen alle von der Hand des gleichen Künstlers. Ihre Epitaphien sind heute in der Wolfgangs- und Kreuzkapelle zu sehen.

Das älteste Grabdenkmal erinnert an Pfalzgraf Friedrich Philipp, der 1562 im Alter von nur wenigen Wochen verstarb, wie aus der Inschrift des Steines hervorgeht. Der Stein zeigt Jesus, wie er die Kinder segnet:

„Auf dieser Welt lebt ich funff Tag
und nur drei Wochen, denn hernach
nahm mich hinweg der liebe Gott,
macht mir zum Schlaf den bitteren Tod.
Drum lieg ich hie in kuhler Erd
ruhe sanft bis ich erwecket werd."

Wie Friedrich Philipp starb auch sein Bruder Johann Friedrich 1569 schon wenige Wochen nach der Geburt. Sein Grabstein zeigt Jesus, wie er den Aposteln ein Kind vorstellt. Darunter ist zu lesen:

„Ein Tag und dreißig lebet ich,
schlief darnach ein gar seliglich.
Ach liebste Eltern klaget nicht,
aus Gottes Willen solches geschicht."

Eine Besonderheit stellt der Stein dar, der der Pfalzgräfin Dorothea, die 1568 im Alter von knapp zwei Jahren verstarb, gewidmet wurde. Er zeigt die Geburt Christi im Stall von Betlehem.

Als letztes der Kinder Ludwigs VI. starb 1575 Pfalzgraf Philipp. Der Stein zeigt die Kreuzigung Christi. Die Inschrift nimmt deutlichen Bezug auf die bereits in St. Martin beigesetzten Geschwister:

„Lieg ich in ein Kemerlein
bei mein geliebten Gschwisterlein.
Ich bin vollkomen worden bald,
war nur dreizehen Wochen vier Tag alt."

Auch hier findet sich wieder der Trost an die Eltern, die mit Philippp ihr viertes Kind verloren hatten:

„Ach liebste Eltern betrübt Euch nicht,
nach Gottes Willen dis alles geschicht."

Das „Weihnachtsepitaph" in der St. Martinskirche

Von den vier Grabplatten, die verstorbenen Kindern Kurfürst Ludwigs VI. gewidmet sind, nimmt das „Weihnachtsepitaph" für die Pfalzgräfin Dorothea eine besondere Stellung ein.

Die Geburt Christi im Stall von Bethlehem gehört zu den Themen, die von Malern und Bildhauern immer wieder aufgegriffen wurde. Eine auf den ersten Blick ungewöhnliche Darstellung der Weihnachtsszene ist in der Amberger St. Martinskirche zu sehen. Ungewöhnlich ist freilich weniger ihre Gestaltung, diese ist traditionell und zeigt die Heilige Familie mit Ochs und Esel im Stall zu Bethlehem, als vielmehr ihr äußerer Rahmen, eine Grabplatte. Die Freude der Heiligen Nacht und der Schmerz über den Tod eines Kindes, den die Grabplatte vermeldet, scheint für den Betrachter nur schwer nachvollziehbar zu sein. Er erwartet Darstellungen des Gekreuzigten oder sonstige Szenen, die sich mit dem Thema Tod und Vergänglichkeit beschäftigen.

Die erwähnte Weihnachtsszene zeigt das Epitaph der Prinzessin Dorothea. Aus der Inschrift geht hervor, daß die Prinzessin am 4. August 1566 geboren wurde und bereits am 10. März 1568 verstarb. Über dem Relief brachte der Steinmetz die Bibelsprüche Isaias 8 „Uns ist ein Kind geboren. Ein Sohn ist uns gegeben" sowie die Lukasstelle: „Ich verkünde Euch eine große Freude, die allem Volk widerfahren wird, denn Euch ist heut der Heiland geboren, welcher ist Christus der Herr, in der Stadt Davids." Mit diesen Versen wird die Grabplatte bereits zum theologischen Programm. Durch die Geburt Christi kam die Erlösung in die Welt. Diese Erlösung wird nun auch der kleinen Prinzessin zuteil, deren Leben nicht einmal zwei Jahre währte. Das Epitaph der Prinzessin Dorothea ist somit nicht nur eine künstlerisch sehr ansprechende Arbeit, sondern auch ein

Zeugnis tiefen Glaubens, der im Erlösungsgedanken Trost über den allzu frühen Tod des Kindes zu geben suchte. Geburt und Tod liegen ganz nahe beieinander und nur für den modernen Betrachter mutet die Weihnachtsszene auf dem Epitaph fremd an.

Dies wird durch die Inschrift, die sich unter dem Relief findet, bestätigt. Hier spricht uns Dorothea in der Sprache der Lutherzeit unmittelbar an:

„Ich kleines Kind klag hertziglich,
O Gott und Herr, das leider ich
in Sünd empfangen und gebur,
sein müßte ewiglich verlorn.
Doch tröstet mich alleine das,
aus lauter Gnaden Du mir hast
Dein allerliebsten Sohn gegeben,
das ich durch ihn sollt ewig leben.
Er ist geboren ein Kindlein klein,
das er von Stund mich machte rein.
Er ist der starke teure Held,
der Satans Gewalt und Reich zerfällt.
Ich danke Dir Herr Jesu Christ,
das Du mein Friedfürst worden bist."

Leonhard Müntzer – Stadtkämmerer und Poet

Leonhard Müntzer war von 1572 bis zu seinem Tod 1588 Kämmerer der Stadt Amberg. In den Jahren 1569 bis 1572 war er bereits Bürgermeister gewesen. Sein Wirken fällt in die Zeit der großen religionspolitischen Auseinandersetzungen. Die Heidelberger Kurfürsten versuchten wiederholt, in Amberg dem Calvinismus zum Durchbruch zu verhelfen, während die Stadt am lutherischen Bekenntnis festhielt.

In diese Umbruchszeit gehören die Stadtkammerrechnungen Leonhard Müntzers. In sie nahm Müntzer, ein überzeugter Anhänger der Lehre Martin Luthers, nicht nur Psalmen und selbstverfaßte religiöse Gedichte auf, sondern legte auch großen Wert auf ihre äußere Gestaltung. Die große Zahl der Gedichte weist Müntzer als einen der produktivsten Vertreter geistlicher Lyrik im Amberg des 16. Jahrhunderts aus. Es ist für den heutigen Betrachter nur schwer vorstellbar, daß Müntzer seine Texte zwischen die verschiedenen Posten der städtischen Rechnungen aufnahm. Immer wieder tauchen kürzere oder längere Gedichte zwischen den städtischen Einnahmen und Ausgaben auf. Von besonderem Reiz ist jedoch bereits das Äußere der teilweise in Seide gebundenen Bände. Ihr Erscheinungsbild verdanken sie Prägestempeln, mit denen – zumeist lateinische – Verse aber auch Abbildungen aufgebracht wurden. Die Herkunft dieser Stempel ist nicht geklärt. Möglicherweise ist sie im Umkreis der von Kurfürst Ottheinrich säkularisierten Klöster zu suchen.

Ein besonders schönes Beispiel ist die Stadtkammerrechnung des ersten Halbjahrs 1583. Sie wurde in grüne Seide gebunden. Auf dem Vorderdeckel findet sich die Verkündigung des Erzengels an Maria, auf der Rückseite die Geburt Christi. Die beiden Abbildungen sind jeweils nur fünf Zentimeter groß. Ihre Ausführung ist von großer künstlerischer Qualität. Beide Stempel stammen offensichtlich von einer Hand. Das Stempelbild ist ganz der Spätrenaissance verpflichtet.

Auf dem Vorderdeckel sieht man Maria in ein Buch vertieft, das vor ihr auf einem Pult liegt. Vor ihr steht der Erzengel, der als Zeichen seiner Sendung ein Szepter trägt. Über diesen beiden Figuren ist Gottvater in Wolken schwebend dargestellt, aus denen eine Taube zu Maria herabfliegt. Der untere Bildrand wird durch das lateinisch wiedergegebene Bibelwort „Dein Wille geschehe." abgeschlossen. Fast noch intimer wirkt die Darstellung der Geburt Christi auf der Rückseite des Bandes. Wenige Bretter und Balken symbolisieren den Stall von Bethlehem.

Nackt liegt der kleine Jesusknabe im Stroh. Neben ihm steht Josef mit einer Laterne in der Hand; dahinter zwei weitere Personen. Die rechte Bildhälfte nimmt Maria ein, die vor dem Neugeborenen kniet. Wie bei der Verkündigung faßt auch hier ein Bibelwort die ganze Bildaussage noch einmal zusammen: „Ein Kind ist uns geboren."

Gerade das Nebeneinander von geistlicher Lyrik und künstlerischer Gestaltung einerseits und nüchternem Verwaltungsschriftgut andererseits, macht den besonderen Reiz der Stadtkammerrechnungen des Leonhard Müntzer aus.

Die „Schwarze Kundl"

Im Jahr 1583 ließ der evangelische Kurfürst Ludwig VI. in Amberg sowie im gesamten Fürstentum „der heroberen Pfalz" eine Kirchenvisitation durchführen, bei der die religiösen Verhältnisse durch eine vom Kurfürsten eingesetzte Kommission hinterfragt wurden. Im Vordergrund der Untersuchung standen die religiösen Verhältnisse in den einzelnen Orten und Pfarreien. Befragt wurden in Amberg in diesem Zusammenhang vor allem die Ratsherrn. Eine Frage zielte aber auch darauf ab, „ob sy niemand bey innen wissen, der mit zauberey unnd hexenwerckh umbgehe, den zauberern nachlauf oder sonsten verbotene Künste betreibe."

Einer der Amberger Ratsherrn wußte in diesem Zusammenhang zu berichten, daß ihm ein durchziehender Landsknecht durch Besprechen am Arm geholfen hatte. Dabei habe er die Worte gebrauchen müssen:

„Ich schneide dir vor dein Schwinden;
Gott ist ohn alle Sünden."

Dazu: „Im Namen Gottes, des Vaters, des Sohnes und des heiligen Geistes."

Wirksam werde dieses Besprechen aber nur an einem Sonntag vor Sonnenaufgang.

Der Amberger Rat erwähnte ferner eine alte Schäferin, die Mensch und Tier durch Besprechen helfen könnte. So habe sie auch die Frau eines Amberger Ratsherrn vom sogenannten „Hauptschein", also Schwindel, geheilt. Nach diesen Aussagen luden die Visitatoren die alte Schäferin vor, die in Amberg unter dem Namen „Schwarze Kundl" bekannt war. Die „Schwarze Kundl" war bereits im Juni des Jahres 1567 auffällig geworden, wie aus dem entsprechenden Ratsbuch hervorgeht. Nachdem eines ihrer Kinder von ihr Brot gefordert hatte, hatte sie dem Kind mit Erhängen gedroht und diesem auch tatsächlich einen Strick um den Hals gelegt. Der Rat ließ deshalb die „Kundl" an eine Kette legen und drohte ihr bei weiteren Vorkommnissen mit der Stadtverweisung. 1583 nun stellte die „Kundl" vor den Visitatoren folgende Besprechungen vor: Um die „Bermutter", also die Gebärmutter, oder sonstige Leibschmerzen zu heilen, mußten die folgenden Worte gesprochen werden:

„Bermutter leg dich.
Tust du es net, so stirb ich.
Stirb heut auf diesen Tag,
so legt man uns zusammen in ein Grab,
ist uns beiden ein große Klag."

Hinzu kam der Segensspruch: „Im Namen Gottes, des Vaters, des Sohnes und des heiligen Geistes."

Noch merkwürdiger mutet die Heilung des Zipperleins an. Hier schlug die „Schwarze Kundl" vor, eine Frau, die mit Zwillingen schwanger war, zu treten. Gleichzeitig wies die „Kundl" darauf hin, daß sie für die Tätigkeit nie Geld annehme. Dies würde sich auf den Erfolg der von ihr erteilten Ratschläge nachteilig auswirken. Gegen die Annahme von Naturalien, vor allem von Lebensmitteln, bestanden diese Einwände nicht.

Leider läßt sich der Ausgang der Untersuchung gegen die „Schwarze Kundl" nicht feststellen.

Das „Amberger Lärmen" von 1592

Die zweite große Auseinandersetzung nach dem „Amberger Aufruhr" von 1453/54 zwischen der Stadt Amberg und ihrem Landesherrn, dem pfälzischen Kurfürsten, bildete das „Amberger Lärmen" von 1592. Um diesen Aufstand der Amberger richtig einordnen zu können, sind einige Vorinformationen nötig. Bereits 1538 führte der Rat der Stadt Amberg die Reformation ein. Der evangelischen Lehre verhalf nach der zögernden Haltung Friedrichs II. Kurfürst Ottheinrich zum endgültigen Durchbruch. 1555 gab sich die Stadt eine eigene Kirchenordnung. 1555 war aber auch das Jahr des Augsburger Religionsfriedens, der dem Landesherrn die Entscheidung über die Religion seiner Untertanen anheimstellte. Diese reichsrechtliche Festlegung sollte für die Amberger bittere Folgen nach sich ziehen, vor allem als mit Kurfürst Friedrich III. 1563 ein überzeugter Anhänger der Lehre Calvins an die Regierung kam. Mit Johannes Calvin verbindet sich bis in unsere Tage der Gedanke der Prädestinationslehre, der zu Folge Gott die einen zum Heil, die anderen zur Verdammnis vorherbestimmt. Spannungen ergaben sich in Amberg nicht nur deshalb, weil Kurfürst Friedrich III. nach Kräften „seiner" Lehre zum Durchbruch verhelfen wollte, sondern auch weil sein Sohn, Kurprinz Ludwig (VI.), ein überzeugter Lutheraner, als Statthalter in Amberg residierte. Unter Kurfürst Ludwig VI. trat dann eine bis zu seinem Tod, 1583, dauernde Phase der Beruhigung ein.

Wie bereits erwähnt, übernahm der Bruder Ludwigs VI., Pfalzgraf Johann Casimir, für dessen unmündigen Sohn, Kurfürst Friedrich IV., die Vormundschaft. Seine vormundschaftliche Regierung zielte erneut auf die Einführung des Calvinismus in der Oberpfalz ab. Mit verschiedenen Mandaten, vor allem gegen „das Lästern und Schelten" sowie der Entsendung von Heidelberger Räten suchte Johann Casimir das Luthertum in der Oberpfalz zu schwächen.

Entsprechend geladen war die Stimmung in Amberg bei der Nachricht von seinem Tod am 6. Januar 1592. Als vergeblich erwies sich die Hoffnung der Amberger, daß jetzt in Heidelberg eine evangelische vormundschaftliche Regierung zum Zug komme. Stattdessen setzten sich die calvinischen Kräfte am pfälzischen Hof erstaunlich rasch durch.

Die Krise erreichte ihren Höhepunkt, als der Stadt Amberg der von ihr präsentierte, evangelische Geistliche Salomon Codoman als Nachfolger für den verstorbenen Martin Oberndorfer von der kurfürstlichen Regierung abgelehnt wurde. Sofort glaubte man, die Regierung wolle das Luthertum ein für allemal abschaffen. Gleichzeitig kam das Gerücht auf, die Regierung treffe militärische Vorbereitungen, um die schwelende Krise mit Waffengewalt zu beenden. In dieser Situation rotteten sich 1400 bewaffnete Amberger Bürger auf dem Marktplatz zusammen, worauf es die Regierung vorzog, aus Amberg zu fliehen. Die aufgebrachten Amberger brachen die Brücke zum Schloß ab, bedrohten die Calviner in der Stadt, wobei dem Prediger Matthäus Plato fünf Löcher in den Kopf geschlagen wurden, und stürmten und plünderten das calvinische Pädagogium, das Kurfürst Friedrich III. als Vorbereitungsschule für die Heidelberger Theologen-Ausbildungsstätte 1566 in Amberg eingerichtet hatte.

Noch wesentlich revolutionärer als diese tumultuarischen Vorgänge scheint es aber, daß die landesherrliche Stadt Amberg in dieser Situation bei verschiedenen evangelischen Reichsständen um Hilfe nachsuchte, vor allem bei Württemberg, Pfalz-Neuburg und Brandenburg-Ansbach. Enttäuscht mußten die Amberger aber erkennen, daß die Solidarität der Reichsfürsten untereinander stärker war als das Interesse an der Durchsetzung der evangelischen Sache.

Während die Amberger Regierung für ein hartes Durchgreifen plädierte, verhielt sich Heidelberg sehr maßvoll und zurückhaltend. In Amberg steigerte sich die Stimmung gegen die Calviner, so daß es wiederholt zu Übergriffen kam. So wurde beispielsweise am 16. Mai 1592 der Wagen mit dem ganzen Hausrat des calvinischen Geistlichen Chri-

stoph Rarisch von den Ambergern verwüstet, die darauf Kriegsmaterial vermutet hatten.

Im Vertrag zwischen der kurfürstlichen Regierung und der Stadt Amberg vom 8. Juni 1593 verzichtete der Kurfürst ausdrücklich auf Ungnade und beließ die Amberger beim evangelischen Glauben. Zum Durchbruch des calvinischen Bekenntnisses in Amberg kam es erst unter der Statthalterschaft Christians von Anhalt (1595–1621), einem energischen Politiker mit großem diplomatischen Geschick.

Die Amberger Schützentradition

Wie auch in den meisten anderen Städten reicht das Amberger Schützenwesen bis in die Anfänge der Stadtgeschichte zurück, obgleich es erst im 14. Jahrhundert urkundlichen Niederschlag fand, als „Hans der Schütz" 1386 ein Anwesen in der Au erwarb. Eher zufällig ist auch der nächste Beleg: 1442 bestellte der Amberger Rat sechs Mann zu Schützen und entsandte sie für einen Monat nach Viechtach. Trotz dieser Erwähnung bleibt die Aufgabe der Amberger Schützen in Viechtach unklar. Im 15. Jahrhundert wird auch das Bestreben des Amberger Rates deutlich, den Schützen eine feste Organisationsform zu geben. 1455 erhielten die Armbrustschützen eine Ordnung, die vor allem den Gewinn der von der Stadt als Hauptpreis zur Verfügung gestellten „Hosen" regelte. Aus dieser Ordnung geht auch hervor, daß die Schützen nicht das Recht hatten, ihre Schützenmeister selbst zu wählen; diese wurden vielmehr vom Rat ernannt und eingesetzt.

Obwohl der Rat in vielfacher Weise auf das Schützenwesen Einfluß nahm, war er aber doch gleichzeitig auch ein großer Förderer der Schützen. Besonders deutlich wurde dies durch die von der Stadt jährlich gewährten finanziellen Zuschüsse, die nicht nur den Armbrustschützen, sondern auch den in der Ordnung von 1470 erstmals auftauchenden Büchsenschützen gewährt wurden.

Mit der Organisation der Schützen ging die Abhaltung von großen Schießveranstaltungen, sogenannten Hauptschießen, Hand in Hand. Stattliche Preise in Form von Bargeld oder wertvollen Pokalen sollten Schützen auch von weither zur Teilnahme bewegen. Wenngleich auch nicht verschwiegen werden soll, daß bei manchem die Aussicht, fern von seinen Lieben einmal ein paar Tage ausgiebig zu zechen, den Entschluß bestärkt haben dürfte, ein Schützenfest zu besuchen, und dies, obwohl das Reisen in früheren Zeiten nicht gerade ein Vergnügen war. Solche Hauptschießen entwickelten sich allmählich zu richtigen Volksfesten mit Glückshäfen und allerlei Kurzweil.

Die Stadt Amberg richtete im 16. Jahrhundert zwei Schießen von überregionaler Bedeutung aus. Zum ersten, 1527, kamen 390 Teilnehmer nach Amberg. Besonderer Glanz fiel auf diese Veranstaltung nicht zuletzt durch die „erlauchte" Teilnehmerschar. Sie wurde angeführt vom pfälzischen Kurfürsten, Ludwig V., dessen Bruder Friedrich, den Pfalzgrafen von Neuburg, den bayerischen Herzögen und den Bischöfen von Freising, Regensburg und Bamberg. Während dieses Schießen im Bewußtsein der Amberger Bevölkerung etwas in Vergessenheit geraten ist, hält der Glanz des Hauptschießens von 1596 bis heute an. Dies liegt nicht zuletzt an der Überlieferung. Während über die Ereignisse von 1527 nur einige unscheinbare Zettel Auskunft geben, wurde 1596 ein prächtiges Schießbuch angelegt.

Die Schießen fanden aber nicht nur ihren Niederschlag in prächtig ausgestatteten Schießbüchern mit den Abbildungen von Wappen, Fahnen oder Pokalen, sondern darüber hinaus auch in Scheiben, Pokalen, Schützenketten und vielem anderen. Die Schützengesellschaften blieben bis ins 19. Jahrhundert hinein unverändert bestehen. Den Wandel brachte erst die „Schützenordnung für das Königreich Bayern" von 1868. Aus den bisherigen Schützengesellschaften wurden jetzt rechtsfähige Vereine. Die Folge war eine ganze Reihe von Vereinsgründungen im 19. Jahrhundert. Im ausgehenden 19. Jahrhundert bestanden in Amberg folgende Schützenvereine: „Königlich Privilegierte Schützengesellschaft", die Zimmerstutzen-Schützen-Gesellschaften „Tell 1860", „I 1864", „Freischütz 1879" und „Amberg 1890". Bis heute haben die Schützenvereine in Amberg großen Zulauf.

Das Hauptschießen von 1596 in Amberg

Wie bereits erwähnt war Amberg im Jahr 1596 zum zweiten Mal Austragungsort eines großen Schießens. Bereits 1527 hatte die Stadt ein „Freies Armbrustschießen" veranstaltet, an dem 390 Schützen teilnahmen. Über den Teilnehmerkreis bei diesen Schießen sind wir gut unterrichtet, wurden doch zumeist prächtig gestaltete Schießbücher angelegt. Dies gilt auch für das Amberger Schießen von 1596. Der Rat betraute mit dieser Aufgabe den Amberger Schulmeister Conrad Beck, der dafür eine ausführliche Anleitung erhielt. Daneben informiert eine zeitgenössische Beschreibung detailliert über den Ab- und Verlauf dieses Schießens.

Die Stadt Amberg versandte zum Hauptschießen zwei Ladungsschreiben an 119 Städte und 21 Märkte im ganzen Reich. Mit der in den Ladungsschreiben verwendeten Formulierung, „auch solches ihren benachbarten Städten" bekannt zu machen, wurde das Schießen für jedermann öffentlich. Das zweite Ladungsschreiben war notwendig geworden, weil der Termin des Schießens von Juni auf September verschoben werden mußte. Wegen der Schwangerschaft seiner Gemahlin, Luise Juliane von Nassau-Oranien, wollte der 22-jährige Kurfürst Friedrich IV. Heidelberg nicht verlassen. Er war von der Verschiebung, die ihm die Teilnahme am Schießen doch noch ermöglichte, so angetan, daß er als zusätzlichen Preis ein silbernes, vergoldetes Trinkgeschirr im Wert von 107 Gulden stiftete, dessen zukünftiger Besitzer in einem Nachschießen ermittelt werden sollte.

Mit der Nennung dieses Preises ist ein wichtiger Punkt angesprochen, wurden die Schützen doch vor allem durch Zahl und Wert der ausgesetzten Preise zur Teilnahme an den Schießen motiviert. 1596 lobte der Veranstalter, die Stadt Amberg, an Preisgeldern 100 Gulden für den besten, 60 für den zweit- und 40 für den drittbesten Schützen aus.

Austragungsort des Hauptschießens war der Amberger Schießplatz auf einer Wiese südlich der Stadt links der Vils, der heute noch den Namen „Anschuß" trägt. Der zeitgenössischen Beschreibung zufolge hatte man „5 mit Ziegel gedeckte Stände, auf welchen jeden 3 Fahnen mit der gemalenen Stadtwappen stunden, mit Schranken eingefaßt". An der Seite dieser Anlage befanden sich dem Chronisten zufolge „schön blau und weiß gemalene Pritschenbänke", und was noch wichtiger war „darunter ein Keller zu Bier und Wein errichtet".

Am 5. September wurde das Amberger Schießen mit einem prächtigen Schützenzug eröffnet, der vom Rathaus durch das Wingershofertor zum Schießplatz führte. Dort angekommen, hielt der Amberger Stadtsyndikus, Dr. Paul Dienstbeck, eine Begrüßungsrede und der Stadtschreiber Johann Hillbeck verlas die Schützenordnung. Danach wurden die sogenannten Neuner, die als Schiedsgericht fungierten, von den Schützen direkt gewählt. Anschließend wurden vier Lose gebildet, wobei die 244 Schützen den blauen, weißen, gelben und roten Fahnen zugeordnet wurden. Außerhalb dieser vier Lose schossen nur Kurfürst Friedrich IV. und sein damaliger Gast Georg von Maxelrain. Nach der Zuordnung der Schützen zu ihrer Fahne, entrichteten diese ihr Leggeld. Daraufhin wurden die Scheiben aufgehängt und das Schießen konnte beginnen.

Das Schießen dauerte vierzehn Tage. Am 19. September wurde die Abschlußveranstaltung mit der Siegerehrung durchgeführt. Dabei wandte sich der Amberger Stadtsyndikus Dienstbeck an die Schützen, dankte für ihr zahlreiches Erscheinen und den guten Verlauf des Schießens. Vor der Siegerehrung überreichten Kurfürst Friedrich IV. und die Stadt Amberg jedem Schützen eine Gedenkmünze zur Erinnerung. Sieger des Hauptschießens wurde übrigens der aus Freising stammende Michael Stromaier. In einem zweitägigen Nachschießen wurde das von Kurfürst Friedrich IV. gestiftete silberne Trinkgeschirr ausgeschossen, das der Passauer Melchior Polan gewann.

Zwar bildete das Schießen den wesentlichen Inhalt dieser Tage, doch gab es daneben eine ganze Reihe weiterer Belustigungen. Wie auf einer Dult wurden auch Waren angeboten. Großen Zulauf hatte der Amberger Glückshafen. Eine Reihe weiterer Spiele unterstreicht, daß die Hauptschießen des ausgehenden 16. Jahrhunderts allmählich den Charakter regelrechter Volksfeste angenommen hatten. Dazu gehörten vor allem gutes und reichliches Essen und Trinken. Die Stadt Amberg „verehrte" den Schützen für die Dauer des Schießens täglich – wie der Chronist berichtet – „ein großes Faß voll mit bestem Wein und ein Faß Bier ..., dann Brot, Käs und allerhand Obst in allem Überfluß".

Erstaunlicherweise kam es während der ganzen Zeit des Schießens nur zu wenigen Ausschreitungen. So „verfrachtete" der Rat den Goldschmied Christoph Pfintzing am 6. September 1596 für fünf Tage in den Dockenhansl. Pfintzing hatte Gott gelästert und die Stadtwache geschmäht, auf die er überdies mit seiner Büchse schießen wollte. Ungewöhnlicher ist da schon der Fall des Büttners Georg Kraft, der Frau und Tochter vor dem Rat wegen Unzucht außerhalb seines Hauses anzeigte. Als er sie im Haus habe zurückhalten wollen, sei er von den beiden „Damen" geschlagen und gebissen worden. Der Rat schloß beide Frauen in die Schandgeige ein. Dabei handelte es sich um drei starr miteinander verbundene Eisenringe, die um den Hals und die beiden vor dem Körper erhobenen Arme geschlossen wurden.

Christoph Bayerschmid – Ambergs erster Posthalter

Die wichtigste Form der Nachrichtenübermittlung bildet seit Jahrhunderten die Post. 1595 ernannte Kaiser Rudolf II. den Freiherrn Leonhard von Taxis zum kaiserlichen Generaloberstenpostmeister im Reich, der unverzüglich mit dem Aufbau des Postsystems begann. Die Anfänge der Taxis-Post in Amberg gehen auf das Jahr 1618 zurück. Der erste „Taxissche kaiserliche Reichsposthalter" in Amberg, der sich nachweisen läßt, war Christoph Bayerschmid. Dieser hatte kurioserweise genau in dem Jahr das Amberger Bürgerrecht erlangt, in dem die Taxis mit der Post belehnt worden waren. Von Beruf war er Metzger. Die Post wurde in seinem Haus in der Ziegelgasse 8 untergebracht, wo auch seine fünf Postpferde standen.

Amberg lag auf dem sehr wichtigen Prager Postkurs, den der Kölner Postmeister Johann Terbeck, genannt Coesfeld, im Auftrag des Reichsgeneralpostmeisters Lamoral von Taxis in den Jahren 1615/16 zwischen Frankfurt und Prag aufgebaut hatte. Vor dem Hintergrund der angespannten politischen Lage, unmittelbar vor dem Ausbruch des 30jährigen Krieges, zeigte sich die Bedeutung der Post. So ordnete Kurfürst Friedrich V., der inzwischen Böhmenkönig geworden war, zur Bewältigung des sich mehrenden Verkehrs 1620 die Verdopplung der Posten zwischen Prag und Amberg und die Umwandlung der Fußbotenpost zwischen Amberg und Nürnberg in eine reitende Post an. Gerade der Ausbau einer reitenden Post nach Nürnberg kam dem Amberger Posthalter Bayerschmid entgegen. Um deren Betrieb einrichten zu können, bedurfte es Zwischenstationen zum Wechseln der Pferde. Dabei kam es darauf an, politisch zuverlässige Posthalter für diese Zwischenstationen zu gewinnen. Bayerschmid drängte dabei alle Mitbewerber hinaus. Im März 1620 übernahm er die Poststation Hohenstadt, im September 1620 die neu errichteten Relaisstationen Lauf und Hartmannshof.

Von der Verschärfung der politischen Lage war auch die Post betroffen. So mußte bereits im Oktober wegen der kriegerischen Auseinandersetzungen die über Pilsen nach Prag verlaufende Strecke über Tirschenreuth geführt werden. Interessant ist aber auch der Umstand, daß der Amberger Posthalter Anfang November 1620 persönlich mit einem Schreiben nach Prag aufbrach. Nach der Schlacht am Weißen Berg flüchtete er mit dem besiegten Kurfürsten Friedrich V. nach Breslau. Erst kurz vor Weihnachten kehrte er mit einem Schreiben Friedrichs V. nach Amberg zurück. Hier mußte er erfahren, daß die kurfürstliche Regierung die Post inzwischen aufgelöst hatte. Doch schon Mitte Januar 1621 wurde die Neuerrichtung einer Post in Amberg beschlossen.

Von den Kriegsereignissen der Folgezeit blieb aber auch die Post nicht verschont. So führte Bayerschmid im Juli 1621 darüber Klage, daß einer seiner Postillione von einer plündernden Horde bei Vohenstrauß überfallen worden war. Der Postillion kam gerade noch mit dem Leben davon. Seine drei Pferde wurden ihm entwendet.

Bayerschmid selbst war ein sehr unerschrockener Mann. Er richtete im böhmischen Feldlager eine Poststation ein. Erstaunlich ist auch, daß er nach dem Herrschaftsübergang der Oberpfalz an Bayern im Amt blieb, obgleich er als ausgewiesener Parteigänger Kurfürst Friedrichs V. galt.

Daß er sehr geschäftstüchtig war, beweisen die Ereignisse der Folgejahre. Wegen angeblicher Verzögerung des Postenlaufs durch Schließung der Stadttore verlegte Bayerschmid seine Posthalterei von der Ziegelgasse nach dem Wingershof. Hier betrieb er ein offensichtlich sehr einträgliches Geschäft mit dem Transport von – wie es heißt – „allerhand verdächtigen Individuen". 1625 wies ihn der Rat an, seine Post wieder in die Stadt zu verlegen. Der Statthalter drohte ihm mit Turmgefängnis. Man ging sogar tätlich gegen seine Postillione vor, nahm ihnen ihre Briefpakete ab und warf sie nach Öffnung in den Schloßgraben.

1627 drängte Herzog Maximilian I. den Erbgeneralpostmeister, den Amberger Posthalter abzulösen, der nicht nur

Calviner, sondern auch ein Parteigänger Kurfürst Friedrichs V. sei. Doch Bayerschmid blieb im Amt, offensichtlich hatte er sich inzwischen dem katholischen Bekenntnis zugewandt. Christoph Bayerschmid verstarb am 26. Januar 1633 und fand im Katharinenfriedhof seine letzte Ruhestätte. Eine Zeitlang führte seine Witwe die Posthalterei noch weiter bis sie an Andreas Menner überging.

Das Schweigerrelief

Städteansichten aus früheren Zeiten erfreuen sich großer Beliebtheit. Bei dem nach seinem Urheber, dem Bildhauer Georg Schweiger, bezeichneten Relief handelt es sich um eine Tafel aus Solnhofer Stein. Sie zeigt „die Stadt Amberg uff 6 Meil wegs herumb mit allen Schlössern, Städten, Märkten und Dörfern" aus der Vogelperspektive. Der in der Mitte des 16. Jahrhunderts geborene Schweiger durchlief zunächst eine Lehre als Zimmermann. 1578 erwarb er das Amberger Bürgerrecht. Noch im gleichen Jahr „verehrte" er dem Rat seiner Vaterstadt eine geschnitzte Tafel. Sie zeigt wie Samuel König Saul salbt. Mit dieser Tafel begann eine rege Schaffensperiode Schweigers, in der sich der Autodidakt immer mehr der Bildhauerei zuwandte. 1614 starb Georg Schweiger in Amberg.

Mit seinem Namen ist bis heute untrennbar das Relief verbunden, das er 1586/87 schuf. Auf den ersten Blick zeigt uns Schweiger die Stadt Amberg und ihre nähere Umgebung von Süden betrachtet, doch ist das Werk Schweigers mehr als eine Abbildung topographischer Verhältnisse. Diese steinerne Landkarte zeichnet sich nicht durch Maßstabsgenauigkeit aus; so ist die Stadt Amberg überproportional groß dargestellt. Um die Stadt stellt der Künstler eine ganze Reihe von Adelssitzen und Dörfern dar, die sich – wie die wichtigsten städtischen Gebäude – auf einer Tafel unter dem Relief genannt finden.

Große Bedeutung kommt aber auch der Landschaft in diesem Werk Schweigers zu: im Vordergrund der Tafel sieht man einen dichten Wald, in dem eine fürstliche Gesellschaft gerade der Jagdleidenschaft frönt, im rechten Bildrand die Mäander der Vils von Amberg bis zum Hammerwerk Haselmühl, auf das gerade drei Vilskähne zusteuern. Damit kommen wir zu einem sehr wichtigen Punkt der Arbeit Schweigers: dem Einfangen von Alltäglichem, aber auch Nichtalltäglichem in der von ihm ausgebreiteten Landschaft. Plastisch erlebt der Betrachter, wie Hunde die Wildschweine durch den Wald hetzen, wie sie einen Hirsch zur Strecke bringen. Er sieht die Treiber mit Spießen und den Jagdherrn hoch zu Roß. Der dargestellte Jäger ist Kurfürst Friedrich IV., hinter dem „sein" Statthalter in Amberg, Christian Fürst von Anhalt, durch den Wald sprengt. Friedrich IV. ist aber auch noch ein zweites Mal auf der Platte zu sehen. Szenisch zeigt Schweiger die Huldigung der Stadt Amberg an diesen Kurfürsten aus dem Jahr 1596.

Eine Besonderheit auf dieser Tafel ist die Darstellung von Christus als dem guten Hirten, die Schweiger unmittelbar über der Jagdszene ansiedelte. Christus steht mitten im Pferch, umgeben von Schafen, die ängstlich seine Nähe suchen, und wehrt mit starken Stöcken die angreifenden Wölfe ab. Man wird nicht zu weit gehen, wenn man dieses Bild vom guten Hirten als versteckte Kritik Schweigers an der Religionspolitik der pfälzischen Kurfürsten auffaßt, hier der jagende Fürst, dort Christus als Schützer der bedrängten Herde. Die Kurfürsten hatten sich seit Friedrich III. immer wieder dem Calvinismus zugewandt und versuchten, auch ihre Untertanen dieser Glaubensrichtung zuzuführen, dagegen wandte sich vor allem das lutherische Amberg ganz entschieden. Das Schweigerrelief ist somit nicht nur eine anschauliche Quelle für das äußere Erscheinungsbild von Stadt und Land, sondern auch für seine inneren Verhältnisse.

Der Amberger Merianstich

Einen besonderen Rang unter den vielen Meistern, die das frühere Aussehen unserer Städte festgehalten haben, nimmt Matthäus Merian ein. Aus seiner Werkstatt stammt auch eine der schönsten Amberg-Ansichten.

Am 2. September 1593 erblickte Matthäus Merian in Basel das Licht der Welt. In den Jahren 1606 bis 1609 war Merian Schüler des Kupferstechers Daniel Meyer in Zürich. In den Jahren 1610 bis 1616 führten ihn seine Reisen durch Frankreich und die Niederlande. 1617 gewann ihn Johann Dietrich de Bry in Oppenheim für seinen topographischen Verlag. Die Beziehung Merians zu de Bry sollte sich aber nicht auf die Verlagsarbeit beschränken. Merian vermählte sich mit de Brys Tochter Maria Magdalena. Nach dem Tod des Schwiegervaters wandte sich Merian, um sein Erbteil zu sichern, 1624 nach Frankfurt a. M., wo er die Brysche Kunsthandlung übernahm. Dieses renommierte Unternehmen hatte den Vertrieb aller europäischen Kunstdrucke in Büchern und Einzelblättern. Hier fand Merian auch viele Vorlagen für seine topographischen Werke. Er starb am 19. Juni 1650 in Schwalbach.

Vom umfangreichen Werk Merians ist bis heute der große historische Wert seiner Städtebilder geblieben. Zu der von Zeiller herausgegebenen 16-bändigen „Topographie" lieferte Merian die Abbildungen. Er veröffentlichte seine Stadtansichten aber auch in der von ihm selbst herausgegebenen Reihe „Theatrum Europaeum". 1644 erschien seine „Topographia Bavariae" mit dem recht barocken Untertitel: „Das ist Beschreib- und aigentliche Abbildung der vornembsten Stätt und Orth in Ober und Nieder Beyern, der Obern Pfaltz und andern zum hochlöblichen Bayrischen Craiße gehörigen Landschafften." In diesem Buch findet sich auch die wohl bekannteste Darstellung Ambergs.

Inschrift und Wappen über dem Bild der Stadt weisen sie als Amberg aus. Ein kleines Mißgeschick ist Merian jedoch bei dem Wappen passiert, der Löwe in der oberen Hälfte des Schildes schreitet in die falsche Richtung. Der Kupferstich Merians zeigt die Vils-Stadt in die sie umgebende Landschaft eingebettet, deren Darstellung im Gesamtwerk des Künstlers eine große Rolle spielt. Der Blick fällt von den Höhen des Mariahilfbergs auf die Stadt. An Stelle der heutigen Bergkirche sieht der Betrachter im Vordergrund noch den alten Wachturm, zu dessen Füßen ein Schäfer eine kleine Herde weidet. Geschickt wendet Merian den Blick des Betrachters auf die von Mauern und Türmen umgebene Stadt durch drei Soldaten, die sich miteinander unterhaltend auf Amberg zeigen. Deutlich ragen aus der Dichte der Bebauung das kurfürstliche Schloß, das Franziskanerkloster, die St. Martins- und St. Georgskirche hervor. Obwohl der „Amberg-Stich" 1644 in der „Topographia Bavariae" erschien, vermittelt er eine etwas frühere Ansicht der Stadt Amberg. So ist das 1630 abgebrochene Georgentor noch zu sehen, die zwischen 1630 und 1650 errichtete barocke Stadtbefestigung fehlt dagegen auf dem Kupferstich. Insgesamt wirkt die Darstellung Ambergs gerade durch die reiche Staffage, die sie umgibt. Die Detailgenauigkeit versucht den Eindruck einer Momentaufnahme zu erwecken. Dazu trägt ein mit vier Ochsen pflügender Bauer vor der Stadt genauso bei, wie ein gerade auf einem Baumstumpf sitzender Greifvogel.

Die Betrachtung des Merianstiches geht damit über die Aufnahme einer reizvollen Ortsansicht hinaus. Merian überliefert daneben auch den Handel und Wandel der damaligen Bevölkerung in umfassenden Einzelheiten, die er aus eigener Ansicht kannte. Damit sind seine Stiche mehr als dekorativer Wandschmuck, sie lassen auch Aussagen über die Lebensverhältnisse der damaligen Zeit zu.

Die Amberger Weißbräugesellschaft

Das Recht, Weißbier zu brauen, oblag ausschließlich dem Landesherrn. Deshalb benötigte jeder, der Weißbier herstellen wollte, ein landesherrliches Privilieg. Dieses verlieh der Landesherr nicht ungern, war er doch durch die Erhebung des sogenannten „Umgelds" am Umsatz der so entstehenden Weißbräuhäuser beteiligt. Am 26. Oktober 1617 war in Amberg die Geburtsstunde des – wie man es damals nannte – „weißen Brauwesens". Kurfürst Friedrich V. verlieh mit einer an diesem Tag in Amberg ausgefertigten Urkunde den Amberger Bürgern das Recht, weißes Bier zu brauen. Gleichzeitig enthielt diese Urkunde auch eine Brauordnung.

Für die Amberger Bürger kam dieses Privileg nicht überraschend. Bereits im März des Jahres 1617 hatte die „Amberger Weißbräugesellschaft" in der Oberen Nabburger Straße ein Grundstück mit Haus, Malzstadel und großem Garten für 1532 Gulden erworben. Im gleichen Jahr wurde darauf das Brauhaus errichtet. Interessant ist vor allem der Umstand, daß die Amberger zum Brauen des Weißbiers eine eigene „Gesellschaft" gegründet hatten. Der Chronist Felix Joseph Lipowsky schreibt dazu: „Sogleich sammelte sich eine Gesellschaft reicher Bürger, welche Geld zusammenschossen, um die hierzu erforderlichen Gebäude herzustellen und das weiße Bier zu erzeugen, woran auch jederzeit die 6 ältesten Regierungsräthe und die 4 ältesten Regierungssekretäre Theil hatten."

Im Gründungsjahr der Gesellschaft, 1617, ließen sich 75 Einleger mit je 25 Gulden registrieren. Obgleich man zu Beginn noch einiger tausend Gulden an Darlehen bedurft hatte, standen der Gesellschaft im Geschäftsjahr 1619/20 bereits 8350 Gulden an Eigenmitteln zur Verfügung. Diese waren von mittlerweile 123 Gesellschaftern aufgebracht worden. In diesem Jahr konnte eine Dividende von 23 Prozent ausgeschüttet werden.

Ihre erste große Blütezeit erlebte die „Amberger Weißbräugesellschaft“ in den Jahren 1630 bis 1650. Im Geschäftsjahr 1648/49 konnte die sagenhafte Dividende von 113 Prozent an die Gesellschafter ausgeschüttet werden. Die Hauptursache der Blüte lag – man hält es kaum für möglich – am 30-jährigen Krieg. An kleineren und ungeschützten Orten, die den feindlichen Zugriffen nahezu schutzlos preisgegeben waren, schien es nicht geraten, ein Weißbräuhaus zu errichten. Damit erreichten die Amberger eine monopolartige Stellung. Überdurchschnittliche Mengen wurden aber auch an die verschiedenen durchziehenden Truppen verkauft. Während vor allem im Sommer das braune Bier wegen der unzureichenden Lagermöglichkeiten nicht auf Vorrat gebraut werden konnte, bestand dieses Problem beim Weißbier nicht.

Trotz der enormen wirtschaftlichen Erfolge im 17. Jahrhundert, begann im 18. Jahrhundert ein deutlicher Niedergang. Die Ursachen waren vielfältig. Durch den Bau von Bierkellern konnte die Lagerzeit des braunen Bieres beträchtlich verlängert werden. Daneben wirkten sich hohe Steuern und ein überproportionaler Anstieg des Weizenpreises auch auf den Weißbierpreis aus. Parallel dazu sank im Laufe des Jahrhunderts die Zahl der Gesellschafter rapide. Am empfindlichsten wurde aber die Gesellschaft durch eine Entscheidung der Regierung getroffen, die das Monopol der „Weißbräugesellschaft“ zumindest in Amberg brach. Die Regierung verlieh 1785 der Witwe Anna Maria Merkl aus Freudenberg das Recht, das von ihr produzierte Weißbier nicht nur in die Wirtschaften in der Umgebung, sondern auch in die Stadt Amberg zu liefern. Auf Grund dieser verschiedenen Faktoren setzte eine Abwärtsentwicklung der „Amberger Weißbräugesellschaft“ ein, von der sie sich nicht mehr erholen sollte.

Von der Palatina zur Bavaria

Viele Amberger, aber auch Besucher aus nah und fern kommen jährlich zur Mariahilfbergkirche auf den Berg. Bekannt sind das Gnadenbild, die Stuckarbeiten des Johann Baptista Carlone und die Deckenfresken des Cosmas Damian Asam. Deren Hauptbilder zeigen die Geschichte der Wallfahrt. Nur wenige Besucher dürften aber die Personifikation der Palatina, die sich links des Hauptfeldes im vierten Joch befindet, sowie die rechts davon befindliche Darstellung der Bavaria bewußt wahrnehmen. Während die Palatina für die pfälzische Herrschaft in der Oberpfalz steht, betont die Bavaria die Zeit der bayerischen Herrschaft.

Als der 30jährige Asam diese Fresken im Jahre 1717 mit rascher Hand auf den noch feuchten Putz auftrug, war Amberg erst ein knappes Jahrhundert wieder bayerisch geworden. Das „wieder" deutet darauf hin, daß Amberg bereits einmal bayerisch gewesen war. Amberg war 1269 als bambergisches Lehen an die Wittelsbacher gekommen. 1329 überließ Kaiser Ludwig der Bayer im Hausvertrag von Pavia den Söhnen seines Bruders, des Pfalzgrafen Rudolf, einen Großteil der wittelsbachischen Besitzungen auf dem Nordgau, wie die Oberpfalz im Mittelalter hieß. Zentrum dieses Herrschaftsbereichs wurde dabei Amberg, das seit 1329 von Heidelberg aus regiert wurde. Damit wurde der Kurfürst von der Pfalz Landesherr in der „herobern Pfalz", wie das Gebiet im Gegensatz zur Rheinpfalz bezeichnet wurde.

In Amberg hatten die pfälzischen Kurfürsten von Anfang an ein „festes Haus". Es handelt sich dabei um die Alte Veste sowie das heute „Klösterl" genannte Gebäude. Zu Beginn des 15. Jahrhunderts wurde dieses „Haus" den Pfalzgrafen zu klein. 1416 begann man mit dem Bau eines neuen Schlosses, das in der Mitte des 15. Jahrhunderts durch Kurfürst Friedrich I. stärker befestigt, mit einem Graben umgeben wurde und auf der stadtabgewandten Seite

einen eigenen Eingang erhielt. Der Grund ist in den schweren Auseinandersetzungen der Jahre 1452 bis 1454 zwischen Kurfürst Friedrich I. und der Stadt Amberg zu sehen, dem „Amberger Aufruhr".

Zu erneuten Zwistigkeiten kam es im 16. Jahrhundert, als die pfälzischen Kurfürsten daran gingen, die Lehre Calvins in ihren Erblanden einzuführen. Den Höhepunkt bildete dabei das sogenannte „Amberger Lärmen" von 1592/93, bei dem sich die Amberger Bürgerschaft gegen die Regierung erhob, die daraufhin aus der Stadt floh. Eine Phase der Konsolidierung setzte unter dem Statthalter Christian von Anhalt ein, der die Geschicke der Oberpfalz von 1595 bis 1621 lenkte. Christian war ein fähiger Politiker und wendiger Diplomat. Ihm ist es letztendlich auch zuzuschreiben, daß Kurfürst Friedrich V. im August 1619 zum böhmischen König gekrönt wurde. Dieses Böhmenabenteuer war es aber auch, das die Herrschaft der pfälzischen Wittelsbacher in der Oberpfalz beenden sollte. Am 8. November 1620 kam es vor Prag zur Schlacht am Weißen Berge. Das böhmisch-pfälzische Heer wurde von bayerischen Truppen geschlagen, Prag eingenommen und der als „Winterkönig" bezeichnete Kurfürst Friedrich V. zur Flucht gezwungen. Nachdem Friedrich geächtet worden war, kamen der bayerische Herzog Maximilian I. und sein Feldherr Tilly im Sommer 1621 in die Oberpfalz. Am 8. Oktober standen die bayerischen Truppen vor Amberg. Da eine Verteidigung der Stadt aussichtslos erschien, fanden noch am gleichen Tag die Übergabeverhandlungen im Schloß Moos statt, wo Maximilian sein Quartier aufgeschlagen hatte. Am 9. Oktober rückten bayerische Truppen in Amberg ein.

Maximilian diktierte beim „Regensburger Rezeß" im Frühjahr 1623 die Bedingungen: Die Oberpfalz fiel als Faustpfand für die 12 Millionen Gulden Kriegskosten an Bayern, der Herzog erhielt die Kurwürde des pfälzischen Vetters. 1628 wurde Amberg endgültig bayerisch, sehr zum Leidwesen der calvinischen und evangelischen Bevölkerung, denn damit setzte eine rigorose Rekatholisierung ein. Für Amberg bedeutete die zwangsweise Rückkehr zum katholischen Glauben einen schwerwiegenden wirtschaftlichen Aderlaß, da viele vermögende evangelische Familien die Auswanderung dem Glaubenswechsel vorzogen. Belebend wirkte sich dagegen die Ankunft der Jesuiten, Paulaner und nicht zuletzt auch der Salesianerinnen in der Oberpfalz aus.

In der Mariahilfbergkirche befinden sich die Personifizierungen der Pfalz und Bayerns einträchtig nebeneinander. Ihr einstiger Gegensatz ist heute Geschichte.

Die Jesuiten und ihr Kolleg in Amberg

Als in den ersten Oktobertagen des Jahres 1621 ein Kontingent des bayerischen Heeres unter Oberst Herliberg das kurpfälzische Amberg einnahm, kamen auch die ersten Jesuiten in die Stadt. Sie wirkten als Feldgeistliche zur Betreuung der bayerischen Truppen. Einer von ihnen läßt sich namentlich nachweisen, Pater Einslin.

Es war ein weiter Weg von dem ersten eher zufälligen Auftauchen der Jesuiten in Amberg bis zum Bau eines Kollegs. Als erste Bleibe wies der neue Landesherr, Herzog Maximilian I. von Bayern, den in der Folgezeit nach Amberg kommenden Jesuiten das kurfürstliche Schloß zu. Dort waren die Jesuiten in räumlich sehr beengten Verhältnissen untergebracht. Nach dem endgültigen Übergang der Oberpfalz an Kurbayern im Jahre 1628 und der wenig später eingeleiteten Rekatholisierung entstand der Plan, die Amberger Jesuitenniederlassung zu einem Kolleg zu erheben. Im Februar 1629 entschieden sich die Jesuiten für St. Georg als zukünftiger Kollegskirche, deren pfarrliche Rechte deshalb auf die St. Martinskirche übertragen wurden. Die Kosten des Kollegbaus sollten durch die Einnahmen des unter Kurfürst Ottheinrich säkularisierten Klosters Kastl gedeckt werden, das den Amberger Jesuiten inkorporiert

(„einverleibt“) wurde. Der mit großem Elan begonnene Bau des Kollegs blieb jedoch in den Vorbereitungsarbeiten stekken.

Bei einer Bevölkerung, die die Glaubenswechsel des 16. Jahrhunderts noch deutlich vor Augen hatte, dürfte die Ankunft der Jesuiten nach 1621 anfangs auf wenig Gegenliebe gestoßen sein, zumal die Absicht des Herzogs und späteren Kurfürsten Maximilian I. zu offensichtlich war: die Rekatholisierung Ambergs und der Oberpfalz. Aus Amberger Sicht kam hinzu, daß es im Bereich der St. Georgskirche kein unbebautes Areal gab, das für einen Kollegbau hätte genutzt werden können. Deshalb suchten die Jesuiten das ganze Segment, das die Stadtmauer um die Georgskirche herum bildete, für sich zu erwerben. Dem Pfarrhof von St. Georg gegenüber standen zwölf Häuser, jedes mit einem Garten, die für 5974 Gulden in den Besitz der Jesuiten übergingen und abgerissen wurden. Es handelte sich dabei nicht gerade um eine feine Wohngegend im alten Amberg; dies wird daraus deutlich, daß auch das Haus des geächteten Scharfrichters unter diesen zwölf Objekten war. Konnte diese Maßnahme noch ohne Schwierigkeiten durchgeführt werden, so ergaben sich große Probleme, als den Jesuiten auch das Georgentor, durch das die Straße nach Ammerthal und Kastl führte, im Wege stand. Nach Pater Caspar Hell, dem damaligen Rektor der Jesuiten, war das Georgentor „ein sehr großes Hindernis und Ungelegenheit“ und sollte deshalb weichen. Die Amberger Bürgerschaft stellte sich diesem Ansinnen vehement entgegen. Allein, Kurfürst Maximilian I. entschied 1630 zugunsten des Kollegs. Das auf die Zeit Kaiser Ludwigs des Bayern zurückgehende, 1326 erbaute Georgentor wurde abgerissen, das sogenannte „Neutor“ errichtet. Trotz dieser Vorarbeiten kam es erst 1665 zur Grundsteinlegung für den Kollegbau. Die Verzögerung ist auf die Ereignisse des 30jährigen Krieges zurückzuführen. Der Bau des Gymnasiums erfolgte erst in den Jahren 1672 bis 1674.

Die Jesuiten wirkten nicht nur als Erzieher und Lehrer der männlichen Jugend, sondern entwickelten auch in weiten Kreisen der Bevölkerung ein tiefes religiöses Leben, das heute gerne mit dem Schlagwort „barocke Frömmigkeit" versehen wird. Sie setzten in der Verkündigung nicht nur auf das gesprochene Wort, sondern vor allem auch auf „das Spiel – die Ästhetik – das Schauen" (Wilhelm Gegenfurtner). Spirituelle Glaubensinhalte sollten für den Menschen erfahrbar und durch entsprechende Frömmigkeit erlebbar werden. Gute Beispiele dafür waren prächtige Fronleichnamsprozessionen, aber auch liturgische Spiele und Theateraufführungen zu bestimmten Fest- und Feiertagen. Ein wichtiger Punkt barocker Frömmigkeit, die in Amberg maßgeblich von den Jesuiten getragen wurde, ist das Wallfahrtswesen. Die Amberger Jesuiten begründeten die Wallfahrt auf den „Hausberg" der Amberger, den nachmaligen Mariahilfberg, anläßlich der Pestepidemie von 1634. Sie wirkten aber auch als wortgewaltige Prediger. Berühmt waren vor allem ihre Fastenpredigten jeden Freitag in der St. Martinskirche. So entfalteten die Jesuiten bis zur unerwarteten Auflösung ihres Ordens am 28. August 1773 durch Papst Clemens XIV. (1769–1774) ein blühendes geistiges Leben in Amberg.

Der „Schwarze Tod" in Amberg

Unter dem vom lateinischen Wort „pestis" (= Seuche) abgeleiteten Begriff „Pest" versteht man eine bakterielle Infektionskrankheit. Der Übergang der ursprünglich auf wildlebende Nagetiere beschränkten Krankheit erfolgte durch das Übergreifen des Erregers auf Nager im Bereich menschlicher Behausungen, allen voran die Ratten. Wie uns heute bekannt ist, erfolgt die Übertragung Nager – Mensch durch Flöhe, die Ansteckung von Mensch zu Mensch zumeist durch Tröpfcheninfektion. Abgesehen von einer Pestwelle in der Antike wurde Europa erstmals in den Jahren 1347 bis 1352 vom „Schwarzen Tod" heimgesucht. Diese Epidemie führte zur Entvölkerung ganzer Landstriche. Der Mensch des ausgehenden Mittelalters und der frühen Neuzeit, der den Erreger nicht kannte – dieser sollte erst 1894 entdeckt werden – sah in der Pest eine Art Geistwesen.

In der zweiten Hälfte des 16. Jahrhunderts lassen sich verheerende Pestepidemien in Amberg nachweisen. Den Boden für den Ausbruch der Krankheit bereiteten mangelnde hygienische Verhältnisse: Dungstätten hinter den Häusern verseuchten das Grundwasser, Unrat und Abwasser wurden auf die Gassen der Stadt gegossen. Teilweise erkannte die Obrigkeit diese Gefahren. Bürgermeister und Rat der Stadt verboten im November 1563 jedem Bürger, mehr als zwei Schweine zu halten. Gleichzeitig sollten alle Misthaufen in Gassen, Höfen und Häusern entfernt werden.

Die wirklichen Ursachen und Zusammenhänge, die zum Ausbruch der als „Sterbseuche" bezeichneten Krankheit führten, waren jedoch nicht bekannt. Wie aus der Einleitung der Amberger Pestordnung von 1586 hervorgeht, sah man das Ausbrechen der Krankheit als eine von Gott gesandte Strafe für die Sünden der Menschheit, vor allem wegen des „grausamen Fluchens und Gottslesterns", der „überflüssigen Füllerei, Unzucht und Leichtfertigkeit bei Manns- und Weibspersonen". Um das Auftreten der Seuche zu verhindern, rief der Rat zur Abkehr von den Sünden auf. Für das aktuelle Aufflammen der Pest machte man die Vergiftung der Luft und den „üblen Geschmack" verantwortlich.

Trotz der im einzelnen gut gemeinten Ratschläge der Pestordnung wie dem Gebot, den Mist von Straßen und Gassen zu entfernen, die Häuser sauber zu halten, oder dem Verbot Urin „oder ander stinckende unsauberkeit" auf die Gassen zu schütten, konnte ein epidemischer Ausbruch der Krankheit nicht verhindert werden. Am wichtigsten waren die Bestimmungen, die zur Einhaltung absoluter Sauberkeit sowie zur Absonderung von Kranken aufriefen. Diese sollten in das „Sondersiechenhaus" bei St. Katharina gebracht werden.

Bei Ausbruch der Krankheit stand der Rat vor schier unlösbaren Problemen. Am schwierigsten war es, Personen zu finden, die bereit waren, die Erkrankten zu pflegen und zu versorgen. In seiner Not verpflichtete der Rat 1555 die Insassen des Spitals und anderer Wohlfahrtseinrichtungen zur Pflege der Pestkranken. Außerdem galt es, über die Habe der Verstorbenen Nachlaßinventare zu erstellen. Gleichzeitig war die Zahl der Totengräber beträchtlich zu erhöhen. Um eine weitere Ausbreitung der Seuche zu verhindern, wurden Gemeinschaftseinrichtungen wie die öffentlichen Badestuben geschlossen, wogegen die Bader protestierten.

Trotz des Ausbruchs der Pest versuchte man das öffentliche Leben – so gut es ging – aufrechtzuerhalten. So bestimmte der Rat 1555, daß zur Ratswahl nur Personen erscheinen durften, die sich noch nicht infiziert hatten. Problematisch war 1555 auch die Abnahme der Stadtkammerrechnung geworden. Bürgermeister Michael Schwaiger hatte bei Ausbruch der Seuche die Stadt verlassen. Sein Stellvertreter, Bartholomäus Puchner, war selbst erkrankt. Deshalb mußten zwei andere Ratsherrn mit dieser Aufgabe betraut werden.

Völlig unzureichend war die ärztliche Versorgung der Erkrankten. 1597 besoldete die Stadt zwei Ärzte, die auch bereit waren, die Pestkranken zu behandeln; zur Anstellung eines eigenen, teureren Pestarztes in Amberg kam es aber nicht. Gleichzeitig war der Amberger Rat nicht bereit, Medikamente an arme Pestkranke kostenlos abzugeben. Um den Erkrankten aber verstärkt geistlichen Zuspruch leisten zu können, stelle der Rat 1597 einen weiteren Diakon an.

Keinen Aufschluß geben die erhaltenen Quellen über die Ängste der damaligen Menschen, die nach Ausbruch der Seuche wie gefangen innerhalb der Stadtmauern lebten. Täglich rollte der von Ochsen gezogene Karren gespenstisch durch die Stadt, um die Verstorbenen abzuholen. Welches Aufatmen muß durch die Stadt gegangen sein, als die Seuche nachließ. Doch stets blieb die Angst vor ihrem nächsten Ausbruch, die Albert Camus so trefflich schildert, wenn er über Dr. Bernd Rieux am Ende der „Pest“ schreibt, „denn er wußte ..., daß der Pestbazillus niemals ausstirbt oder verschwindet, sondern jahrzehntelang in den Möbeln und der Wäsche schlummern kann, daß er in den Zimmern, den Kellern, den Taschentüchern und den Bündeln alter Papiere geduldig wartet und daß vielleicht der Tag kommen wird, an dem die Pest zum Unglück und zur Belehrung der Menschen ihre Ratten wecken und aussenden wird, damit sie in einer glücklichen Stadt sterben.“

Die Pest von 1634

Um der Pest und anderen „Sterbseuchen“ besser begegnen zu können, hatten Bürgermeister und Rat – wie bereits erwähnt – wiederholt Ordnungen erlassen, die die Seuche eindämmen sollten. Daß diese den tatsächlichen Erfordernissen nicht gewachsen war, zeigten die Ereignisse des Jahres 1634.

Im April des Jahres 1634 herrschte in Amberg – wie der Chronist Wiltmaister berichtet – bereits die Ruhr, an der einige Amberger verstarben. Die ersten Pestfälle traten im Mai auf. Bereits Ende des Monats waren täglich sechs bis sieben Pesttote zu beklagen. Um der Seuche zu begegnen, richtete der Rat ein Direktorium ein, dem der Arzt Dr. Pfanholz und zwei Ratsherren angehörten. Dieses ließ die Häuser versperren, in denen sich Kranke befanden, teilte Träger ein, die ihnen Lebensmittel und Medikamente ans Haus bringen sollten. Daneben zeichnete man die Namen der Verstorbenen auf und gewährte „distincten“ Personen, also wohlhabenden Bürgern, Begräbnisplätze in den Friedhöfen. „Die gemeine Burgersleute und Soldaten aber wurden auf einen gewißen Karn zu St. Katharina abends um Ave Maria Zeit hinaus geführet“ (Wiltmaister).

Ende Juni setzte schließlich die „galoppierende“ Pest ein, „daß des Tages 15, 18 bis 20 todte Personen gezählet wur-

den, und der vorige Karn die Todte nicht mehr fassete, dahero ein Wagen in Form eines Feld- oder Ristwagens mit 4 von Filz beschlagenen Rädern gemacht, und derselbe mit einem Paar Ochsen zu obigen Ende bespannet worden" (Wiltmaister). Im Juli und August stieg die Zahl der Toten auf 40 pro Tag an. Darunter waren – wie der Chronist bemerkt – nicht nur die unmittelbaren Pesttoten, sondern auch Opfer der Hungersnot, die mit der Pest einherging, „weil der Paß nacher Nürnberg und aller Orten versperret, ein Citrone einen Thaler kostete, und doch um das Geld nicht zu haben gewesen" (Wiltmaister).

Da der Not mit irdischen Mitteln offenbar nicht mehr beizukommen war, nahm die Stadt „ihr einzige Zuflucht zu Maria der allgemeinen Nothelferin und Mutter der Barmherzigkeit" (Wiltmaister). Auf Anraten des Rektors der Amberger Jesuiten, Pater Caspar Hell, gelobte man, der Muttergottes eine Kapelle auf dem Berg zu errichten. Da dies in der Kürze der Zeit nicht möglich war, wurde der dort befindliche Wachturm in eine Kapelle umfunktioniert. Dorthin brachte man ein Marienbild, dem wundertätige Kraft zugeschrieben wurde. Wenig später endete das Wüten der Pest.

Die Salesianerinnen

Bei den Salesianerinnen handelt es sich um die ursprünglich von Franz von Sales und Franziska von Chantal gegründete Kongregation der „Frauen von der Heimsuchung Mariä", die Papst Paul V. 1618 bestätigt hatte. Ihr Zweck lag in der Pflege von Armen und Kranken. Unter der Augustinerregel wurde die Kongregation zu dem Orden „de visitatione Beatae Mariae Virginis" erhoben. Damit änderte sich auch die Zielsetzung, die Hauptaufgabe des neuen Ordens wurde die Erziehung der weiblichen Jugend. Auf Bitten der bayerischen Kurfürstin Henriette Adelaide genehmigte Papst Alexander VII. (1655–1667) am 24. März 1667 die Gründung je eines Salesianerinnenklosters in München und Amberg. Während die Niederlassung der Salesianerinnen in München unmittelbar nach 1667 erfolgte, verzögerte sie sich in Amberg bis 1692. Das Münchener Salesianerinnenkloster wurde 1784 nach Indersdorf verlegt.

Die Initiative zur Klostergründung in Amberg ging nicht nur vom Münchener Salesianerinnenkloster aus, sondern auch vom Magistrat der Stadt Amberg, der dabei argumentierte, daß bei „Personen weiblichen Geschlechts Verführungen und Unglücksfällen vorzubeugen wäre, wenn in hiesiger Stadt etwelche Klosterfrauen ... wären, so die Jugend in anständiger, künstlicher Arbeit, guten Tugenden und in der Furcht Gottes unterrichten würden". Für die Niederlassung von Klosterfrauen in Amberg hatten sich auch die „Englischen Fräulein" in München an den Kurfürsten gewandt.

Am 18. Januar 1692 gab Kurfürst Max Emanuel dem Drängen nach und genehmigte die Gründung eines Salesianerinnenklosters in Amberg. Um die Neugründung auch lebensfähig zu machen, bedurfte es einer entsprechenden wirtschaftlichen Ausstattung, wie aus der von Kurfürst Max Emanuel und seiner Gemahlin Maria Antonia erlassenen Stiftungsurkunde vom 12. März 1692 deutlich wird. Mit Zustimmung des Papstes übertrug deshalb der Kurfürst dem Amberger Kloster die Einkünfte der in der Reformationszeit säkularisierten Nonnenklöster Seligenporten und Gnadenberg.

Wie aus einem Schreiben des Regensburger Bischofs Joseph Clemens, des Bruders von Kurfürst Max Emanuel, vom 14. April 1692 an den Amberger Stadtpfarrer hervorgeht, waren die Klosterfrauen bei ihrer Ankunft außerhalb des Stadttores von den „Ambergischen Frauenzimmern, zu vörderst der Frau Vicestatthalterin" begrüßt und in Kutschen, „von denen eine mit sechs Pferden bespannt sein sollte", zur Martinskirche geleitet worden. Die erste Amberger Oberin, Rosa Adelheid von Wartenberg, konnte am 25. April 1692 melden, daß sie mit sechs Schwestern, Angela Victoria Kuhn, Theresia Oxner, Maria Josepha Dorfner, Anna Theresia Wämpl, Antonia Walther und Anna Franziska Pacher, in Amberg angekommen war.

Die Salesianerinnen entfalteten rasch ein eifriges Wirken in Amberg. Selbst Felix Reichsfreiherr von Löwenthal, dessen 1801 gedruckte „Geschichte von dem Ursprung der Stadt Amberg“ vom Geist der Aufklärung geprägt ist, äußert sich sehr positiv über die Amberger Nonnen. Während er sich über viele Nonnen – vor allem adeliger Herkunft – sehr negativ ausläßt, muß er feststellen: „Ganz anders sind die Nonnen in Amberg. Was ist fröhlicheres, gesprächigeres, gefälligeres als Sie? Schnellfüßig wie ein Zephyr wehen sie her, um den Besuch der Weltmenschen zu empfangen. ... Die Stirne heitert sich wie ein Frühlingstag auf; Honig fließt aus den Lippen. ... Wie man nun diese Frauen nicht zu den alltägigen Nonnen rechnen darf; so gehört auch ihr Kloster nicht zu solchen Instituten, die einer Gemeinde lästig, oder in der Gemeinde unnüz sind. Vielmehr hat die Bürgerschaft beträchtliche Vorteile davon, weil die meisten Erträgniße von Seligenporten nach Amberg gezogen, und den Gewerbs- und Handwerksleuten mitgetheilt werden.“

Diese „beträchtlichen Vorteile“ beruhten vor allem in den Aufträgen, die die Amberger Handwerker im Zusammenhang mit dem Bau von Kirche und Kloster erhielten. Nach den Plänen von Wolfgang Dientzenhofer wurde mit dem Bau begonnen, 1696 war der Klostertrakt vollendet, 1699 konnte die Kirche geweiht werden. Erst durch einen 1758 begonnenen Um- und Erweiterungsbau erhielt die Kirche ihr heutiges Aussehen. Gleichzeitig erfolgte ihre innere Ausgestaltung ganz im Stil des Rokoko. Den Rocaille-Stuck schuf Anton Landes, ein Neffe des Johann Baptist Zimmermann, die Fresken der Augsburger Hofmaler Gottfried Bernhard Götz. Die Innenausstattung stammt von Amberger Handwerkern. Franz Joachim Schlott übernahm die Bildhauer- und Schreinerarbeiten, die Seitenaltäre fertigten Peter Hirsch und Johann Wolfgang Eder, um nur einige zu nennen.

Das Hauptanliegen der Gründung lag in der Mädchenbildung. Dazu bemerkt Löwenthal: „Vorzüglich leisten die Frauen der Jugend gute Dienste, die sie in den deutschen Schulen, wozu vier Frauen bestimmt sind, nicht nur im Lesen und Schreiben etc., sondern auch in den weiblichen Arbeiten unterrichten, ja sogar angefangen haben, die französische Sprache zu lehren ... ." 1782 besuchten 147 Mädchen die je zwei unteren bzw. oberen Mädchenkurse. Der Unterricht wurde unentgeltlich erteilt.

Daneben sorgten die Salesianerinnen aber auch für Arme und Bedürftige. „Die Armen bekamen Kosttäg, die Hausarmen Allmosen und öfters auch Arzneyen aus der Kloster-Apotheke", wie Löwenthal schreibt. Umso schmerzlicher muß es die Amberger Bevölkerung getroffen haben, als im Zuge der Säkularisation die Auflösung des Salesianerinnenklosters erfolgte, das am 2. März 1804 der deutschen Schulstiftung übergeben wurde.

In der Mädchenbildung war eine Lücke entstanden, die erst 1839 durch die Ankunft der „Armen Schulschwestern von Unserer Lieben Frau" in Amberg wieder geschlossen werden konnte. 1849 kauften die „Schulschwestern" einen Teil der Gebäude am Schrannenplatz, 1906 das gesamte Schulgebäude sowie das ehemalige Salesianerinnenkloster.

Die Amberger Hafner

Die ersten Amberger Hafner lassen sich in der zweiten Hälfte des 14. Jahrhunderts urkundlich nachweisen. 1381 taucht ein „Heinrich der Hafner" auf, 1383 ein „Rudel der Hafner", 1384 ein „Konrad Hafner". „Heinrich der Hafner" betrieb seine Werkstatt in einem Haus an der Georgenstraße, Konrad Hafner am Viehmarkt.

Das Grundprodukt für ihre Arbeit, den Ton, bezogen die Amberger Hafner aus der 1384 erstmals erwähnten „Leymbgrub gen dem Artztberg", der Lehmgrube gegenüber dem Erzberg. Der heute noch geläufige Flurname

„Deglberg", der eine Anhöhe unweit der Stadt bezeichnet, weist auf Tonvorkommen hin.

Als der Bürgermeister Michael Schwaiger 1559 seine berühmte „Chronik der Stadt Amberg" verfaßte, die 1564 in Wittenberg gedruckt wurde, konnte er bereits von acht Hafnerwerkstätten berichten. Eine Besonderheit der Amberger Hafner des ausgehenden 16. Jahrhunderts bis etwa ins erste Drittel des 18. Jahrhunderts war die Kennzeichnung der von ihnen produzierten Ware durch Verwendung von Stempeln. Mit diesen brachten sie die Anfangsbuchstaben ihrer Namen auf ihren Produkten an. Darauf wurde man erst vor einigen Jahren aufmerksam, als bei verschiedenen Ausgrabungen im Amberger Stadtgebiet zahlreiche gestempelte Gefäße zutage gefördert wurden. Durch den Vergleich mit schriftlichen Quellen konnten die verschiedenen gefundenen Gefäße ihren Poduzenten zugeordnet werden. Auf diese Weise war es möglich, Irdenware, die die Initialen „GE" trägt, dem Hafner Georg Elbl zuzuordnen. Elbl kaufte 1659 das Anwesen Georgenstraße 34 und übergab es 1701 an seinen Schwiegersohn Clemens Elner, der die Hafnerwerkstätte fortführte. Vor Elbl war schon Hans Grassenhüller dem Beruf des Hafners in diesem Haus nachgegangen. Wie Elbl stempelte auch er seine Erzeugnisse und zwar mit seinen Anfangsbuchstaben „HG".

Die Hafner erzeugten aber nicht nur die genannten „Häfen", auf denen sich ihre Anfangsbuchstaben nachweisen lassen und die in keinem Haushalt fehlen durften, sondern auch Kacheln und Öfen. So lieferte der Hafner Georg Beer 1668 einen schönen neuen Ofen in die Amberger Ratsstube, für den er 40 Gulden berechnete. Im gleichen Jahr stellte sein Zunftgenosse Friedrich Kolb einen neuen Ofen im Spital auf und bekam dafür zehn Gulden. Der recht unterschiedliche Preis der beiden Öfen ist weniger auf ihre Größe zurückzuführen, als vielmehr auf die gehobeneren künstlerischen Ansprüche, die an den Ofen in der Ratsstube gestellt wurden.

Die Amberger Hafner unterschieden sich aber nicht nur hinsichtlich ihrer Produktpalette, sondern auch in der von ihnen erzeugten Qualität. Die besten bei den Ausgrabungen gefundenen Stücke waren mit den Buchstaben „HR" gestempelt. Sie stehen für den Hafner Hans Rebhuhn, der zwischen 1640 und 1652 ebenfalls im Anwesen Georgenstraße 34 arbeitete. Seine Irdenware zeichnete sich durch aufwendige Bleiglasuren sowie durch ein überdurchschnittlich großes Repertoire an verschiedenen Glasurfarben aus. Bis heute erinnert nicht nur die Straßenbezeichnung Hafnergäßchen an ihr Schaffen, sondern auch der „Krüglmarkt".

Die Amberger Krüglkirchweih

Zu Beginn des 19. Jahrhunderts berichtet Joseph von Destouches in seiner „Statistischen Darstellung der Oberpfalz und ihrer Hauptstadt Amberg": „Der Markt am heiligen Georgsfest in der Georgskirche wird auf dem Platze vor dem Malthesergebäude, der sich an die Georgsstrasse anschließt, gehalten und bietet zum Verkauf gleichfalls Obst, Zuckerwerk, blechernes und irdenes Geschirr an, wovon man ihn den Namen Krügelkirchweih in der Volkssprache beylegt." Damit stellt Destouches einen ursächlichen Zusammenhang zwischen dem Patrozinium der dem Heiligen Georg geweihten Kirche und der sogenannten Krüglkirchweih her, deren Name von der dort feilgebotenen Hafnerware stammt.

Die Geschichte der Krüglkirchweih ist wesentlich älter, ihre erste schriftliche Erwähnung geht auf das Jahr 1605 zurück. Da diese Nennung gleich mit ihrem Verbot zusammenfällt, ist sie ein Beleg für ein bereits längeres Bestehen der Kirchweih. Am 26. April 1605 beschloß der Rat der Stadt Amberg, „daß die Krüglkirchweih abgeschafft werden soll". Obgleich der Stadtschreiber keine Gründe für diesen Beschluß angibt, steht er doch wohl in unmittelbarem Zusammenhang mit den religionspolitischen Ereignissen des ausgehenden 16. und beginnenden 17. Jahrhunderts.

Möglicherweise ist die Ratsentscheidung auch ein Zugeständnis an die calvinische Kirchenpolitik des in Amberg residierenden Statthalters Christian von Anhalt. Ob mit der Wiedereinführung des katholischen Bekenntnisses in der Oberpfalz durch den bayerischen Kurfürsten Maximilian I. auch die Krüglkirchweih erneut belebt wurde, läßt sich nicht mit Sicherheit sagen.

In der von Destouches beschriebenen Form hielt sich die Krüglkirchweih bis 1957. Wie aus der Überlieferung hervorgeht, wurden bis dahin vorwiegend Krüge, Tonwaren, Dörrobst, Süßigkeiten und Spielzeug angeboten. Eine Besonderheit im Warenangebot bildete die als „Rußvogel" bezeichnete Kuckucks-Tonpfeife. Mit dieser Pfeife in Form eines kleinen Vogels konnte man – wie der Name schon sagt –, den Kuckucksruf nachahmen. Zudem bot sie eine lustige Überraschung: Mit Ruß gefüllt, schwärzte sie jedem Nichteingeweihten das Gesicht, der durch Hineinblasen den Ruf des Kuckucks erschallen lassen wollte. Von dieser Besonderheit resultierte auch der Name „Rußvogel" für die kleinen Tonpfeifen. Auch heute noch wird der „Rußvogel" auf dem seit einigen Jahren neubelebten „Krüglmarkt" angeboten.

Die „Hexe" Ursula Zanner

Zur Geschichte der Hexenverfolgungen können nur einige kurze Hinweise gegeben werden. Der Hexenglaube war schon in der römisch-italienischen Spätantike verbreitet. Bei den Germanen tauchen bereits „nachtfahrende Weiber" auf, die zum Hexensabbat unterwegs waren. Trotz der fortschreitenden Christianisierung fand der Hexenglaube kein Ende. Durch eine Bulle Papst Innozenz VIII. von 1484 sowie vor allem durch den berühmt berüchtigten „Hexenhammer" des Jakob Sprenger und Heinrich Institoris von 1487 wurde die Hexenverfolgung systematisiert. Im 16.Jahrhun-

dert erfolgte eine Verfeinerung der Hexenlehre durch verschiedene, als „wissenschaftlich" bezeichnete Arbeiten.

Es bedurfte nicht viel, um in den Verdacht der „Hexerei" zu geraten. Dazu genügte jeder ungewöhnliche Vorfall, großes Glück oder Unglück, besondere Schönheit oder abstoßende Häßlichkeit. Gefährlich war aber auch umfassendes Wissen über Kräfte und Wirkungen der Natur. Im Regelfall erzeugte zudem ein Hexenprozeß weitere, da die verdächtigte Person unter der Folter ihre Komplizinnen zu nennen hatte.

Die Oberpfalz war zum Glück nie ein Zentrum der Hexenverfolgung. Nur spärliche Nachrichten künden davon, daß auch hier Frauen als Hexen hingerichtet wurden. Ein gutes Beispiel für einen Hexenprozeß ist der Fall der Ursula Zanner von 1655. Dieser zeigt auch, welch zufälligen Umständen häufig Nachrichten über vergangene Zeiten und Ereignisse zu verdanken sind. Kenntnis über diesen Hexenprozeß haben wir deshalb, weil unmittelbar nach der Verbrennung der Ursula Zanner das Pferd des Regierungsrats von Delmuk, der mit der Untersuchung betraut gewesen war, einging. Von Delmuk wandte sich nun an den kurfürstlichen Hofrat in München, um Erstattung für seinen Schaden zu erhalten. In diesem Zusammenhang schilderte er auch die Hinrichtung der Ursula Zanner.

Diese war wegen „...machung höchst schädlicher gewitter, donner, hagel, wünd, regen, etc. über das gehülz, viech und getraid, so schickhung zauberischer wolff, machung der meis vnd anders, verkhrümbdung vnderschidlicher persohnen, vnd zu schandtenbringung vilr pferdt, oxen, khühe, schaff vnd dergleichen viechs, item nächtlicher ausfahrung uf die hexentänz, traibung der sodomütherey mit dem bösen feindt, verlaugnung vnd yberaus grausamben entehrung vnd getreulichen verspottung gottes, b[eatae] M[ariae] v[irginis] vnd aller heiligen, teuflische vnd erschreckhliche müssbrauchung des hochheiligen sacraments des altars vnd andere gar grausambe vnthatten darvon gantze protocolla von etlich hextern bey churfürstlicher regierung alhier verhanden, den 23.12. negstverschinen, nach vorhero mit einer gluänden zang gegebenen zwickh vf dem scheiterhauffen zu aschen verbrent worden."

Die kurfürstliche Regierung Amberg betraute daraufhin, – dies sei nur der Vollständigkeit halber erwähnt – die Stadt Amberg mit der Obduktion des Pferds.

Das Ergebnis der Öffnung des Pferdes zeigte, daß dieses – wie es wörtlich heißt – „lungenfauhl gewesen wär". Auf Grund dieses Befundes wurde das Gesuch des Regierungsrats von Delmuk abgelehnt.

Cosmas Damian Asam in Amberg

Der 1686 geborene Cosmas Damian Asam stand wie sein Bruder Egid Quirin beim Vater, dem Maler Hans Georg Asam, in Ausbildung. Nach seinem Tod reisten die beiden Brüder auf Veranlassung des Abts von Tegernsee nach Rom. 1714 sind sie wieder in Bayern nachweisbar. Im Juni 1716 nahm Jakob Joseph Hiltner in seiner Funktion als Amberger Kirchenverwalter Verhandlungen mit Cosmas Damian Asam auf. Er mußte jedoch feststellen, wie er am 16. Juni 1716 an den Amberger Rat schrieb, daß „diser bekandte vnd von vornemen orthen, praelathen vnd clöstern, alwo er die proben seiner kunst sattsamb gezeiget hat, berümbte Asam nit allzeit zu haben ist." Asam hatte sich in kurzer Zeit bereits einen so guten Ruf erworben, daß es schwierig war, ihn für einen Auftrag zu gewinnen. Trotz dieser wenig hoffnungsvollen Ankündigung Hiltners erklärte sich Asam zur Freskierung der Amberger Mariahilfkirche bereit. Ausschlaggebend dafür war – wie Hiltner schrieb – eine „sonderbahre devotion der Muttern Gottes". Hinzu kam, daß die Eltern Asams „in der obern pfaltz ihr stück brodt ... geraume zeit genossen hatten". Diese wohnten vom Sommer 1710 bis zum Tod des Vaters, am 7. März 1711, in Sulzbach. Für die Gestaltung von 29 Gewölbefresken wollte sich

Asam – wie Hiltner mitteilte – „mit tausent guldten befriedigen lassen“. Obwohl der Betrag angesichts des Auftragsvolumens nicht gerade hoch war, konnte der Amberger Rat Asam noch um 200 Gulden herunterhandeln. Der offizielle Vertrag mit Asam wurde am 27. September 1716 in Amberg geschlossen. Darin verpflichtete sich Cosmas Damian Asam, „in mit Stocador eingefasste 29 velder eine schöne frescho mahlerey nach iedermanns contento [also Zufriedenheit] zu verfertigen“. Die Stadt band sich vertraglich, alle notwendigen Vorbereitungen zu treffen, um Asam nicht länger aufzuhalten, als für seine Arbeiten notwendig war. Dazu gehörte vor allem die Aufstellung eines Gerüsts durch den städtischen Zimmermeister. Dieses sollte „vff die läng und weithen der halben kürchen“ sowie anschließend auch für die „andere helfften zugebrauchen“ sein. Asam sollte im Juni 1717 mit der Arbeit beginnen und diese bis zum Kirchweihfest der Kirche, dem Sonntag vor Mariä Geburt, dem 5. September 1717, abgeschlossen haben. Neben den 800 Gulden gewährte ihm die Stadt freie Kost und Unterkunft für sich und seinen Gesellen im Franziskanerhospiz.

In einem Protokoll vom 4. Dezember 1716 findet sich die inhaltliche Gestaltung der 29 Felder, die Asam freskieren sollte, festgelegt. Die Angaben waren dabei recht genau. So heißt es etwa: „Das erste hauptblad auf dem chor, vorstehlent die pest vmb vnd in der statt Amberg 1634, kan ohne maßgebung gebildet werden, die statt vnd die gegent herum, auch ettwan, wie denen kranckhen die heyligen sacrament gereichet werden. Todt, straff, engel ... vnd sonderlich vnser liebe Frau erscheinet in dene lüfften.“ Wie das fertige Werk zeigt, wich Asam gelegentlich von diesen Vorgaben ab. In Zusammenhang mit einer solchen Änderung „zum Besseren“ beschloß der Amberger Rat, der Frau Asams zwölf Gulden an „Ergötzlichkeit“ zukommen zu lassen. Daraus wird deutlich, daß Asams 19jährige Frau Anna Maria, mit der er seit dem 8. Februar 1717 verheiratet war, ihren Mann nach Amberg begleitet hatte. Asam arbeitete sehr rasch, am 30. Juni 1717 hatte er mit der Freskierung der Kirche begonnen und am 25. August 1717 schloß er sie ab.

Noch vor dem Ende der Arbeiten wurde Asam auch zum restlichen Ausmalen der Kirche verpflichtet. Damit verfügt auch Amberg über eine „Asam-Kirche", die nicht zuletzt wegen ihres hohen künstlerischen Rangs gerne besucht wird.

Die Franziskaner und die Wallfahrt auf den Mariahilfberg

Im Zusammenhang mit der Pest von 1634 hatte die Amberger Bürgerschaft den Bau eines Marienheiligtums auf dem sich über der Stadt erhebenden Berg gelobt. In aller Eile wurde dazu der alte Wachturm eingerichtet, so daß bereits am 3. September 1634 das Gnadenbild, eine frühe Kopie des Mariahilfbildes von Lukas Cranach, in feierlicher Prozession auf den Berg gebracht werden konnte. Wenig später wurde mit dem Bau der Kapelle begonnen. Diese wurde jedoch 1646 ein Raub der Flammen. Obwohl die Kapelle wiederhergestellt wurde, reichte sie nicht aus, um die zahlreichen Gläubigen zu fassen.

Ein Problem bildete vor allem deren geistliche Betreuung. Deshalb hatte sich bereits 1692 der Provinzial der kurbayerischen Franziskanerprovinz an den Kurfürsten mit der Bitte gewandt, auf dem Berg ein Hospiz für drei Patres und einen Laienbruder errichten zu dürfen. Als Begründung führte er an: „damit nicht Personen, welche dieses hilfreiche Orth in Hoffnung allda einen gewissen Gottesdienst anzutreffen und ihr vorhabente Beicht und hl. Communion zu verrichten, besuchen, ohne geistlichen Trost wiederumb davon raisen müssen." Die Franziskaner waren 1626/27 in ihr altes Kloster an der Vils zurückgekehrt, das sie wegen der Säkularisation im Dezember 1555 hatten verlassen müssen.

1697 entschloß man sich nicht nur zum Bau einer größeren Wallfahrtskirche, sondern auch zur Errichtung eines Franziskanerhospizes auf dem Berg, das bereits 1698 zwei

Patres und ein Laienbruder beziehen konnten. Sollten die Patres ursprünglich nur im Sommer auf dem Berg sein, so blieben sie seit 1701 ganzjährig in ihrem Hospiz. 1711 konnte schließlich die Kirche geweiht werden. Die Franziskaner auf dem Berg hatten mit der Betreuung der Wallfahrer ein reiches Betätigungsfeld gefunden. Bis 1801 hatten sie durchschnittlich jährlich 10 000 mal die Beichte abzunehmen.

1784 wurde das 150jährige Wallfahrtsjubiläum festlich begangen, obgleich es fast nicht dazu gekommen wäre. Die Regierung in Amberg sowie der Geistliche Rat in München lehnten die Feierlichkeit ab, „da sie mehr bigottisch als zur Einführung einer wahren Andacht und Erbaulichkeit gerichtet seien". Trotz aller Einschränkungen und Verbote konnte das Jubiläum groß gefeiert werden.

Die verschiedenen Entschließungen der Regierung zeigen, daß in Amberg die Aufklärung Einzug gehalten hatte. Dies belegt auch die 1801 gedruckte, von Felix von Löwenthal geschriebene, „Geschichte von dem Ursprung der Stadt Amberg". Er schreibt zur Bergwallfahrt: „Von dem durch Thatsachen bewiesenen Vortheile für die Stadt Amberg redet die ganze einstimmige Bürgerschaft. Es ist freylich ... erprobt, daß eine Wallfahrt die Gewerbe eines Ortes in hundertfachen Gestalten zu segnen pflege. ... Man muß sich die oberpfälzischen Wallfahrten nicht anders als wie merkantilische Schauspiele vorstellen. Der Handelsmann schwizt in der Werkstatt wochenweise über die Feilschaften, die er am nächsten Wallfahrtstage auskrammen will. Der Gewerbsmann backt, bräut, siedet und bratet dafür. ... Man sieht bethen und opfern; aber man sieht auch essen, trinken, handeln, kaufen und verkaufen."

1802 wurden auch die Klöster der Oberpfalz säkularisiert. Mit der Aufhebung des Stadtklosters der Franziskaner erfolgte auch die Auflösung ihres Hospizes auf dem Berg. Auf die Wallfahrtsseelsorge wollte man jedoch nicht ganz verzichten und übertrug sie verschiedenen von der Säkularisation betroffenen Ordensleuten. König Ludwig I. erneuerte 1832 das Franziskanerhospiz auf dem Berg, das von zwei Patres, einem Laienbruder und einem weltlichen Koch

bezogen wurde. Auf Drängen des Amberger Stadtmagistrats kam bereits 1833 ein weiterer Pater hinzu. Das Hospiz wurde am 9. August 1908 zum Konvent erhoben. 1914 wirkten in der Wallfahrtsseelsorge vier Patres, unterstützt von sieben Brüdern.

Bis heute ist die Faszination der Wallfahrt auf dem Berg ungebrochen geblieben. Heute wie damals schmecken nach den geistlichen Verrichtungen Bier, Brezen und Bratwürste.

Michael Streicher – ein Jesuitenmissionar in Bolivien

An welchem Tag Michael Streicher geboren wurde, läßt sich nicht mit Sicherheit sagen. Der bolivianischen Überlieferung zufolge hätte Michael Streicher am 16. September 1696 das Licht der Welt erblickt. Die Kirchenbücher überliefern aber häufig nicht den Tag der Geburt, sondern nur den Tag der Taufe. Dies ist auch im Falle Streichers so. Der kleine Streicher erhielt am 30. September 1696 in der Amberger Pfarrkirche St. Martin – wie aus den Kirchenbüchern hervorgeht – in der Taufe die Vornamen Johann Michael. Der Täufling war ein Sohn des Amberger Bürgers und Schuhmachers Hans Streicher und dessen Ehefrau Susanne. Als Pate wirkte Johann Falkmann, Kaufmann in Amberg. Streicher entstammte einer Amberger Handwerkerfamilie. Wie aus den Bürgerbüchern hervorgeht, hatte sein Vater am 23. Februar 1671 das Amberger Bürgerrecht erworben. Der spätere Jesuitenmissionar Johann Michael entstammte der zweiten Ehe seines Vaters. Als Geburtshaus läßt sich das Anwesen Georgenstraße 15 feststellen. Bereits im Alter von acht Jahren verlor Johann Michael seinen Vater. Die Mutter ging eine zweite Ehe mit dem Amberger Schuhmacher Johann Georg Straub ein. Es ist anzunehmen, daß Johann Michael Streicher das Amberger Jesuitengymnasium besuchte. Dort wird auch der Wunsch in ihm geweckt worden sein, selbst in den Orden einzutreten, den er im Alter von 20 Jahren, am 14. Oktober 1716, verwirklichen konnte.

Wie aus einem Brief Streichers vom 28. Februar 1727 hervorgeht, brach er 10 Jahre später, im Jahre 1726, von der Heimat zu seiner Missionsreise, die ihn nach Südamerika führen sollte, auf. Aus diesem Brief, den Streicher aus Sevilla an die Oberdeutsche Ordensprovinz der Jesuiten sandte, wird auch die Reiseroute von Genua über die Balearen nach Cadíz faßbar. Diese Beschreibung ist gleichzeitig ein gutes Beispiel für die Widrigkeiten, die mit dem Reisen noch im 18. Jahrhundert verbunden waren. Einen längeren Aufenthalt hatte Streicher offensichtlich in Sevilla, wo er mit einer ganzen Reihe weiterer Jesuitenmissionare zusammenkam. In Sevilla hörten die zukünftigen Missionare erstmals mehr über ihre bevorstehende Mission in der „Provinz Paraquaria". Diese Provinz wurde in geistlichen und weltlichen Dingen als sehr hochstehend geschildert; „viele Kunstfertigkeiten" würden dort ausgeübt. So habe ein Deutscher bereits eine Druckerei („typographia") eingerichtet, in der schon die ersten Bücher gedruckt worden seien. Es gebe reiche Eisenerzvorkommen, die aber noch nicht abgebaut würden, weil es die Jesuiten noch nicht gewagt hätten, entsprechende Betriebe zu errichten. Streicher hörte bei diesen Ausführungen auch von den Bewohnern, die er als „Indi Paraquarienses", als Indianer Paraquays bezeichnet. Sie hätten bewunderswerte Fähigkeiten vor allem in der Ausübung technischer Verrichtungen und Handwerke. Die religiöse Disziplin blühe in der „Provinz Paraquaria" so sehr, daß sie in „America" und Spanien gerühmt werde. Das als „Paraquaria" apostrophierte Gebiet ist nicht deckungsgleich mit dem modernen Paraguay. Es umfaßte auch Teile Boliviens, den Südosten Brasiliens und den Nordwesten Argentiniens. 1608 waren die ersten Jesuiten als Missionare ins Land gekommen und hatten sogenannte Reduktionen (Landstädte) als Zentren ihrer Missionstätigkeit gegründet, aus denen ganz allmählich der sogenannte „Jesuitenstaat" entstanden war.

Michael Streicher kam 1731 in „Paraquaria" an, wo er als

Missionar im Gebiet der Chiquitos-Indianer wirkte, deren Stammesgebiet im heutigen Bolivien liegt. Der bolivianischen Überlieferung zufolge starb Michael Streicher dort am 13. Juli 1762. Hier hatte Michael Streicher 1748 eine Jesuiten-Reduktion gegründet und ihr den Namen des Ignatius von Loyola, des Gründers des Jesuitenordens, gegeben: San Ignacio.

Die bolivianische Stadt San Ignacio de Velasco feierte am 31. Juli 1996, dem Festtag des heiligen Ignatius von Loyola, ihr großes Patronatsfest. Dabei gedachte sie auch des 300. Geburtstags ihres Gründers, Paters Michael Streicher, in Bolivien bekannt als Miguel Areiger. An diesem Tag wurde eine neue Schule eingeweiht, die von rund 1200 Schülern besucht und von den Salesianern Don Boscos geleitet wird. Sie erhielt den Namen des Ambergers Michael Streicher, und heißt deshalb „Colegio Don Bosco ‚Miguel Areiger'". Damit lebt in Bolivien die Erinnerung an einen Mann fort, der in seiner alten Heimat fast völlig in Vergessenheit geraten ist.

Das Eh'häusl

Trotz seiner geringen Größe oder gerade deswegen ist das Eh'häusl ein interessantes Anwesen in Ambergs Innenstadt. Von ihm wird folgende Sage erzählt: Der Rat der Stadt Amberg wollte – wie dies auch in anderen Städten und Gemeinden üblich war – die Eheschließung nur solchen Paaren gestatten, die über ein entsprechendes Grundvermögen, vorzugsweise Hausbesitz verfügten. Damit sollte die Zahl derjenigen, die von der Stadt unterstützt werden mußten, von vornherein beschränkt werden. Vor diesem Hintergrund verließ manches Paar Amberg, um andernorts sein Glück zu suchen. Im Jahr 1728 stand nun wieder ein vermögensloses Paar vor der Entscheidung, auf die Heirat zu verzichten oder Amberg zu verlassen. In dieser Notlage fiel dem jungen Mann eine schmale, beiderseits von Häusern begrenzte Einfahrt zu einem Stadel in der Seminargasse auf. Da diese Fahrt kaum noch genutzt wurde, war deren Besitzer bereit, sie billig zu verkaufen. Damit hatte das junge Paar bereits die Seitenwände seines künftigen Häuschens. Jetzt galt es nur noch, die schmalen Giebel zu errichten und ein Dach darauf zu setzen. So verfügte man binnen kurzer Zeit und mit bescheidenen Mitteln über ein eigenes Haus. Mit Erstaunen nahm der Rat der Stadt Amberg zur Kenntnis, daß sich das nahezu mittellose Paar als Hausbesitzer auswies und die Heiratslizenz erbat. War das Haus auch klein, so war den städtischen Auflagen damit doch Genüge getan und der Heirat stand nichts mehr im Wege. Kurz darauf meldete sich ein weiteres „unbehaustes" Paar bei den Besitzern des kleinsten Hauses der Stadt und erwarb dies seinerseits zum Zwecke der Eheschließung. Dieser Handel wiederholte sich so oft, daß das kleine Haus bald unter dem Namen Eh'häusl allgemein bekannt wurde.

Soweit zur Sage, deren historischer Kern in der sicherlich oft als rigoros empfundenen Handhabung des Ansässigmachungs- und Verehelichungsrechts durch die Obrigkeit zu suchen ist. Der Hintergrund ist klar, jede Gemeinde wollte den Zuzug bzw. die Verehelichung zukünftiger Unterstützungsempfänger von vornherein ausschließen. Desweiteren war das Eh'häusl im 18. Jahrhundert tatsächlich im Besitz von kleinen Leuten. Nicht nachweisen läßt sich freilich die starke Fluktuation in der Besitzabfolge, wie sie der Volksmund in dem Spruch zum Ausdruck brachte:

„Wollte man ein Mädchen frei'n,
mußt' man Hausbesitzer sein.
Drum erwarb man dieses Haus,
hernach flog man wieder aus."

Vielmehr erfolgte der Besitzwechsel dieses kleinen Hauses in ähnlichen Abständen wie auch bei den übrigen Anwesen in Amberg. So verkaufte der Müller Wolfgang Hürn 1728 das Anwesen Seminargasse 12 an seine Tochter Barbara und seinen Schwiegersohn Andre Dotzler. Dieser verkaufte 1736 das Nebenhaus von Seminargasse 12, also das nachmalige Eh'häusl an Hans Stainl. Dessen Witwe veräußerte das kleine Haus 1751 an den Maurer Ulrich Sax. Dieser verkaufte das Gebäude 1754 an die Eheleute Michael und Barbara Lotter, in deren Besitz es bis 1767 blieb. Die Reihe ließe sich noch weiter fortsetzen. Alle Besitzer des „Eh'häusls" gehörten jedoch nicht in die Kategorie der in der Sage genannten jungen Paare, denen ein nur kurzfristiger Besitz des Hauses die Eheschließung ermöglicht hätte.

Die Einführung der Kartoffel in Amberg

Die Kartoffel ist ein heute nicht mehr wegzudenkendes Grundnahrungsmittel. Schon Felix Freiherr von Löwenthal schrieb 1801 in seiner „Geschichte von dem Ursprung der Stadt Amberg": „Manche glauben, dieser Bau (also der Kartoffelanbau) sey so alt, als die Oberpfalz, und man glaubt auch, daß er so frequent sey, daß die Erdäpfel fast die einzige Nahrung der Menschen und des Viehes in der Oberpfalz wären."

Die Einführung des Kartoffelanbaus in Amberg ist untrennbar mit dem Geistlichen Dr. Johann Heinrich Werner verbunden. Felix Freiherr von Löwenthal schrieb dazu: „Der Johann Heinrich Werner, von Geburt ein Frank, der von 1716 bis 1752 Stadtpfarrer in Amberg war, ist der Stifter dieser Frucht. Er beschrieb einige Erdäpfel, und theilte selbe unter seine Pfarrkinder aus." Dr. Johann Heinrich Werner wurde am 22. Januar 1684 in Bamberg geboren. Der junge Werner entschied sich für die geistliche Laufbahn. Im November 1715 präsentierte ihn das Bamberger Stift St. Jakob auf die Pfarrei St. Martin Amberg, die er bis zu seinem Tod am 28. November 1752 innehaben sollte. Daneben machte Dr. Werner auch in der Politik Karriere. 1719 wurde er zum kurfürstlich bayerischen Regierungsrat ernannt.

Bei ihrer Einführung erfreute sich die Kartoffel nicht

gerade großer Beliebtheit, viele Vorurteile waren zu überwinden, ehe die „Erdäpfel“ ihren Siegeszug antreten konnten. Löwenthal schreibt: „Just in dieser Gegend, wo der Erdäpfelbau angefangen, und die Frucht am schmackhaftesten ist, ißt man sie am wenigsten, und baut sie nicht so häufig, als man es anderswo sich vorstellt. Das Landvolk in dieser Gegend ist allzusehr an die ägyptischen Fleischhäfen gewohnt, und achtet daher das so sehr erhobene Erdäpfel-Manna nicht viel.“ Als Gründe für diese Geringschätzung führt Löwenthal nicht nur an, daß die Kartoffel ebenso guten Boden benötige wie das Getreide, bei ihrem Anbau aber kein Stroh gewonnen werden könnte, sondern auch, „daß sie dem arbeitsamen Manne keine anhaltende Nahrung geben, weite Gedärme machen, und dadurch gefräßige Mägen verursachen, die man nachhin mit Brod und Fleisch nicht mehr sättigen kann.“ Für die Viehmast sei die Kartoffel aus der Sicht der hiesigen Bevölkerung ungeeignet, „weil die Fette schwammericht ist, und im Rauch großentheils ausrinnt, wenn nicht mehrere Wochen zuvor, ehe das Viehe geschlachtet wird, mit Getreid, oder mit einem andern Futter die Erdäpfel-Mastung erst gebessert wird.“

Während Löwenthal die Einführung der Kartoffel Dr. Werner zuschrieb, brachte diese der Chronist Kaspar von Wiltmaister 1783 mit dem Regierungskanzler von Pistorini in Verbindung. Wiltmaister schrieb: „... dann nachdem einige derley Aepfel dem allhier gewesten Regierungskanzlern Herrn von Pistorini ohngefähr Anno 1725 aus dem Niederland zu einer Rarität überschickt, und dabey informiert worden, welchergestalten solche nicht allein angebauet, sondern auch wie diese der Mensch genießen und das Vieh damit gefüttert werden könne; so hat derselbe einige derley Aepfel zum Theil ganz, einige aber, wann sie groß waren, zu 3 und 4 Theile geschnitten, und in dessen Hausgarten im Frühjahr eingestossen; als sie nun verblühet hatten, wurden solche zu Herbstzeit ausgegraben, und befunden, daß sich ein solcher Theil, oder ganzer Apfel mit 10 bis 20 Stücke, wie ich bey Ihm selbst gesehen, vermehret habe; und da sie abgesotten, abgeschellet, und etwas mit Salz bestreuet worden, waren sie warmlecht wohl zu genießen, und gaben eine sättige Nahrung."

Ob nun tatsächlich Pistorini schon vor Dr. Werner die Kartoffel nach Amberg holte, läßt sich nicht feststellen. Zum endgültigen Durchbruch als Volksnahrungsmittel in der Amberger Gegend verhalf ihr Stadtpfarrer Dr. Werner. Offensichtlich erkannte man rasch die vielfältigen Verwendungsmöglichkeiten der Kartoffel. 1783 berichtet bereits Wiltmaister: „Es ist auch schon so weit damit gekommen, daß nicht nur solche auf unterschiedliche Art für die Menschen zur Speiß gekocht, Nudeln in Röhren gebratten, und Knöteln zugerichtet werden, ... sondern auch eine Sterke zur Wäsch, und hieraus auch ein Haarbuder gemacht werde, man kann sie auch ... zu einem Sallat genießen."

An die Einführung der Kartoffel als Volksnahrungsmittel erinnert der Kartoffelbrunnen im Innenhof des städtischen Verwaltungsgebäudes am Spitalgraben.

Die Klosterbrauereien

In der Geschichte des Amberger Brauwesens lassen sich drei Gruppen von Brauern feststellen: Die erste ist die der Hausbrauer. Dabei handelt es sich – wie der Name schon sagt – um die Brauer, die ihr eigenes Bier zu Hause produzierten. Ursprünglich diente das Bierbrauen in den Städten nur dieser hauswirtschaftlichen Eigenversorgung. Die Befugnis stand jedermann zu und bedurfte keines besonderen Rechtstitels. Die Verhältnisse änderten sich mit der Ausweitung des Bierbrauens zur gewerblichen Produktion. Jetzt kam das Brauwesen unter die Kontrolle des Rates, der es mit Ordnungen und Satzungen regelte. Nicht wenige Eintragungen in den Ratsbüchern beschäftigen sich deshalb mit dem Bierbrauen.

Als zweite Gruppe bestanden neben den Hausbrauern im 16. Jahrhundert – wie Michael Schwaiger berichtet – acht Brauhäuser im Eigentum der Bürgerschaft. Diese arbeiteten für die 200 Wein- und Bierschenken, die Schwaiger nennt. Dabei handelte es sich nicht um Wirtshäuser in unserem Sinn, vielmehr gingen die Bürger teilweise dazu über, aus Gründen der Rentabilität, auch ihr Bier für den Hausgebrauch in den Brauhäusern produzieren zu lassen. Die größte Zahl an Brauereien in Amberg läßt sich an der Wende vom 19. zum 20. Jahrhundert nachweisen. Damals bestanden 13 Brauereien.

Als dritte Gruppe sind die Klosterbrauereien zu nennen. Kurfürst Maximilian I. bewilligte den Franziskanern und Kurfürst Max Emanuel den Paulanern und Jesuiten Errichtung und Betrieb eigener Brauhäuser. Die Geschichte der Amberger Franziskaner- sowie der Paulanerbrauerei endete mit der Säkularisation der beiden Klöster 1803. Das Brauhaus der Paulaner wurde verkauft, das Klostergebäude zu einem Militärlazarett umgewandelt. Die Gebäude des ehemaligen Franziskanerklosters erwarb im Mai des gleichen Jahres Thomas Bruckmüller. Zu dieser Liegenschaft kaufte er 1807 die Taferngerechtigkeit des Wirtshauses zur „Blauen Traube", um dieses Recht zum Betrieb eines Wirtshauses auf das ehemalige Franziskanerkloster zu übertragen.

Die Geschichte der Jesuitenbrauerei fand mit der Aufhebung des Ordens 1773 ein jähes Ende. 1781 gingen sämtliche Güter des ehemaligen Jesuitenordens in Bayern an die von Kurfürst Karl Theodor errichtete bayerische Provinz des Malteserritterordens über. So wurde aus der Jesuiten- die Malteserbrauerei. Nach der Auflösung dieses Ordens 1808 ging die Brauerei in das Eigentum des königlichen Studienseminars Amberg über, behielt dabei aber ihren Namen „Malteserbrauerei Amberg". 1992 stellte das Brauhaus der Malteserbrauerei für immer seinen Betrieb ein.

Frater Barnabas und der Salvator

Im November 1652 konnte der damalige Generalvikar des Bistums Regensburg dem Paulanerkloster in Neunburg vorm Wald melden, daß der Regensburger Bischof seine Zustimmung zur Ansiedlung von drei Paulanerpatres in Amberg gegeben hatte. Das Hauptproblem der Amberger Ordensniederlassung bestand von Anfang an in ihrer unzureichenden finanziellen Ausstattung und Sicherung. Über 40 Jahre vergingen, bis 1695 mit dem Bau der Klostergebäude nach den Plänen des Wolfgang Dientzenhofer begonnen wurde. Noch später, in den Jahren 1717 bis 1719, wurde die Kirche erbaut. Wie vor ihnen bereits die Jesuiten und die Franziskaner gingen auch die Paulaner in Amberg daran, das Bier zunächst für den Haustrunk selbst zu brauen.

Im Jahr 1773 trat Valentin Stefan Still als Laienbruder in das Amberger Paulanerkloster ein. Als Sohn des Bierbrauers Johann Georg Still erblickte Valentin Stefan am 15. Februar 1750 in Fischbach bei Nittenau das Licht der Welt. Bei seinem Eintritt in den Orden nahm der 23jährige Valentin Stefan den Klosternamen Barnabas an. Wie sein Vater, so interessierte sich auch der junge Still schon früh für das Bierbrauen. Bei seinem Eintritt ins Kloster konnte er bereits eine Bierbrauerlehre nachweisen. Auf diesem Sektor betätigte sich Frater Barnabas im Kloster von Anfang an. Offensichtlich erzielte er bei seiner Arbeit recht gute Erfolge. Jedenfalls drang die Kunde seines Wirkens bis nach München, wohin Frater Barnabas wohl gerufen wurde, da er sich im Paulanerkloster „ob der Au“ um 1780 nachweisen läßt. Hier widmete sich Frater Barnabas – sicherlich mit Genehmigung seiner Ordensoberen – intensiver Forschungen, vor allem im Bereich der Malz- und Hopfenbearbeitung.

Das Hauptziel des eifrigen Oberpfälzers war die Produktion eines Starkbiers, das die Einhaltung der strengen kirchlichen Fastengebote in der vorösterlichen Zeit erleichtern sollte. Den großen Durchbruch hatte er mit einem dunklen Starkbier, dem man den Namen „Salvator“ gab. Es wird erzählt, daß Kurfürst Karl Theodor zum Ordensfest am 2. April, dem Gedenktag des heiligen Franz von Paula, ins Münchener Paulanerkloster eingeladen war. Bei diesem Anlaß kredenzte ihm Frater Barnabas eine Kanne seines vorzüglichen Eigengebräus mit den berühmt gewordenen Worten:

„Salve Pater Patriae,
bibas princeps optime!“

Übersetzt bedeuten sie: „Sei gegrüßt, Vater des Vaterlandes, trink hervorragender Fürst!“. Angeblich hielt sich Kurfürst Karl Theodor getreulich an die Aufforderung.

Der plötzliche Erfolg schien Frater Barnabas aber etwas zu Kopf gestiegen zu sein. Er schuf sich bei seinen Mitbrüdern nicht nur Freunde, vielleicht „kehrte“ er auch deshalb 1788 wieder nach Amberg zurück. Man holte ihn aber bald wieder nach München, wo er nach längerer Krankheit 1795, im Alter von 45 Jahren starb. Nur wenige Jahre nach dem Tod des Bruders Barnabas fiel das Amberger Paulanerkloster der Säkularisation anheim, die keinen blühenden Konvent mehr vorfand. Dem Kloster gehörten noch zwei Laienbrüder und fünf Patres an, von denen zwei erst nach der bereits 1799 erfolgten Auflösung des Klosters in München-Au nach Amberg gekommen waren. Zudem stand die Amberger Ordensniederlassung bei ihrer Auflösung in schlechtem Ruf, der vor allem durch den Nachfolger des Frater Barnabas als Braumeister, Frater Sebastian Kreis, begründet worden war.

Zur Freude aller Biertrinker hat Frater Barnabas das Geheimnis des Salvators nicht mit ins Grab genommen, sondern vor seinem Tod dem Peter Ludwig aus Teublitz bei Burglengenfeld weitergegeben.

Kleingärten – Nutzen und Geselligkeit

Zahlreiche Urkunden des Stadtarchivs dokumentieren durch Kauf und Verkauf die Existenz von zahlreichen Gartengrundstücken außerhalb der Amberger Stadtmauern. Neben Obstgärten finden sich vor allem Krautgärten in großer Zahl genannt. Der Chronist Michael Schwaiger schrieb in der Mitte des 16. Jahrhunderts: „Allenthalben um die Stadt seynd Bäumb und ander Gärtten, ... also, daß in alle Orth luftige Spazierweg seynd. Sonderlich auf den Amberg ... und in den Aichenwaldt, der Wagrein, der darumb gehet, als an der Vils auf und abwerts zu den Wingershofer Bronnen, zum Lindten Brünnl, und ander mehr Orthen."

Gute 200 Jahre später widmete Johann Kaspar von Wiltmaister in seiner Chronik der „Stadt Ambergischen Lustgegend, dann derselben gesunden Luft" ein eigenes Kapitel. Wie bereits Schwaiger rühmte auch Wiltmaister die – so wörtlich – „nutzbar mit Obstbäumen und Kräutlwerk angelegten Gärten". Erstmals wurden bei Wiltmaister in diesen auch „Häuser und Bierkeller" genannt, „so fast einer weitschichtigen Vorstadt gleichen". Damit kommt bei Wiltmaister ein wesentliches Moment hinzu, das sich bei Schwaiger noch nicht fand. Die Gärten dienten nicht nur der Versorgung der Bevölkerung mit frischem Obst und Gemüse, sondern auch der Geselligkeit. Ein gutes Beispiel dafür ist die folgende Beschreibung, die sich ebenfalls bei Wiltmaister findet: „So kann man ingleichen gegen der Heiligen Dreyfaltigkeitskirch, und so weiters über die sogenannte Zinnenbaitz zwischen den annehmlichen Baufeldern bis gegen den Tradhammer, zurück aber an den blumenreichen Wiesmathen auf die Schießstadt zu, sodann über die Villß an denen aneinander stehenden Lustgärten ... sich mit einem guten Glas Wein, weiß und braun Bier, dann Abendjausen, und sonstigen Karten- und Kegelspiel ... ergötzen."

Der höhere Rang des geselligen Beisammenseins bedeutet nicht, daß der Wert der verschiedenen vor Ort angebauten Gemüse und Früchte gesunken wäre. So berichtet Wiltmaister an anderer Stelle, daß in früheren Zeiten „Spargel, allerhand Salat, Zwiefel, Scharlotten, Rockenboll (Lauch), Karifiol (Blumenkohl), Petersill und so anders" von Nürnberg nach Amberg gebracht worden wären. Inzwischen würden diese Gemüse aber von Amberg „in einer noch vollkommeneren Qualität von auswärtigen Ortschaften von hier abgeholt". Besonders gut gediehen – nach Wiltmaister – in Amberg Spargel und Karifiol.

Eine Besonderheit der Amberger Gärten bestand in deren Umgrenzung mit „grünen Zäunen, bestehend aus Weißdorn-, Hagebutten-, Stachelbeergesträuchen, aus weißen und blauen Hollundersträuchen und dergleichen", wie Felix Joseph von Lipowsky zu Beginn des 19. Jahrhunderts feststellte. Seiner Beschreibung zufolge verstanden es die Amberger, „diese ganz dicht und artig in einen Zaun zu flechten".

Die beiden Momente, der Garten als Einrichtung zur Selbstversorgung mit Obst und Gemüse, aber auch zum geselligen Beisammensein, finden sich heute in den Kleingärten wieder, die nach dem Leipziger Orthopäden Daniel Gottlob Moritz Schreber (1808–1861) benannt wurden.

Menschen, Tiere, Sensationen

In einer Welt ohne Rundfunk und Fernsehen fanden Präsentationen fremder Tiere oder auch sonstiger ungewöhnlicher Erscheinungen noch wesentlich regeren Zuspruch des Publikums als in unserer Zeit. Schon in spätmittelalterlicher Zeit kam fahrendes Volk in die Stadt, das mit Possen oder Tiervorführungen die Zuschauer fesselte. Seit dem Zeitalter der Entdeckungen wuchs das Interesse an allem Fremden und Exotischen in noch größerem Maße.

Ein gutes Beispiel ist die Vorführung eines „lebendigen Rhinoceros oder Nashorns" im Jahr 1739. Der Chronist Johann Kaspar von Wiltmaister überliefert die Einzelheiten.

Ihre Beschreibung zeigt, daß sich auch die sogenannte „gelehrte Welt“ diesen Ereignissen nicht ganz entziehen konnte. Bei der Präsentation des Tieres im Gasthaus „Zum Schwanen“ in Amberg war der Zulauf enorm. Wiltmaister zufolge war das Nashorn „in Asien im Gebiet des grossen Moguls in der Landschaft Assem gefangen“ und „durch Capitän Douwemuth aus Bengalen nach Holland überbracht worden“.

Wiltmaister überliefert auch eine Beschreibung dieses „Wundertieres“, das damals drei Jahre alt war: „5 000 Pfund schwer, ist dunkelbraun, hat keine Haare, doch an den Ohren und am Schwanz sind einige Härlein, auf der Nase hat es ein Horn, womit es die Erde sehr geschwind umgraben kann, ist schnell im Laufen, kann schwimmen, und tauchen im Wasser wie eine Ente, der Kopf nach und nach spitzig, die Ohren gleich eines Esels, die Augen nach Proportion sehr klein, ... die Haut ist als ob sie mit Schilden gedeckt sey.“ Schier ins Phantastische gleitet die Beschreibung Wiltmaisters ab, wenn er feststellt: „Dieses Thier ist auch ein grosser Feind von dem Elephanten, so daß, wenn es ihn antrift, denselben unten im Leib stosset mit seinem Horn, auch auffrisset.“

Das Interesse an Tierschau und zirzensischen Darbietungen blieb auch im 19. Jahrhundert ungebrochen. So kündigte in der „Amberger Volks-Zeitung“ vom 1. September 1894 „die große amerikanische Menagerie und Raubthier-Theater à la Barnum“ ihre Ankunft in Amberg an. Der Zirkus sollte „mittels Extra-Zuges, bestehend in 20 Wagen“ am 4. September nach Amberg kommen und vor dem Ziegeltor „Aufstellung nehmen“. Am 6. September fand nachmittags um 4 Uhr die große Eröffnungsvorstellung statt. Gezeigt wurde der „Löwen- oder Wüstenritt in Vereinigung mit Kameelen, Zebu, Doggen und Löwen“. Mister Mocomo führte acht Löwen und drei Königstiger vor, Mister Willy vier Königslöwen. Einen weiteren Höhepunkt des Programms bildete der Auftritt der „Thierbändigerin Miß Flora mit russisch-sibirischen Wölfen und indischen Elefanten“. Die Eintrittspreise betrugen für den ersten Platz eine Mark, für den zweiten 60 Pfennig und für den dritten 30 Pfennig. Kinder unter zehn Jahren und Militär zahlten die Hälfte. Neben dem Zirkusprogramm war täglich von 9 Uhr früh bis 10 Uhr abends die große Tierschau zu sehen, die neben Raubtieren aller Art Elefanten, Lamas, Zebras, Gnus, verschiedene Affengattungen, Reptilien und sogar ein Känguruh zeigte. Trotz der starken Konkurrenz von Film und Fernsehen finden Zirkus und Tierschau auch heute noch ihr Publikum.

Joseph von Destouches und seine „Chronik"

Das Geburtsdatum des Joseph Anton von Destouches ist strittig. Nach dem Amberger Chronisten Johann Baptist Schenkl wäre es der 13. März 1764 gewesen. Die übrige Literatur nennt dagegen den 12. März 1767 als Wiegenfest von Destouches. Wie schon der Name verrät, stammt die Familie ursprünglich aus Frankreich, kam zu Beginn des 18. Jahrhunderts nach Bayern und ließ sich in München nieder, wo auch Joseph Anton geboren wurde. Destouches studierte an der Universität Ingolstadt, bevor er 1788 in den landesherrlichen Verwaltungsdienst trat. Damit schlug er den für einen jungen Adeligen seiner Zeit typischen Weg ein, der entweder in der zivilen Staatsverwaltung oder der militärischen Laufbahn bestand.

Destouches war – zumindest am Anfang seiner Karriere – überwiegend im Bereich der staatlichen Finanzverwaltung tätig, 1790 kam er als Rentkammerrat nach Amberg, 1792 wurde er hier Hofkammerrat, 1797 Kammerfiskal. 1808 wirkte er als Kreisrat des neugebildeten Naabkreises und 1820 als Regierungsrat. Destouches starb am 13. Mai 1832 in München.

Neben seiner Tätigkeit als Verwaltungsbeamter widmete sich Destouches vor allem historisch-statistischen Arbeiten.

1809 erschien in Sulzbach sein Werk „Statistische Darstellung der Oberpfalz und ihrer Hauptstadt Amberg", das in drei Teile gegliedert ist: Im ersten gibt Destouches eine chronologische Übersicht der oberpfälzischen Geschichte „von den frühesten bis auf die gegenwärtigen Zeiten". Den zweiten Teil bildet ein – wie der Verfasser schreibt – „geographisch statistisches Gemälde der Oberpfalz". Unter diesem recht blumigen Titel behandelt Destouches die verschiedenen Landgerichte. Den dritten Teil stellt die „Beschreibung der oberpfälzischen Hauptstadt Amberg" dar.

Es war schon zu Zeiten von Destouches nicht einfach, die Drucklegung eines Buches zu finanzieren. Dies belegt eine dem Buch vorgebundene, sechs Seiten umfassende Subscribentenliste, auf der sich neben königlichen Beamten vor allem Geistliche als Käufer finden.

Destouches war ganz Kind seiner Zeit, die vor allem der neuen Wissenschaft der statistischen Erhebung verpflichtet war. Für ihn stand deshalb weniger die Überlieferung des Vergangenen, sondern mehr eine faktenreiche Dokumentation des Bestehenden im Vordergrund. Darin unterscheidet er sich ganz wesentlich von früheren Chronisten wie Michael Schwaiger oder Kaspar Wiltmaister. Destouches selbst schreibt dazu : „Diese Zeitgeschichte, ein immerwährendes Fortschreiten und Verwandeln der Menschen und der Dinge wird den Leser ... befriedigen, da er von dem, was war, geworden, und ist, einen Überblick erhält."

Erschwert wurden seine Arbeiten durch die Umbruchszeit, in der Destouches seine Chronik schrieb. Diese Zeit wurde geprägt durch die Reformen des Ministeriums Montgelas, die Staat und Gesellschaft zu reformieren suchten, um so die Grundlagen des neuen Bayern zu legen, und die Napoleonischen Kriege. Dazu bemerkt Destouches: „ In der Folge traten Zeitumstände ein, die die literarischen Unternehmungen nicht begünstigten und es räthlich machten, das Waffengetümmel und alle kriegerischen Ereignisse vorüber gehen zu lassen." Trotz dieser ungünstigen Umstände gelang Destouches ein Werk, in dem historische

Erkenntnisse und die Methoden der neuen statistischen Wissenschaft eine gute Verbindung eingehen.

Der Statthalter Franz Ludwig Graf von Holnstein

Im Jahre 1732 wurde die Statthalterschaft der Oberpfalz dem Franz Ludwig Graf von Holnstein erblich verliehen, ohne daß dieser sofort nach Amberg gekommen wäre. Aus der Urkunde erfahren wir auch die recht hohe Dotierung des Statthalterpostens. Dort heißt es: „Und wie die Ordinari Stathalter Besoldung in Viertausend Gulden und für die Naturalien zu Geld geschlagen, in Fünfhundert Gulden jährlicher bestehen.“ Das Gehalt bestand demnach aus 4.000 Gulden sowie kapitalisierten Naturalleistungen im Wert von weiteren 500 Gulden.

Franz Ludwig Graf von Holnstein war ein am 4. Oktober 1723 unehelich geborener Sohn des bayerischen Kurfürsten Karl Albrecht, des späteren Kaisers Karl VII., und der Carlotta von Ingenheim. Zu seinem fünften Geburtstag erklärte der Kurfürst, „daß Ludwig Graf von Hollnstein aus Bayern nit allein unser natürlicher erkannter, und legitimierter Sohn seye, sondern eine adelich gebohrene Dame zur Mutter gehabt habe.“ Gleichzeitig mit der Legitimation verlieh Karl Albrecht seinem Sohn das wittelsbachische Hauswappen, allerdings mit einem sogenannten „Bastardbalken“ belegt. Holnstein erhielt in der Ritterakademie Ettal in den Jahren 1728 bis 1738 eine hervorragende Ausbildung. Nach deren Abschluß widmete Holnstein sich dem Militärdienst. Er nahm am Österreichischen Erbfolgekrieg und am Siebenjährigen Krieg teil und wurde schließlich Kommandeur eines neu errichteten, später nach ihm benannten Infanterieregiments. 1760 quittierte er den Militärdienst im Range eines Generalleutnants. Vier Jahre zuvor, 1756, hatte sich Holnstein mit seiner Cousine vermählt, der ebenfalls unehelich geborenen Tochter des Kurfürsten und Erzbischofs von Köln, Clemens August, und der Harfen- und Gitarrenspielerin Mechtild Brion. Wie Holnstein wurde auch sie geadelt und zur Comtesse von Löwenfeld erhoben.

Nach dem Ausscheiden aus dem Militärdienst, 1760, kam Holnstein endgültig in die Oberpfalz, mit deren „Statthalterei" er bereits 1732 belehnt worden war. Diese hatte in den Jahren 1746 bis 1760 ausschließlich in den Händen des Vizestatthalters Joseph Klement Graf Topor von Morawitzky gelegen, der sich auch in der Folgezeit das Heft nur ungern aus der Hand nehmen ließ. Während sich Morawitzky in Amberg eine eigene „Stadtresidenz", das Morawitzky-Palais am Hallplatz errichtete, setzte Holnstein den schon in der ersten Hälfte des 18. Jahrhunderts begonnenen Um- und Ausbau des Amberger Schlosses fort. Hier entstand im ersten Obergeschoß die Wohnung des Statthalters. Farbige Tapeten an den Wänden gaben den verschiedenen Räumen ihre Namen, so entstand das „blaue" und das „gelbe" Zimmer. 1766 gab Holnstein den Auftrag zum Einbau einer Kapelle, die unmittelbar an sein Tafelzimmer angrenzte. Die bisherige Kapelle, mit deren Sanierung man zu Beginn des 18. Jahrhunderts begonnen hatte, verschwand 1768, als Holnstein zur Erweiterung des Gartens den Flügel des Schlosses abbrechen ließ, in dem sich diese befunden hatte. Der Einbau der neuen Kapelle erfolgte aus eigenen Mitteln des Statthalters. Deshalb überliefern die erhalten gebliebenen Rechnungsbände aus dem staatlichen Bereich keine Namen der beteiligten Künstler und Handwerker. Die Kapelle war der Jungfrau Maria geweiht. Das Altarbild zeigt Mariä Verkündigung, die Gemälde an den Wänden Szenen aus dem Leben Jesu. Holnstein hatte die Statthalterei der Oberpfalz bis zu seinem Tod, 1780, inne, die dann an seinen Sohn Maximilian überging.

Das Morawitzky-Palais

Joseph Klement Topor von Morawitzky, der nachmalige Vizestatthalter der Oberpfalz, entstammte einem alten polnischen Geschlecht, das sich während des 18. Jahrhunderts in Bayern ansiedelte. Sein Vater, Theodor Heinrich Topor Freiherr von Morawitzky, hatte aufgrund seiner militärischen Leistungen 1718 von Kurfürst Max Emanuel die bayerische Edelmannsfreiheit (Aufnahme in den bayerischen Adel) verliehen bekommen, Kaiser Karl VII. ernannte ihn und seinen Sohn 1742 zu Reichsgrafen.

Anders als sein Vater entschied sich der am 20. Juli 1711 geborene Joseph Klement für den bayerischen Verwaltungsdienst. Unter Kurfürst Karl Albrecht, dem späteren Kaiser Karl VII., wurde Joseph Klement 1734 zum „wirklichen" Hofrat ernannt. Am 15. März 1736 wurde Joseph Klement Topor von Morawitzky, Herr auf Teuczin, Rudnitz, Moosen und Arnstorf, zum Pfleger des Pfleggerichts Auerburg, das zum Rentamt München gehörte. Als Vizestatthalter begleitete er zehn Jahre später, 1746, den Erbstatthalter Franz Ludwig von Holnstein in die Oberpfalz. Da von Holnstein bis 1760 – wie bereits erwähnt – im Militärdienst blieb, lag die Führung der Statthalterei bei seinem Stellvertreter, Morawitzky, sowie beim jeweiligen Regierungskanzler. Das Wirken Morawitzkys honorierte Kurfürst Max III. Joseph, indem er den Vizestatthalter 1751 zum „wirklichen geheimen Rat" ernannte. Morawitzky starb am 19. Dezember 1787 in Amberg, wo er in der Laurentiuskapelle der St. Martinskirche seine letzte Ruhestätte fand. Nur drei Monate nach Joseph Klement verschied seine Gemahlin Maria Elisabeth Felicitas, eine geborene Gräfin von Rechberg, die an der Seite ihres Gemahls beigesetzt wurde. Nach ihrem Tod schuf der Amberger Bildhauer Friedrich Wagner für beide Ehegatten ein Epitaph in die Laurentiuskapelle.

Neben diesem Grabstein in der St. Martinskirche erinnert heute noch das nach Morawitzky benannte Palais an den großen bayerischen Beamten. Den herausragenden Rang dieses Gebäudes würdigte bereits die zeitgenössische, 1783 im Druck erschiene Chronik Kaspar von Wiltmaisters: „Gleich neben dem (gemeint ist das heute als Hallplatz 2 bezeichnete „Mautamtsgebäude") ist die Sr. Exzellenz Herrn Vicestaathalter Grafen Topor von Morawitzky eigenthumliche sehr grosse Behausung fast einer kleinen Residenz ähnlich und ansehnlich, indem solche nur vorwärts in den 3 Gaden 32 grosse Fensterstöck hat, folglich daraus zu schlüßen, daß es ein ungemein herrliches Gebäude seye, welches mit untern Gewölben, dann mit vielen sehr grossen und kleineren Zimmern, wie auch sonderbar mit einer kostbar eingerichteten grossen Kapelle, und Oratorium, worinn mit gnädigster Ordinariat-Lizenz die H. Meß kann gelesen werden, versehen ist; so hat es auch einen grossen Hofraith, Stallungen und Wagen-Remis in sich." Während im letzten Drittel des 18. Jahrhunderts das Anwesen „Hallplatz 2" als Amtsgebäude fungierte, wo auch der zuständige Beamte wohnte, läßt sich das Anwesen „Hallplatz 4" als Palais bezeichnen, in dem der Vizestatthalter der Oberpfalz, Joseph Klement Graf Topor von Morawitzky, standesgemäß „residierte".

Hatte es Joseph Klement schon zu großem Ansehen gebracht, so sollte er darin von seinem am 21. September 1735 geborenen Sohn, der wie der Großvater auf den Namen Theodor Heinrich getauft wurde, noch übertroffen werden. Der jüngere Theodor Heinrich wurde nicht nur erster Präsident der Oberlandesregierung, sondern auch Minister unter Kurfürst Max IV. Joseph, dem späteren König Max I. Seine Kindheit und Jugend verlebte Theodor Heinrich in Amberg, wo er Gymnasium und Lyzeum, eine Art Hochschule, an der vor allem Philosophie und Theologie gelehrt wurde, besuchte.

Nach dem Abschluß der Sanierungsarbeiten erstrahlt heute mit dem Morawitzky-Palais eines der attraktivsten städtebaulichen Ensembles Ambergs in neuem Glanz. Es ist aber nicht nur ein wesentlicher Mosaikstein im Gesamtbild Ambergs, sondern auch ein Stück „Begegnung zwischen Vergangenheit und Gegenwart".

Adeliges Gesellschaftstheater (1793)

Dem „Adeligen Gesellschaftstheater", das 1793 in Amberg gegründet wurde, gehörten, wie der Name bereits unterstreicht, ausschließlich adelige „Standespersonen" an. Einen guten Einblick in Zusammensetzung und Programm der „Truppe" gibt eine zeitgenössische Beschreibung.

Dem „Adeligen Gesellschaftstheater" standen die Reichsgräfin von Holnstein, der Regierungsrat Freiherr von Egkher und Hauptmann Karl Freiherr von Lütgendorf als „Direktion" vor, wobei sich letzterer auch als „Theaterdichter" betätigte. Nach der „Direktion" nennt die Beschreibung die „Akteurs", die Schauspieler, wobei auch bei deren Vorstellung nicht mit Kritik gespart wurde. So heißt es beispielsweise von Hofkammerrat von Destouches: „spielt Chavaliers, Stutzer, Buffos, komische Bediente, Karrikaturrollen. Im komischen Fach hat er wirkliches Verdienst und wird es zuverlässig weit in dieser Kunst bringen, wenn er die Grille fahren läßt, in Hauptrollen im Tragischen sich zu zeigen." Während Kammerrat Pirkel auf „gesetzte Rollen" abonniert war, spielte Sekretär Rosner „Helden, Liebhaber, Verräter in Trauer- und Lustspielen, auch komische Alte, Wirte, Bauern".

Ein ähnlich differenziertes Bild gibt die Beschreibung auch von den „Aktrizen", den weiblichen Darstellern. So war Marianne von Egkher als „erste Liebhaberin im Lustspiel, zweite Liebhaberin im Trauerspiel" und als „naives Mädchen" zu bewundern. Die Freifrau von Gise gab „zärtliche, alte Mütter, Königinnen, zänkische und gemeine Weiber, auch gesetzte Liebhaberinnen im Lust- und Trauerspiel".

Ursprünglich hatte die Gesellschaft geplant, alle vierzehn Tage eine Vorstellung zu geben; dieses Vorhaben ließ sich jedoch nicht realisieren. Die erste Aufführung erfolgte am 25. Januar 1793 mit dem „Galeriegemälde", einem heute vollkommen in Vergessenheit geratenen Stück. Die Beschreibung bemerkt dazu ganz lapidar: „hat gefallen". Dies galt freilich nicht für alle Stücke. „Der Eheprocurator" beispielsweise „hat nicht gefallen", „Albert von Thurneisen" – so die Beschreibung – „mißfiel beinahe ganz". Eines der wenigen Stücke, die sich auch auf modernen Spielplänen noch finden lassen, war Friedrich von Schillers „ Kabale und Liebe", dessen Aufführung durch ein „adeliges" Gesellschaftstheater am Ausgang des 18. Jahrhunderts einigermaßen überrascht. Die für Sonntag, den 13. Juli 1793, geplante Premiere mußte um eine Woche verschoben werden. Als Grund nennt der Chronist, daß „man aber den Freitag vorher Trauerspiels genug an der schrecklichen Feuersbrunst in Amberg hatte", bei der im Zeitraum von zwei Stunden 18 Häuser in Schutt und Asche gelegt wurden.

Der Besuch der Aufführungen dieses „Adeligen Gesellschaftstheaters" war in der ersten Hälfte des Jahres 1793 unentgeltlich gewesen; erst im zweiten Halbjahr entschied man sich, „zum Besten der Armen zu spielen". Im ersten Jahr bot es sich dabei an, die Opfer der Brandkatastrophe finanziell zu unterstützen.

Insgesamt erfreute sich dieses „Adelige Gesellschaftstheater" regen Zuspruchs der Bevölkerung. Die spielerische Qualität dieser „Liebhaber-Gesellschaft" bezeichnete der Chronist als „ausgezeichnet schön". Abschließend schreibt er aber: „Für unseren Wunsch bleibt nichts übrig, als daß einige der Herren und Damen sich des oberpfälzischen und dann bayerischen Dialekts entwöhnen möchten, und dann können wir jedes, auch das beste Theater das sich bei uns meldet, entbehren."

Der „Amberger Maskenkrieg"

Die Ursache des „Amberger Maskenkriegs" im 18. Jahrhundert lag in den unterschiedlichen Kleiderordnungen für Standespersonen und „normal Sterbliche", die auch im Nichttragen bzw. Tragen von Masken ihre Fortsetzung fanden. Äußerer Auslöser dieser Diskussion, die sich über Jahre hinziehen sollte, war die Einladung zu einer Faschingsredoute durch Lorenz Niedermayer, den Wirt der Amberger Trinkstube. Die Einladung für den 31. Januar 1759 erschien gedruckt und wurde in Form von Handzetteln verteilt, auf denen zu lesen war, daß zu der Redoute „Jedermann von Distinction masquirt oder unmasquirt nach Belieben erscheinen kann". Die verwendete Formulierung „von Distinction" war dabei – bewußt oder unbewußt – uneindeutig. Bezog sie sich nun auf sogenannte „Standespersonen", oder meinte sie ganz allgemein Personen von Rang und Ehre?

Mit der an und für sich harmlos klingenden Einladung war der Stein des Anstosses gelegt. Die Amberger Regierung vertrat nun die strikte Auffassung, daß bei Faschingsveranstaltungen grundsätzlich alle Teilnehmer Maske und Visier zu tragen hätten. Dagegen verwahrten sich vor allem die zumeist adeligen Offiziere, die das Tragen von Masken als unter ihrer Würde erachteten. Daraufhin entschied die Amberger Regierung, daß die „adelichen und siegelmäßigen Personen" maskiert oder unmaskiert, alle übrigen aber nur maskiert erscheinen dürften. Mit dieser Entscheidung fühlte sich das Amberger Bürgertum brüskiert.

1786 schrieb die Amberger Regierung ihre bisherige Auffassung erneut fest. In einem Patent vom 8. Februar 1786 heißt es, daß man „sehr mißfällig habe wahrnehmen müssen, daß zeithero ohngeachtet allen ernstlichen Verbots auf den Redouten die nicht siegelmäßigen Personen ohn alle Scheuch, wenn sie auch mit noch so schmutzigen und unanständigen Maskerkleidungen angetan waren, in dem Saal ihre Visir abgelegt haben; wodurch lautes Murren deren Stands-Personen und Mißvergnügen von seiten derjenigen unsiegelmäßigen, denen das Visir vors Gesicht zu nehmen bedeutet wurde, entstunde." Trotz des Verbots hatten sich auf den Bällen auch „gewöhnlich Sterbliche" demaskiert, was zum Widerspruch seitens des Adels und der „siegelmäßigen" Ballgäste geführt hatte. Deshalb schrieb die Regierung das Tragen wenigstens eines „ganz kleinen Visir

vor dem Gesicht in einer Nase oder zwey Augen bestehend" erneut verpflichtend vor. Gleichzeitig wurde angeordnet, daß in jedem Redoutensaal ein Offizier Wache halten sollte, der jeden des Saales zu verweisen hatte, der sich im Saal demaskierte.

Im Fasching des Jahres 1787 verstärkte sich der Trend zum Maskentragen noch mehr. In der ersten „Maskenkonferenz", die zur Erörterung dieser schwierigen Frage abgehalten wurde, erging der Beschluß, das Tragen der Masken für alle verbindlich zu machen. Dagegen liefen jetzt die Amberger Wirte Sturm. Sie befürchteten ein Ausbleiben ihrer Gäste, vor allem des Adels. Deshalb wurde auf einer zweiten „Maskenkonferenz" die Verpflichtung zum Maskentragen dahingehend gelockert, daß Standespersonen ohne Maske zu den Redouten erscheinen durften. Wollten sie sich aber am Tanz beteiligen, so hatten auch sie ein Visier anzulegen.

Während mit diesem Kompromiß ein Ende des „Maskenkriegs" erreicht worden war, sah sich die Regierung plötzlich mit dem umgekehrten Problem konfrontiert. In den Faschingstagen tauchten auch in anderen Wirtshäusern, in denen keine Redouten stattfanden, immer mehr Maskierte auf. Wollte man auf den Redouten nur Maskierte dulden, so waren sie in allen anderen Wirtshäusern unerwünscht. Doch gegen diese Form der Maskierung schien das Vorgehen der Regierung aussichtslos.

Winter in Amberg

Der erste strenge Winter, der sich schriftlich nachweisen läßt, war der des Jahres 1571. Nach der Chronik Johann Kaspar von Wiltmaisters war dieser so grausam, „daß alle schifreiche Wässer in Teutschland ganz überfrohren sind, daß man ohne Gefahr darüber gehen und fahren können, und ist ein unsäglicher tiefer Schnee gefallen; ...Vieh und

Menschen sind in dieser Kälte erfrohren und im Schnee geblieben."

Die Winter 1684 und 1709 waren extrem kräftig und kalt gewesen, doch sollte der des Jahres 1739/40 „entstandene Winter" – wie Wiltmaister schreibt – „dieselben um 10 bis 12 Grad wegen der Stärke sowohl als angehaltenen Länge übertroffen haben". Der Chronik nach kam es bereits Ende Oktober zu einem jähen Wintereinbruch. Die ungewöhnliche Kälte hielt bis Mitte Dezember an und wurde von einer so starken Erwärmung abgelöst, „daß" – wie Wiltmaister berichtet – „allenthalben die Hollerstauden und Frühblümlein herfür zu sprossen und zu blühen begunten". Dieser Wärmeeinbruch war aber nur ein kurzes Zwischenspiel. „Am St. Stephanstag hingegen entstunde abermal ein solch eindringende Kälte, und hierauf so vieler Schnee, daß die reisenden Leute, die Pferde am Wagen, das Vieh in Ställen, die Vögl in der Luft erfrohren und herabgefallen sind." Dieser Winter zeichnete sich nicht nur durch die extreme Kälte, sondern auch durch seine lange Dauer aus. Erst am 16. Mai 1740 brach sich die Kälte. Wie nicht anders zu erwarten, waren die Ernteschäden beträchtlich, deshalb zog dieser Winter auch eine starke Teuerungswelle im Bereich der Nahrungsmittel nach sich.

Schneereich und extrem kalt war auch der am Neujahrstag des Jahres 1755 so richtig einsetzende Winter. Donau und Vils waren vollständig zugefroren. Als Besonderheit vermerkt Wiltmaister, daß die ungeheure Menge Schnee in der Karwoche binnen dreier Tage schmolz, ohne daß es zu einem größeren Hochwasser gekommen wäre. Erfreulich war 1755 zudem, daß – nach Wiltmaister – „ein so warmer und schöner April darauf erfolget, daß er dem Monat Junii und Julii gleichte". Dafür waren die Nachtfröste Mitte Mai so stark, daß ihnen nahezu die gesamte Obsternte des Jahres zum Opfer fiel.

Auch in späterer Zeit gab es immer wieder Winter mit großer Kälte. So fiel beispielsweise in den Jahren 1929 und 1963 die Quecksilbersäule deutlich unter minus 30 Grad.

Ein völlig anderes Extrem stellt der „sagenhafte" Winter

des Jahres 1289 dar. Wiltmaister schreibt: „Wasmassen ein so warmer Winter war, daß um Weyhnachten die Bäume in Gärten allenthalben nicht nur ausgeschlagen, sondern auch zu blühen angefangen, als wäre es nach Ostern. Es schlugen auch die Rosen aus, und wußte also niemand von einem Winter zu sagen."

Das Hochwasser von 1784

Das schlimmste Hochwasser, von dem Amberg bisher betroffen wurde, ereignete sich Ende Februar des Jahres 1784. Bis heute erinnert ein Gedenkstein an der Außenmauer des Stadtarchivs im Bereich der Schiffgasse an die damalige Katastrophe. Diese hat jedoch auch schriftlichen Niederschlag gefunden: Zum einen berichtet Johann Baptist Schenkl über diese Ereignisse, zum anderen existieren zwei Briefe, die Besucher der Stadt Amberg jeweils am 29. Februar 1784 abfaßten. Eine weitere Quelle dieser Ereignisse ist der ausführliche Bericht, den der Guardian des damaligen Franziskanerklosters an seine Ordensoberen in München sandte. Dieser wurde im Zusammenhang mit dem Hochwasser von 1909 in der „Amberger Volkszeitung" vom 8. Februar abgedruckt.

Grund für das gewaltige Ansteigen des Wassers 1784 waren – wie so oft – starke Schneefälle im Januar und plötzlich einsetzendes Tau- und Regenwetter Ende Februar.

Das gesamte Ausmaß des Hochwassers schildert der erste Brief: „Der gestrige Tag war für Amberg ein Tag des Schreckens, dessen ich mich niemals ohne Schauder erinnern können werde. In der Nacht vom 27. auf den 28. Februar schwoll der Vilsstrom so außerordentlich auf, daß er in kurzer Zeit zwei Dritteile der Stadt unter Wasser setzte und so sehr seine Flut ausbreitete, als seit Erbauung dieser Stadt noch niemals geschehen ist. Es war ein schreckliches Schauspiel, das Rathaus, das Kurfürstliche Regierungsgebäude, ... die Pfarrkirche usw. unter Wasser zu sehen. In der St. Georgengasse, vom Roßmarkte an bis an die oberen Fleischbänke auf der sogenannten Warth, war alles der Länge, und vom Vilstor bis an das Kurfürstliche Statthalter-Schloß war alles der Breite nach einem See gleich ... ." Dadurch kam fast das ganze innerstädtische Leben zum Erliegen, wie auch aus dem zweiten Brief deutlich wird: „Nach dieser so weit ausgebreiteten Länge der Flut wurden auch die dies- und jenseits gelegenen Häuser und Gassen vom Wasser größtenteils eingeschlossen, sohin alle Kommunikation der oberen mit der unteren Stadt gesperrt, so daß man am Sonntag die oberen Stadttore nicht einmal öffnen konnte, weil die Torschlüssel nicht zu bekommen waren. Nur der einzige Einlaß beim Wingershofer Tor konnte aufgemacht werden, weil der Schlüssel hierzu auf der dasigen Wache bleibt."

So rasch die Flut gestiegen war, fiel sie auch wieder. Der Schreiber des zweiten Briefes berichtete: „Dem Höchsten sei unendlich Dank, daß am 28. morgens es wiederum heiter geworden, außerdem, wenn der vornächtige Regen länger andauert und aller Schnee unter Wasser gesetzt worden wäre. Wir befürchten also nochmals einen nicht viel geringeren Austritt der Vils, wenn der Waldschnee mit Gewalt schmelzen sollte." Doch erst jetzt wurde der gewaltige Schaden sichtbar. Der Guardian des Franziskanerklosters schrieb: „Die Brücke außerhalb der Stadt wie auch obere und untere Mühlbrücken wurden von andrängendem Eis und Holz gänzlich abgerissen." Starke Beschädigungen wiesen aber auch Kram-, Schul- und Schiffbrücke auf. Der Gesamtschaden für die Stadtkammer belief sich dieser Aufzeichnung zufolge auf 30000 Gulden. Im einzelnen erwähnt der Bericht folgende Schäden: „Ferners wurden in der Pfarrkirche – gemeint ist St. Martin – alle Kirchenstühle von der Gewalt des Wassers unter sich und über sich gekehrt, das Pflaster meistenteils aufgerissen, auch einige Totengräber geöffnet. In den kurfürstlichen Salzstädeln sind etlich 1000 Salzscheiben im Wasser zerschmolzen."

Nach dem Bericht des Guardians des Franziskanerklosters waren aber auch das Regierungsgebäude und die

Apotheke der Salesianerinnen stark in Mitleidenschaft gezogen. Groß waren aber auch die Schäden im Franziskanerkloster selbst, das natürlich vorrangig im Interesse des berichtenden Guardians stand. Dort wurden alle unteren Gewölbe, Keller und die beiden Grüfte vollkommen unter Wasser gesetzt. Obgleich Kirche und Refektorium nicht unmittelbar vom Wasser betroffen waren, senkten sich in diesem Bereich die Fußböden ab. Von Schäden im Bereich privater Häuser und Wohnungen geht aus diesem Schriftstück nichts hervor. Das Hochwasser forderte ein Menschenleben. Ein siebenjähriges Kind fiel von einer Stiege ins Wasser und wurde von den Fluten mitgerissen. Den Namen dieses Opfers überliefert der zweite Brief, in dem es heißt: „Bei diesem so großen Unglück, welches die Stadt nächtlicher Zeit und da noch viele in dem ersten Schlaf waren, ganz unvermutet überfiel, ging nur ein einziges Kind zu Grund, welches dem Mahler H. Schönbört angehörte und ertrunken ist."

Hinrichtung eines dreizehnjährigen Brandstifters (1787)

Im Gegensatz zur Rechtsprechung unserer Tage kannte die Justiz des Mittelalters und der frühen Neuzeit noch keine altersabhängige Strafmündigkeit oder gar ein Jugendstrafrecht. Für das Strafmaß spielte auch die Frage nach den Motiven des Täters keine Rolle. Strafrechtlich gewürdigt wurde nur die begangene Tat. Als unverzichtbar galt deshalb das Geständnis des Täters, zu dem man durch „gütliche" oder „peinliche" (unter Folter) Befragung gelangte.

Ein besonders krasses Beispiel für diese Rechtsauffassung stellt die Hinrichtung eines dreizehnjährigen Knaben am 28. November 1787 in Amberg dar. Das „wohlverdiente Todes-Urtheil", das auf Befehl der kurfürstlichen Regierung im Druck erschien, überliefert die Hintergründe. Dem dreizehnjährigen Leopold Löw, dem Sohn des Kohlenbrenners Georg Löw von Axtheid bei Vilseck, war vor dem „hochpeinlichen Hals- und Blutgericht“ in Amberg der Prozeß wegen schwerer Brandstiftung gemacht worden.

Im Alter von vier Jahren hatte Leopold Löw die Mutter verloren, zum Zeitpunkt der ersten Tat stand der Dreizehnjährige bereits im Dienst des Bauern Martin Finsterer aus Großschönbrunn, auf dessen Hof Leopold Löw das erste Feuer legte. In den „gütlichen“ Verhören gestand Löw, am 9. Juni 1787, auf dem Herd in der Küche einen Schwamm zum Glühen und anschließend in das Stroh auf dem Boden des Stadels gebracht zu haben. Den zweiten Brand, den er einer Magd vorhersagte, legte er am Fronleichnamstag, dem 14. Juni 1787. Mit einem „Feuer-Eisen“ entzündete er einen Schwamm und steckte diesen in das zuvor zusammengeraffte Stroh. Dabei brannte der Stadel des Jakob Mayer ab. Nur wenige Tage später, am 21. Juni 1787, schlug der junge „Feuerteufel“ wieder zu. Nach gleichem Muster brannte es auf dem Anwesen des Erl-Bauern.

Der „eidlichen Schätzung“ zufolge entstand durch das „dreymalige Feueranlegen“ ein Schaden von 23400 Gulden. Die Höhe dieser Summe wird deutlich, wenn man sie mit der Jahresbesoldung eines kurfürstlichen Beamten vergleicht, die zu dieser Zeit zirka 500 Gulden betrug. Leopold Löw wurde wahrscheinlich noch am Tage seiner dritten Brandstiftung festgenommen, da er bereits am Freitag, dem 22. Juni 1787 nach Amberg „in gefängliche Verwahrung gebracht“ wurde.

Nach der „kurpfalzbayerischen Malefiz-Prozeß-Ordnung“ wurde schwere Brandstiftung mit dem Tod geahndet. Offensichtlich war sich das Hochgericht in Amberg nicht ganz sicher, ob man einen Dreizehnjährigen hinrichten sollte. Jedenfalls holte man die Bestätigung des Urteils durch die „Höchste Stelle in München“, den Hofrat, ein. Im Urteil wird auf die Frage des Alters noch einmal Bezug genommen: „daß gegenwärtiger erzboßhafter Missetäter Leopold Löw, bey welchem das Allter durch die Boßheit ersetzt wird ... .“

Das Urteil erging am 28. November 1787, die Ausführung durch den Scharfrichter erfolgte noch am gleichen Tag. Dazu heißt es auf der Titelseite des bereits erwähnten Drucks: „Und dann Samstag den 28. November 1787 mit dem Schwerdt vom Leben zum Tod gebracht worden. Dessen Körper und Kopf aber auf einen Scheiterhaufen beym Galgen zu Staub und Aschen ist verbrannt worden."

Die Amberger Rumford-Suppenanstalt

Zu den vielseitigsten Persönlichkeiten, die das Bayern des ausgehenden 18. und beginnenden 19. Jahrhunderts prägten, gehört zweifellos Graf von Rumford, der als Benjamin Thompson am 26. März 1753 in Woburn/Massachusetts das Licht der Welt erblickte. Nachdem er bereits im Amerikanischen Unabhängigkeitskrieg auf der Seite Englands gekämpft hatte, wirkte er von 1776 bis 1782 in englischen Staatsdiensten. 1784 trat er als Oberst in kurbayerische Dienste, 1787 wurde er kurbayerischer „Geheimer Rat". Mit seinem Namen verbindet sich in Bayern nicht nur die Modernisierung der bayerischen Armee, die Anlage des Englischen Gartens in München, sondern auch die Errichtung von vielen Schulen, Armen- und öffentlichen Speisehäusern. Aufgrund seiner zahlreichen Verdienste wurde er 1792 in den Reichsgrafenstand erhoben. 1798 wandte sich Rumford nach England, seit 1803 lebte er in Frankreich, ohne je wieder nach Bayern zurückzukehren. Am 28. August 1814 starb er in Auteuil bei Paris, wo er auch begraben wurde.

Bei der Armenspeisung setzte Rumford vor allem auf die Kartoffel als Nahrungsmittel für breite Bevölkerungsschichten, die sich trotz der sehr schlechten Ernährungslage nicht gerade größter Beliebtheit erfreute. Deshalb ließ Graf Rumford die Kartoffel zu der nach ihm benannten Suppe verarbeiten und an Arme ausgeben.

Wie der Chronist Schenkl berichtet, war auch im Amberg des frühen 19. Jahrhunderts die Ernährungslage weiter Kreise der Bevölkerung nicht gerade rosig: „Es ist allgemein bekannt, daß die gewöhnliche Nahrung der Armen ... äußerst schlecht sey. Wasser- oder Biersuppen mit Brod angestopft, ein zum zweyten Mal zum Genuß verwendeter abgelaugter Koffeesatz, trockenes, meistens frisch gebackenes Brot u. dgl. sind die vorzüglichsten Nahrungsmittel, die ... zum täglichen Lebensunterhalt verwendet werden."

Vor diesem Hintergrund entschloß sich Landesdirektionsrat Freiherr von Massenbach nicht nur zur Einführung der Rumfordsuppe in Amberg, sondern auch zur Errichtung einer sogenannten „Rumfordischen Suppenanstalt", in der die Armen verköstigt werden konnten. Als Örtlichkeit dienten Räume im ehemaligen Salesianerinnenkloster, das seit der zu Beginn des Jahrhunderts durchgeführten Säkularisation leer stand.

Die „Suppenanstalt" bestand zwischen 1805 und 1815. Beachtlich waren die Zahlen der ausgegebenen Portionen. So konnten jährlich fast 7000 Suppen verabreicht werden. Ihre segensreiche Tätigkeit fand durch den Brand vom 2. Juni 1815 ein abruptes Ende.

Das Rezept der Suppe findet sich ebenfalls in der Chronik Schenkls. Die gegebenen Angaben verstehen sich für 45 Personen: „An jedem Abend wird in jedem Kessel gerollte Gerste 2 Maaß und Erbsen 2 Maaß geschüttet, die über Nacht in frischem Wasser weich werden. Am anderen Morgen um 6 Uhr wird geheizet, doch so, daß das Feuer immer sehr langsam und mässig brennet. Nach acht Uhr kömmt ein Metzen geschälte und in kleine Würfel geschnittene oder zerdrückte Erdäpfel dazu, und um einige Kreuzer grünes Zeug. Um 10 Uhr wird eine Gallerte von einem Pfund Knochen beygegeben, und eine Viertelstunde später eine Maaß Weinessig, und ein Seidel Salz dazu gemischt. Um eilf Uhr ist die Suppe fertig, und wird in kleinen reinlichen Schüsseln, worin gewürfeltes Brod gelegt ist, angerichtet."

Reisen mit der Postkutsche

Das Verkehrsmittel des „Normal-Sterblichen", der nicht selbst über einen eigenen Marstall von Kutschen und Pferden verfügte, war die regelmäßig verkehrende Postkutsche. Auf einem systematisch aufgebauten Poststraßennetz verkehrten die Linien der verschiedenen Wägen, die zur Rast und zum Wechsel der Pferde auf die verschiedenen Poststationen angewiesen waren.

Wie aus der Chronik des Joseph von Destouches hervorgeht, wurde Amberg zu Beginn des 19. Jahrhunderts von drei Poststraßen „durchkreuzt": Die erste war die von Regensburg nach Nürnberg, die zweite von Prag nach Nürnberg, die sich – wie Destouches schreibt – „eine Stunde vor der Stadt von Schwarzenfeld her, im Freihölser Forst mit der Regensburger vereinigt" und schließlich die Straße nach Bayreuth, „von welcher zu Hahnbach, zwei Stunden rückwärts Amberg, rechts weg bergan die Straße nach Eger sich ablenkt".

Diese Poststraßen dienten nicht nur den reitenden Boten für den Transport von Postsendungen, auf ihnen waren auch die Postwägen unterwegs. Vier verschiedene Linien trafen beim Postamt Amberg ein und gingen von hier ab. In der Nacht von Montag auf Dienstag kamen wöchentlich zwei Postwägen in Amberg an, zum einen die Kutsche, die von Dresden über Leipzig, Hof, Bayreuth und Hahnbach nach Amberg fuhr, zum anderen der von Köln über Frankfurt, Aschaffenburg, Nürnberg und Sulzbach verkehrende Postwagen. Ebenfalls am Montag abends um neun Uhr – wenngleich nur in 14tägigem Rhythmus – traf der Postwagen ein, der die Strecke Wien, Linz, Passau, München, Landshut, Straubing, Regensburg und Schwandorf bediente. Die Streckenführung dieser Postwägen nahm nicht immer den direkten und somit kürzesten Kurs, sondern suchte eine Vielzahl von Orten zu bedienen. Die vierte Linie brachte Reisende von Breslau über Ollmütz, Prag, Pilsen, Waldmünchen und Schwarzenfeld nach Amberg.

Die Amberger mußten früh aufstehen, wenn sie auf Reisen gehen wollten. Die Postwägen nach Bayreuth bzw. Nürnberg fuhren am Dienstag morgen um drei Uhr ab, die nach Regensburg-Landshut-München sowie nach Prag verließen am Montag um vier Uhr Amberg.

Mit dem Verlassen der Vils-Stadt begann für die Amberger eine strapaziöse Fahrt. Eingepfercht saßen die Reisenden stundenlang auf engstem Raum beieinander. Den Widrigkeiten der Witterung, im Winter der Kälte, im Sommer der Hitze und den schlechten Straßenverhältnissen ausgesetzt, erreichten sie kräftig durchgeschüttelt das Ziel ihrer Fahrt. Trotzdem verhalf die Postkutsche dem Menschen der damaligen Zeit, der allenfalls Spaziergänge in die nähere Umgebung unternehmen konnte, zu einer bisher nicht gekannten Mobilität.

Landpartien

Der Alltag vergangener Zeiten steht heute vielfach im Blickpunkt des historischen Interesses. Vielleicht spielt dabei auch ein Stück Sehnsucht nach einer scheinbar heilen Welt, wie sie sich zum Beispiel im „Biedermeier" präsentiert, eine nicht unbedeutende Rolle.

In diesen Bereich gehören auch die Landpartien der Amberger zu Beginn des 19. Jahrhunderts. Mit der Romantik, die nicht nur die Literatur an der Wende vom 18. zum 19. Jahrhundert prägte, setzte eine neue Begeisterung für die Natur und ihre Schönheit ein. So schreibt auch Joseph von Destouches in seiner „Statistischen Darstellung der Oberpfalz und ihrer Hauptstadt Amberg", die 1809 im Druck erschien, über die Vergnügungen der Amberger: „Im Sommer ist es die Natur selbst, die das reinste und süsseste Vergnügen gewährt, und Ambergs Lage stellt in einzelnen Parthien Scenen dar, wo der Naturfreund sich ihrer Anmuth und ihres romantischen Gemäldes mit ganzer Seele freuen kann." Einen wesentlichen Punkt der Freizeitgestaltung im Sommer bildeten sogenannte Landpartien, auf die man sich zu Fuß oder mit der Kutsche begab.

Es war nicht nur das Erlebnis „Natur", das die Bürger Ambergs außerhalb der Stadt suchten. Gaststätten warteten darauf, den müden Wanderer mit Essen und Trinken zu versorgen, daneben lockten Musik und Tanz. Destouches berichtet: „Ein Lieblingsort der Amberger war mit Recht die Neumühle, der Edelsitz an der Landstraße nach Hahnbach. Das Schloß bewohnt der städtische Förster, der die Gäste bewirtet. Es schließt drey geräumige Zimmer und einen Tanzsaal in sich, wo öfters getanzt wird. Da dieser Ort nur eine Viertel Meile von der Stadt entfernt ist, so wird ein Spaziergang dahin gar nicht ermüdend ... . Man wird daselbst sehr gut bedient, und diese gute Bedienung sowohl, als die angenehme Lage des Orts lockt viele Gäste ... ."

Das Gut Raigering war den Ambergern nach Neumühle das zweitliebste Ziel. Auch hier erwartete die Gäste ein Brau- und ein Wirtshaus. Destouches schreibt: „Da aber im Bräuhause, ausser einem kleinen Stübchen, kein Ort vorhanden ist, wo sich Gäste sammeln können, das Wirtshaus aber weder mit einem Garten noch mit Gastzimmern versehen ist, so lagern sich die Gäste meistens in dem nahe gelegenen Hain, den vor einigen Jahren die Offiziere der hiesigen Garnison mit Tischen und Rasenbänken besetzten."

Großer Beliebtheit erfreute sich aber auch das Dorf Siebeneichen. Daneben bestand noch das nahegelegenste Ziel, der Mariahilfberg, wo der Mesner – wie Destouches schreibt – die Gäste mit Wein, Bier und Kaffee versorgte. Hinzu kamen noch die Amberger Wirtshäuser. Destouches berichtet: „Die Sammlungsplätze des Vergnügens und der Erholung sind die Gärten und Gartenhäuser des Wirths von der Trinkstube und des Weingastgebs Hügel, wo auch an jedem Sonntag der milden Jahreszeiten ... getanzt wird, die Kellerplätze und Gebäude des Türkenwirthes, des Hirschenwirthes und einiger Becken, welche Gärten und Kellergebäude einen sehr angenehmen Überblick der Gegend von Amberg gewähren." Wie heute, wechselte auch damals das Interesse des Publikums an den verschiedenen Gaststätten von Saison zu Saison. Großen Zuspruchs zur Zeit des Chronisten erfreuten sich das Wirtshaus am Wingershof sowie der Privatgarten des Magistratsrats und Lederers Fleischmann an der Landstraße gegenüber der Dreifaltigkeitskirche.

Winterabende in der „guten alten Zeit"

Joseph von Destouches behandelt in seiner „Statistischen Darstellung der Oberpfalz und ihrer Hauptstadt Amberg", die 1809 in Sulzbach im Druck erschien, auch die Freizeitaktivitäten der Amberger im Winter: „Auch für die langen trüben Winterabende fehlt es in Amberg eben nicht an Gelegenheit zu einiger Entschädigung für die frohen heitern Stunden der mildern Jahreszeiten." Als erstes erwähnt der Verfasser die kulturellen Möglichkeiten: „Amberg besitzt seit dem Jahr 1803 ein ordentliches verhältnismässiges, niedliches Schauspielhaus." Von diesem erfahren wir, daß es am 12. Oktober 1803 zur Namensfeier des Kurfürsten mit Ifflands Schauspiel „Dienstpflicht" eröffnet wurde. Großer Beliebtheit erfreute sich offensichtlich auch die Oper. Von den Opernvorstellungen berichtet Destouches, daß sie „immer zahlreicher als jedes andere Spektakel, selbst mehr als die allbeliebten Ritterstücke besucht werden." Auf weniger Interesse bei den Ambergern stießen dagegen Konzerte, über die Destouches meint: „Auch Konzerte bleiben, wenn sie nicht zu oft kommen, oder nicht alltäglich und gewöhnlich sind, nicht unbesucht." Neben der Pflege der Musik trat die Literatur, deren Sammelbecken eine ebenfalls 1803 gegründete literarische Gesellschaft, die sich „Museum" nannte, werden sollte. Ziel war – wie Destouches schreibt – „das Fortschreiten literarischer Kenntnisse mit dem Geiste und den Bedürfnissen der Zeit."

Neben dieser „feinsinnigen" Unterhaltung eines gehobeneren Bürgertums gab es aber auch profanere Vergnügungen: „Der Tanz findet auch hier zahlreiche Freunde und Freundinnen. ... Unter den Tänzen ist dermalen der Deutsche der Lieblingstanz, mitunter wird auch Englisch getanzt, wenn sich Freunde des englischen Tanzes einfinden." Daneben fanden Spiele aller Art ihre Freunde: „Man kennt und treibt in Amberg allerley Spiele: Kartenspiele, Glücksspiele, kleine Spiele, Kunstspiele, wovon einige mit nützlichen Leibesübungen verbunden sind." Die meisten der Kartenspiele mit Ausnahme des „Tarrock" sind heute in Vergessenheit geraten. Gespielt wurden aber auch unschuldige Pfänderspiele: „Man versteckt Nadeln, läßt in einer Schnur, die mehrere Personen in einem Kreise halten, Ringe von Hand zu Hand laufen, läßt Rätsel lösen, charakterisiert und personifiziert Sprichwörter, ..."

Eine Besonderheit im Winter waren aber die Schlittenfahrten: „Die Amberger sind für das Schlittenfahren sehr eingenommen, welches Vergnügen die flachen Landstrassen nach mehreren benachbarten Orten, z.B. nach Hahnbach, nach dem neuen Wirtshause an der Sulzbacher Strasse ... sehr begünstigen. Meistens klingen die Schlittenrollen mit dem Geklatsche der Vorreiter in den Strassen der Stadt umher, um Schlitten oder Pferde, oder Geschirr, oder sich selbst zu produziren. Bey Nacht werden die Schlitten mit Fackellicht begleitet. Das Vergnügen dieser frierenden Spazierfahrten über Land schränkt sich meistens auf eine Tasse Kaffe oder Chokolade ein; bey der Schlittenfahrt in der Stadt ist es wohl die Fahrt selbst, und wohl auch die Gesellschaft, wofür man auch der rauhesten Witterung sich Preis giebt, wobey die Frauenzimmer mehrmal so leicht gekleidet sind, als trotzten sie dem Elemente, das alles, nur eine Dame nicht, in Stein verwandelt."

Mode Anno Dazumal

Mode ist nicht nur neu, sondern auch ein wichtiger Aspekt der Kulturgeschichte. Über die Kleidung der Amberger zu Beginn des 19. Jahrhunderts sind wir dank der „Statistischen Darstellung der Oberpfalz und ihrer Hauptstadt Amberg", die Joseph von Destouches 1809 verfaßte, sehr gut informiert. Bei der Kleidung zeigt sich, daß sie stets mehr war, als ein Gegenstand, der die Blöße bedekken oder vor Kälte schützen sollte. Sie war immer noch Ausdruck einer bestimmten Schichtzugehörigkeit. Dies wird auch dadurch unterstrichen, daß eine ganze Reihe von Berufen Uniform trug. Dies waren nach Destouches „die Staatsdiener, die Beamten aller Ämter, die Professoren und die Magistraturen". Dabei waren die Uniformträger bereits vom äußeren Erscheinungsbild her ihrer Dienststellung klar zuzuordnen. Destouches schreibt: „Die Unterscheidungszeichen sind die Farben der Aufschläge und Krägen, der Unterfutter, die Stickereyen, die Knöpfe; so tragen z.B. die Direktionsräthe ... dunkelblaue Kleider mit gleichen Aufschlägen und Krägen, die Hofgerichtsräte mit schwarz sammtnen Aufschlägen und Krägen, die Justizbeamten mit karmoisinrothem Tuche, die Rentbeamten mit Aufschlägen von dunkelblauem Tuche." Dazu trugen alle Beamten und Staatsdiener weiße Westen und Hosen.

Im Gegensatz dazu kleidete sich der Amberger Bürger – wie Destouches bemerkt – „willkürlich nach Vermögen und Umständen. Er kleidet sich einfach, und nicht so kostbar als ein Bürger von München, oder Landshut und Straubing." Zu seiner Festkleidung gehörte immer noch die Perücke, aber – wie Destouches schreibt – „letztere etwas schmäler, als vor zehn oder zwanzig Jahren". Das Tragen von Perücken zu Beginn des 19. Jahrhunderts wurde von den jungen Leuten entschieden abgelehnt. Die jungen Männer trugen das Haar borstig kurz geschnitten und ungepudert; eine Haartracht, die man als „Tituskopf" bezeichnete. Dazu kleideten sich die Amberger Dandys mit „langen

Beinkleidern bis über die Hüfte, kurzen Leibchen, und von einer halben Elle eine Art von Kleid, dessen Flügel über die Hüfte reichen.“ Dieses Ensemble fand seinen Abschluß in „einem runden Hütchen, und Bundschuhen oder Stiefelchen“.

Interessanter als die Herrenoberbekleidung war die Garderobe der Damen. Destouches stellt dazu einleitend fest: „Das Frauenzimmer kleidet sich nach Laune, Mode und Einfällen, wie allenthalben; doch sind die meisten des schönen Geschlechts darinn übereingekommen, im Sommer lange weiße Kleider über den ganzen Leib ohne Taille, und für den Winter lange Überröcke zu tragen. ...Weib und Mädchen wirft ein halbdutzend Röcke über sich, drängt sich in ein Korsett...; verpanzert sich den Leib und Busen mit sogenannten Miedern und doppelt und dreyfachen Halstüchern und flickt sich an die Bürgerhaube rückwärts eine breitgedrückte Masche, als wäre diese mit Leim an den Kopf geheftet.“

Auch die Damen verzichteten in der Regel bereits auf das Tragen von Perücken. Zumeist wurden die Haare zu einfachen Knoten geflochten und mit Kämmen geschmückt. Dazu trugen die Ambergerinnen entweder gestickte Schleier oder Strohhütchen im Sommer, oder „Hauben von Linon, Merlin, Atlas, Taffent mit und ohne Spitzen zur Winterszeit.“ Als besonders extravagant galt das Tragen der bereits bei den jungen Männern erwähnten „Tituskopfe“ für Frauen.

Damit kann man sich ein recht gutes Bild der über den Marktplatz flanierenden Amberger zu Beginn des 19. Jahrhunderts machen. Positiv bemerkt Destouches am Schluß: „Übrigens giebt nicht der Luxus und die Kleiderpracht grosser Städte, nicht die Schamlosigkeit der grossen Welt, aber auch nicht das Kostüm und der Pedantism von ... Krähwinkel den Zuschnitt und die Moden der Kleider in Amberg an.“

Alexander Graf von Platen-Hallermünde – ein „vergessener Amberger“

Während der Dichter August Graf von Platen-Hallermünde (1796–1835) neben seinem Protagonisten Heinrich Heine (1797–1856) zu den bedeutenden Gestalten der deutschen Literaturgeschichte gezählt wird, ist sein älterer Bruder, Alexander Graf von Platen-Hallermünde, fast völlig in Vergessenheit geraten. Ein schmaler Akt im Stadtarchiv bildet den Nachlaß des am 4. September 1784 in Ansbach geborenen Alexander Graf von Platen. Dieser Akt enthält fast ausschließlich seine Militärpapiere.

Alexander war der Sohn des Oberforstmeisters Philipp August Graf von Platen-Hallermünde und dessen Gemahlin Luise von Auritz. Die Familie stammte von Rügen und war durch den Vater Alexanders nach Ansbach gekommen. Nach dem Besuch der Forstschule zu Ansbach trat der junge Alexander 1802 in den preußischen Militärdienst ein, nachdem die Markgrafschaft Ansbach durch die Abdankung Markgraf Alexanders vom 2. Dezember 1791 an Preußen gekommen war. Für das hohe Ansehen der Familie Platens spricht es, daß der preußische König Friedrich Wilhelm III. in zwei eigenhändig unterzeichneten Schreiben dem Vater die Aufnahme Alexanders als Fähnrich versicherte. Nach seiner Ernennung zum Sekondeleutnant, also Unterleutnant, 1806 im Ansbacher Infanterieregiment, kam der junge Offizier sofort zum Fronteinsatz. Er war Teilnehmer am Krieg gegen Frankreich und geriet in Gefangenschaft. Aus dieser wurde er erst zwei Jahre später auf Intervention des bayerischen Kronprinzen Ludwig entlassen. Ansbach hatte erneut die Herrschaft gewechselt und war 1806 von Preußen an Bayern übergegangen; damit war Platen bayerischer Offizier geworden.

Im Gegensatz zu seinem jüngeren Bruder, dem Dichter, war Alexander ein sehr guter Offizier. Der erste bayerische

König, Max I. Joseph, ernannte ihn 1809 zum Oberleutnant im freiwilligen Jägerkorps. Wieder kam von Platen zum Einsatz, als Bayern mit militärischer Gewalt versuchte, den Aufstand in Tirol niederzuwerfen. Noch im gleichen Jahr erfolgte die Beförderung von Platens zum Hauptmann und seine Versetzung in das in Amberg stationierte 10. Infanterie-Regiment.

Die schwerste Zeit sollte für Alexander von Platen jedoch erst noch kommen. Das mit Frankreich verbündete Bayern mußte sich 1812 mit eigenen Truppen am Feldzug Napoleons gegen Rußland beteiligen. Von Platen wurde in der Schlacht bei Polozk an der Düna, in der das bayerische Kontingent fast 2000 Mann verlor, durch einen Schuß in den Oberschenkel schwer verwundet und kam in ein Feldlazarett. Der Protestant von Platen lag dort neben einem katholischen französischen Offizier, der ihn soweit gebracht haben soll, daß er für den Fall einer glücklichen Heimkehr den Übertritt zum katholischen Bekenntnis gelobte. Nachdem sich sein Gesundheitszustand wieder gebessert hatte, wurde er aus dem Lazarett entlassen. Beim Rückzug der großen Armee geriet von Platen in russische Gefangenschaft und wurde nach Sibirien verschleppt. Erst 1814 kehrte der inzwischen Dreißigjährige zu seinem Regiment nach Amberg zurück, wo er zum Hauptmann I. Klasse befördert wurde.

Bis zu seiner Pensionierung im Range eines Majors 1824 gehörte Alexander von Platen dem 10. Infanterie-Regiment an. Von Platen blieb auch danach in Amberg, wo er vor dem Wingershofertor Haus- und Grundbesitz erwarb. Sein Interesse galt jetzt naturwissenschaftlichen Forschungen, vor allem der Suche von Mineralien und dem Ausstopfen von Tieren. Nach reiflicher Überlegung erfüllte er 1851 sein Gelübde und konvertierte zum katholischen Glauben. Nach kurzer Krankheit verstarb der Graf am 8. April 1871 im Haus des Amberger Bürgermeisters König, in dessen Familie der alte „Hagestolz" Aufnahme gefunden hatte. Mit allen militärischen Ehren wurde er im Amberger Katharinenfriedhof beigesetzt.

Die Löwen auf dem Maxplatz

Die steinernen Löwen auf dem Amberger Maxplatz gehören zu dem Denkmal, das die Stadt Amberg dem ersten bayerischen König, Max I. Joseph, errichten ließ. Bis heute hält sich das Gerücht, die beiden wappenhaltenden Löwen wären von den Ambergern den Sulzbachern entwendet, um nicht zu sagen gestohlen worden.

Wie die meisten Gerüchte hat auch dieses einen historischen Kern. Die beiden Steinplastiken zierten in der Tat einst den Sulzbacher Hofgarten, der vom Landesherrn des kleinen als „Pfalz-Sulzbach" bezeichneten Gebiets, Herzog Christian August (1622–1708), angelegt worden war. Berühmt wurde der Sulzbacher Hofgarten durch den Sohn Christian Augusts, Herzog Theodor Eustach (1659–1732), der dort eine Vielzahl von Skulpturen aufstellen ließ, darunter auch zwei stehende und zwei liegende Löwen.

Für Sulzbach erwies es sich als unheilvoll, daß der Enkel dieses Theodor Eustach, Karl IV. Philipp Theodor, nicht nur Inhaber des Fürstentums Pfalz-Sulzbach, sondern nach dem Aussterben der dort jeweils regierenden Linien auch Kurfürst von der Pfalz (1743) und von Bayern (1777) wurde. Im Zuge der Staats- und Verwaltungsvereinfachung hob der kurpfalzbayerische Staat 1791 die Regierung Sulzbach auf und wies das Sulzbacher Gebiet der Verwaltung der Regierung Amberg, dem Fürstentum Oberpfalz, zu. Damit war auch die Residenz Sulzbach überflüssig geworden, die deshalb aufgelöst wurde. Am 10. Juli 1800 kam der größte Teil des Mobiliars aus dem Sulzbacher Herzogsschloß auf zehn Wagen nach Amberg. Der Hofgarten wurde 1806 an den meistbietenden Andreas Ehrensperger für 6.310 Gulden verkauft.

Die Stadt Amberg wandte sich am 20. Mai 1824 an das Rentamt Sulzbach, um „zur Verschönerung des Max Joseph Platzes dahier, auf welchem ... ein Monument errichtet werden wird, ... die zwei steinernen Löwen, die sich noch in dem ehemaligen Hofgarten in Sulzbach ohn alle Bestimmung befinden und welche sich das königliche Aerar bei Veräußerung dieser Realität vorbehalten haben soll, käuflich an sich zu bringen." Die Stadt nahm zu Recht an, daß die beiden Löwen nicht an Ehrensperger verkauft worden und deshalb noch Bestandteil des Staatsvermögens waren.

Am 29. Juni 1824 konnte das Rentamt Sulzbach dem Amberger Stadtmagistrat mitteilen, daß die königliche Regierung des Regenkreises (Kammer der Finanzen) dem Ansuchen der Amberger positiv gegenüberstand. Die fraglichen Löwen sollten – wie bereits 1821 angeboten – zum Preis von 20 Gulden abgegeben werden. Der Ankauf sollte jedoch aus fiskalpolitischen Überlegungen heraus noch im Rechnungsjahr 1823/24 erfolgen. Um eine Beschädigung der beiden Steinskulpturen zu vermeiden, wurde vorgeschlagen, diese im Winter mit Schlitten von Sulzbach nach Amberg zu transportieren. Mit Schreiben vom 10. Juli 1824 nahm dann der Stadtmagistrat zum Angebot Stellung, bedankte sich für dieses und erbat sich über die 20 Gulden eine Quittung. Dies zeigt, daß die Amberger die beiden Sulzbacher Löwen rechtmäßig erworben haben.

König Ludwig I. in Amberg

Der 1786 in Straßburg geborene Ludwig I. war – wie Andreas Kraus einmal schrieb – „tatsächlich ein König. Dies gilt trotz aller inneren Spannungen, die seiner Natur so schillernde Züge verleihen. Spannungen zwischen seinem nüchternen Ernst und schwärmerischen Kunstsinn, der harten Pflichttreue wie der leichten Entflammbarkeit für das schöne Geschlecht."

1825 folgte der bereits 39jährige seinem Vater, dem ersten bayerischen König, auf den Thron. Ludwig I. war der größte Mäzen seiner Zeit. Die Pflege der Kunst, besonders die weitausgreifende Bautätigkeit, spielte im „Regierungsprogramm" des Königs eine zentrale Rolle. Dabei baute er nicht für sich, sondern für den Staat und gleichzeitig für das Volk, dessen Geschichtsbewußtsein er durch die Errichtung der Walhalla, der Ruhmeshalle, der Befreiungshalle, des Siegestors und der Feldherrnhalle zu stärken suchte. Erinnert sei aber auch an die Bauwerke, die der König seinen großartigen Kunstsammlungen widmete. Unter der Hand Leos von Klenze entstanden Glyptothek, Propyläen sowie die Alte Pinakothek in München.

Bei aller Bewunderung für Ludwig I. darf aber auch sein Scheitern nicht unerwähnt bleiben. Die Revolution von 1848 hatte in Bayern ganz spezifische Züge. Ausschlaggebend war nicht das Verhältnis des Königs zu Lola Montez, einer exotischen Tänzerin, sondern vielmehr seine Absicht, diese zur Gräfin zu erheben. Enttäuscht leistete Ludwig I. den Thronverzicht, damit wurde sein Sohn, der 1811 in München geborene Maximilian, 1848 unerwartet König.

Doch davon wußte man noch nichts, als der König mit seiner Gemahlin, Königin Therese, im Juni des Jahres 1830 Amberg besuchte. Aus diesem Anlaß hatte der Stadtmagistrat ein ausführliches Programm erarbeitet, das am 18. Juni 1830 im Druck erschien. Der „Staatsbesuch" war für Sonntag, den 20. Juni 1830, vorgesehen. Das Programm suchte allen möglichen Eventualitäten Rechnung zu tragen, so etwa, ob das königliche Paar gegen Mittag oder erst gegen Abend ankommen würde. Die Anreise der Majestäten sollte über Kastl erfolgen. Deshalb postierte man dort eine „Estafette", die nach der Ankunft Ludwigs I. unverzüglich nach Ursensollen reiten sollte. Dort hatte man wiederum ein Geschütz postiert, das abgefeuert werden sollte, um die Stadt Amberg darüber zu informieren, daß das Königspaar in Kastl angekommen war. Das königliche Forstpersonal sowie die Amberger Landwehrkavallerie hatte die erlauchten Gäste einzuholen, um sie nach Amberg zu eskortieren.

Der eigentliche Empfang in Amberg war an einem außerhalb des Neutors errichteten Triumphbogen vorgesehen, wo – um aus dem Programm zu zitieren – „auf ein gegebenes Zeichen in der Malteserkirche das Glockengeläute beginnt, und sobald dieses vernommen wird, auch in allen übrigen Kirchen des Polizeibezirks mit Glocken geläutet und aus Kanonen gefeuert wird." Den Empfang des Herrscherpaares nahmen Magistrat und Gemeindebevollmächtigte vor. Der Stadtkommandant überreichte „auf einem blauseidenen Kissen die Schlüssel der Stadt", wie es im Programm heißt. An einer zweiten Triumphpforte postierte man „rechts 12 Knaben und links ebensoviele Mädchen aus den Volksschulen, sämtliche in weiß und blauer Kleidung unter Aufsicht eines Lehrers und einer Lehrerin." Dabei sollte dann „einer der Knaben Ihren königlichen Majestäten ein Gedicht überreichen, welches auch von ihm gesprochen wird, wenn Allerhöchstdieselben so lange zu verweilen geruhen." Beim Neutor plazierte man die „Studierenden" der Stadt, vor dem Maltesergebäude „die beiden Rectoren des Lyzeums und des Gymnasiums nebst den Königlichen Professoren". Aufgeboten wurden ferner die Schüler der Feiertags- und Werktagsschulen und die königlichen Bergleute, um nur einige zu nennen.

Quartier nahm das königliche Paar im „Wittelsbacher Hof", der ehemaligen Ratstrinkstube am Marktplatz. Für den Abend des Ankunftstages veranstaltete der Stadtmagistrat im „Bruckmüllerschen Saale" einen Festball, über den eine eigens gedruckte Ankündigung informierte. Interessant ist dabei vor allem auch die Anzugsordnung, die davon ausging, daß die Staatsdiener und Offiziere in Uniform zu erscheinen hatten. „Die übrigen Individuen sollten sich mit Frack, weißen oder schwarzen Beinkleidern und leichten Stiefeln versehen, wenn sie nicht mit Schuhen und Strümpfen sich einfinden können." Fremdartig mutet die Festlegung an, „daß während der Anwesenheit Ihrer königlichen Majestäten die Hüte nur von den Tänzern, solange sie wirklich tanzen, abgelegt werden dürfen".

Für den nächsten Tag war ein Kirchenzug nach St. Martin vorgesehen, wo der König und seine Gemahlin von der gesamten Geistlichkeit eingeholt werden sollten. Dazu vermerkt das Programm: „Unter Vortragung des Kreuzes werden die allerhöchsten Herrschaften in die Kirche, und von der Kirchenthüre an bei Trompeten- und Paukenschall unter einem Traghimmel bis zum Presbyterium geleitet, wo ein Thronhimmel sie aufnimmt."

Zur Verabschiedung Ludwigs I. und seiner Gemahlin erging von den Ambergern noch eine Huldigung in Gedichtform, aus der wenigstens einige Zeilen zitiert werden sollen:

„Enteilet sind die hehren Stunden,
Die IHR voll Huld uns hier gewährt,
Genossen ward und tief empfunden
Das Glück, das Ihr uns hold beschert;
Ach! nur zu schnell sind sie verschwunden,
doch jede ist uns Jahre werth."

Aus Bad Brückenau sandte der König eine „Adresse" nach Amberg, in der er für den herzlichen Empfang und die vielfach bewiesene Anhänglichkeit, die ihm in Amberg zuteil geworden war, dankte. Für die Amberger blieb ein Wehmutstropfen zurück. Die Stadtkammerrechnung des Jahres 1830 weist Kosten von 3.644 Gulden aus, die anläßlich des Empfangs ausgegeben worden waren.

Amberg und die Vermählung Kronprinz Maximilians 1842

Hatte die Vermählung des bayerischen Kronprinzen Ludwig mit Therese von Preußen im Oktober des Jahres 1810 das „Central-Landwirtschaftsfest" in München entstehen lassen, nutzte man im Jahr 1842 das so entstandene „Oktoberfest", um die Vermählung des Kronprinzen Maximilian mit Marie von Preußen feierlich zu begehen. Wie bereits 1810 entsandte auch diesmal die Stadt Amberg ein Brautpaar von – wie es im Regierungsschreiben heißt – „unbescholtenen Sitten und unzweifelhafter Würdigkeit".

Die Regierung gab im April des Jahres 1842 die Bedingungen bekannt, die die aus allen Regierungsbezirken stammenden Brautpaare zu erfüllen hatten, die ihre Vermählung „in provinzieller Tracht" zusammen mit dem zukünftigen König feiern sollten. Es wurde nicht nur Wert auf absolute Unbescholtenheit gelegt, sondern auch – wie es in der Regierungsentschließung heißt – auf ein „angenehmes Äußeres, schönen und kräftigen Wuchs sowohl des Bräutigams als auch insbesondere der Braut" geachtet. Das Brautpaar sollte von einem Hochzeitszug „von landesüblichem Umfang und Ausstattung" begleitet werden, deren Kosten die Gemeinde zu tragen hatte, die zur Stellung eines Brautpaares aufgefordert worden war.

Trotz wiederholten Drängens der Regierung präsentierte die Stadt Amberg kein Paar, das die genannten Bedingungen erfüllte. Deshalb nominierte das Landgericht Kemnath den Bauerssohn Johann Rauch von Zinst und die Bauerstochter Marianne Barth von Trevesen und stellte gleichzeitig die Übernahme der Kosten in Höhe von 500 Gulden für deren Ausstattung durch die Stadt Amberg in Aussicht.

Dadurch kam die Stadt Amberg in Zugzwang, die für kein „fremdes" Paar zahlen wollte und die deshalb Ende Juni 1842 doch noch ein eigenes Amberger Brautpaar, nämlich den 24jährigen Bürgers- und Metzgerssohn Joseph Winkler und die 22jährige Tafernwirtstochter Clara Dietrich, benannte. Beide besaßen dem Schreiben der Stadt Amberg zufolge nicht nur „ein anständiges Aussehen, waren von schlanker, keineswegs kleiner Statur und von angenehmer Gesichtsbildung", sondern erfüllten auch die geforderten moralischen Ansprüche. Zudem war das Brautpaar bereit, die zur Vermählung benötigte Kleidung und Ausstattung aus eigenen Mitteln zu beschaffen. Trotzdem veranschlagte die Stadt die Kosten des Unternehmens auf 800 Gulden. Der Brautzug sollte aus zehn Personen bestehen, nämlich dem Brautpaar selbst, dem Vater der Braut, der Mutter des Bräutigams, dem Brautführer, drei Zeugen und den beiden Brautjungfern.

Desweiteren wünschte die Regierung die Teilnahme von

Bergknappen und entsprechender Bergmannsmusik am „Oktoberfestzug", der gleichzeitig den Hochzeitszug bildete.

Unmittelbar nach der Vermählung des Kronprinzenpaares wurde der Stadt Amberg noch eine besondere Ehre zuteil. Die bayerische Kronprinzessin Marie gab ihren Eltern, die an der Trauung in München teilgenommen hatten, das Geleit durch Bayern. Dabei nahm die kleine Reisegruppe ihren Weg über Amberg, wo sie am 9. Oktober 1842 abends gegen neun Uhr ankam.

Die Stadt bereitete ihrer zukünftigen Regentin einen jubelnden Empfang. Vom Erzberg her leuchtete der Fürstin „ein großartiges M, in der Höhe von 180 und Breite von 80 Fuß durch Holzfeuer und Pechkränze beleuchtet" entgegen. Vor dem Vilstor hatte man eine Ehrenpforte errichtet. Dem „Amberger Wochenblatt" zufolge „zogen Ihre königliche Hoheit unter donnerndem Geschütze durch die beleuchteten Straßen an dem mit den erhabenen Namen Max und Marie glänzenden Theatergebäude vorbei über den Schrannenplatz, wo die königliche Chevauxlegers-Division aufgestellt war, bis zur Weinstraße, wo Höchstdieselben im Gasthofe zum wilden Mann Ihr Absteigquartier nahmen."

Einen guten Einblick in die damals herrschende Stimmung vermag das von Leutnant Klem verfaßte Gedicht zu geben, das der künftigen Landesmutter gewidmet war. Hier heißt es unter anderem:

„Sey gegrüßt in Ambergs Thoren
Hohe Braut aus Preußens Land. ...
Himmlisch ist das Loos auf Erden,
Welches Dir entgegen lacht,
Bayerns Mutter einst zu werden,
Gibt das Schicksal Dir die Macht."

Feiern in Amberg anläßlich der Geburt König Ludwigs II.

Wie aus einem Bericht des „Wochenblatts der Stadt Amberg" vom 17. September 1845 hervorgeht, war „die Nachricht von der glücklichen Entbindung Ihrer Königlichen Hoheit der Frau Kronprinzessin" am 26. August 1845 nach Amberg gelangt. Der spätere König Ludwig II. hatte einen Tag zuvor als Ludwig Otto Friedrich Wilhelm im Schloß Nymphenburg das Licht der Welt erblickt. Sein Vater war der Kronprinz und spätere König Maximilian II., seine Mutter die preußische Prinzessin Marie.

Als Haupttag, um die Geburt des Königlichen Prinzen feierlich zu begehen, hatte man in Amberg den 31. August 1845, einen Sonntag, ausersehen. Bereits um sechs Uhr morgens signalisierten 25 Kanonenschüsse den Ambergern das Besondere dieses Tages. Ein „großartiger, höchst feierlicher Gesang des Liederkranzes" ertönte im Anschluß daran von dem festlich geschmückten Altan des Rathauses.

„In dem um 10 1/2 Uhr abgehaltenen Hochamte, dem alle Civil- und Militärbehörden nebst einer großen Menge von Einwohnern beiwohnten, wurde dem Allmächtigen für das große glückliche Ereigniß gedankt, und um 1 1/2 Uhr ein Festmahl im großen Rathaussaale mit 150 Gedecken gegeben." Besonders rühmt der Chronist dabei die geschmackvolle Ausstattung des Rathaussaales, „der, im gotischen Style mit Blumengewinden dekorirt, nicht bloß die Bildnisse unserer Königlichen Familie, sondern auch mehrerer älterer Regenten Bayerns vor Augen stellte, und höchst sinnig mit den bayerschen und pfälzischen, dann sächsischen und preußischen Fahnen verziert war."

Um sechs Uhr abends beendeten 25 Kanonensalven, die vom Mariahilfberg abgefeuert wurden, das offizielle Programm. Es sollte jedoch auch – wie es im Bericht heißt – „die untere Volksklasse Gelegenheit zur Belustigung erhalten", deshalb „bewilligte der Magistrat den mit Tanzplätzen versehenen Tafernwirthen innerhalb der gesetzlichen Schranken eine Freinacht."

Neben dem Magistrat suchten auch die wichtigsten damaligen Amberger Vereine ihren Beitrag zu den Festlichkeiten zu leisten. Der „Bürgerverein" veranstaltete am 1. September 1845 „auf der benachbarten Neumühle ein Festschießen, das morgens 7 Uhr mit einem feierlichen, von dem Musikkorps begleiteten Schützenauszug begann, bis zum Abende fortwährte, und nach Vertheilung der Preisefahnen und ausgebrachten Toaste mit einem Feuerwerke und Balle schloß". Am Mittwoch, dem 3. September gab „die Casino-Gesellschaft in ihren sehr geräumigen Localitäten einen wahrhaft glänzenden Ball, wozu die Autoritäten aller Stände und die angesehenen Bürger mit ihren Familien eingeladen waren."

Am darauf folgenden Wochenende, dem 8. und 9. September 1845 „reihte sich ... noch ein von der Schützengesellschaft auf der Schießstätte veranstaltetes Hauptschießen, wozu allgemeine Einladungen erfolgt sind. Heiter, wie der Sonnenblick, von dem die ganze Feier begünstiget war, sprach sich die Freude im Gemüthe jedes Einzelnen aus, und bekundete einen neuen Beweis der treuen Ergebenheit und innigsten Liebe des Oberpfälzers an seinen allverehrtesten Landesvater und das gesammte Regentenhaus. Für immer werden Ambergs Bewohner die Erinnerung an dieses freudige Ereignis in ihren Herzen bewahren!"

Den Ausklang der Festlichkeiten bildete die Speisung der Armen: „Der Magistrat, von der Überzeugung durchdrungen, daß jede öffentliche Feier ihrer Würze entbehre, wenn sie nicht auch mit der Armuth getheilt wird, veranstaltete Mittags 12 Uhr ein Festmahl mit Musik und zwar für 152 Arme auf dem im festlichen Schmucke gebliebenen Rathhaussaale, für 43 im Bürgerspitale, für 11 im St. Katharinen-Spitale und für 26 im Waisenhause, wozu noch 168 arme Kranke und sogenannte Hausarme zu zählen sind, welche schon einige Tage vorher mit Geld beschenkt wurden. Demnach wurden im Ganzen 400 Arme berücksichtiget. Es war ein seltener, herzergreifender Anblick, diese Armen in den verschiedenen Instituten versammelt zu sehen, um im fröhlichen Kreise an einem Feste Antheil zu nehmen, dessen Veranlassung jeden biedern Bayer mit innigster Wonne erfüllt, und wobei die herzlichsten Toaste auf das Wohl der allerhöchsten Herrschaften nicht fehlten. Manche Thräne der Freude und Rührung glänzte in den Augen der Armen, wie der vielen mit ihrer Gegenwart sie beehrenden Zuschauer."

Die Verlobung König Ludwigs II. und ihre Folgen

Der 1845 geborene Ludwig II. folgte 1864 seinem völlig überraschend gestorbenen Vater, König Maximilian II., auf den Thron. Ende Januar 1867 wurde bekanntgegeben, König Ludwig II. habe sich mit der jüngsten Tochter Herzog Max in Bayern, Sophie, einer Schwester der Kaiserin Elisabeth von Österreich, verlobt. Die Braut, zwei Jahre jünger als der König, galt als sehr anmutiges Mädchen. Zeitgenossen rühmten das reiche, blonde Haar Sophies, das sie in Zöpfen aufgeflochten trug.

Nach der Verlobung ging der Hof daran, die – wie man glaubte – unmittelbar bevorstehende Eheschließung vorzubereiten. Der vom König bestellte prachtvolle Hochzeitswagen war in aller Munde. Aus Wien wurde das Trauungs-Zeremonial entliehen. Der Hofstaat für die zukünftige Königin wurde zusammengestellt. Die Räume in der Residenz, die sie beziehen sollte, wurden vorbereitet. Die bayerischen Regierungen wurden beauftragt, wie bereits bei den Vermählungen Ludwigs I. und Max II. Brautpaare für den bevorstehenden Hochzeitszug auszustatten.

Am 26. Juli 1867 wandte sich die Regierung der Oberpfalz an die Stadt Amberg und teilte mit: „Seine Majestät, der König, beabsichtigen zum Gedächtnisse Allerhöchst Ihrer im Oktober heurigen Jahres stattfindenden Vermählung mit Ihrer königlichen Hoheit der Herzogin Sophie in Bayern acht unzweifelhaft würdige, mit zeitlichen Gütern nicht gesegnete Brautpaare, und zwar aus jedem Regierungsbezirke ein Paar mit 1.000 Gulden aus Allerhöchst Ihrer Cabinets-Kassa aussteuern zu lassen." Deshalb sollte, wie das Schreiben fortfährt, „ein Brautpaar, welches die gesetzlich vorgeschriebenen Bedingungen zur Verehelichung erfüllt hat, unter eingehender brieflicher Erörterung der persönlichen Verhältnisse desselben, in Vorschlag gebracht werden, worauf von Seiner Majestät dem Könige die Auswahl des aus dem Regierungsbezirke der Oberpfalz und von Regensburg auszustattenden Brautpaares allergnädigst getroffen wird."

Wenige Tage später verlieh die Regierung der Hoffnung Ausdruck, daß die Stadt Amberg darüber hinaus wie bereits bei der Vermählung König Max II. aus eigenen Mitteln ein weiteres Paar ausstatten würde. Die Stadt Amberg ließ daraufhin in der Amberger Presse eine Anzeige veröffentlichen, auf die sich entsprechende Paare melden konnten. Dieses Paar sollte – wie aus einem weiteren Schreiben der Regierung hervorgeht – zusammen mit dem König in München getraut werden. Voraussetzung war neben Unbescholtenheit „Unbemitteltheit". Hinzukam, „daß aber die Persönlichkeit und äußere Erscheinung der Idee einer Repräsentation des oberpfälzischen Volksstammes in angemessen würdiger Weise entspreche."

Insgesamt bewarben sich in Amberg drei heiratswillige Paare. Der Stadtmagistrat entschied sich für den dreißigjährigen Bergmann Andreas Birner und seine Braut, die Tagelöhnerstochter Kunigunde Kamann. Den Hochzeitszug sollten Beiständer, Ehrenfrauen, Brautführer und Kranzeljungfern bilden, insgesamt neben dem Brautpaar weitere acht Personen. Den Vorstellungen der Regierung entsprechend, sollte die Gruppe in bergmännischer Tracht ausgestattet werden.

Doch dazu sollte es nicht mehr kommen. König Ludwig II. löste am 11. Oktober 1867 offiziell die Verlobung mit Prinzessin Sophie, nachdem der Hochzeitstermin bereits mehrmals verschoben worden war. Deshalb mußte die

Regierung der Oberpfalz am 17. Oktober dem Stadtmagistrat Amberg mitteilen: „Nachdem die Verlobung Seiner Majestät des Königs mit Ihrer Königlichen Hoheit der Herzogin Sophie in Bayern gelöst ist, besteht für die zur gleichzeitigen Trauung mit Seiner Majestät dem König bereiten Brautpaare ein Grund diesbezüglichen Zuwartens nicht mehr, was denselben zu eröffnen ist." Im Dezember teilte die Regierung mit, daß der König bereit war, aus der Kabinettskasse 400 Gulden für die Ausstattung der Amberger Brautleute Birner und Kamann bereitzustellen. Das Geld wurde mit gleicher Post angewiesen. Doch jetzt gab es eine große Überraschung. Die Stadt Amberg mußte der Regierung melden, daß die Verehelichung der genannten Brautleute noch nicht erfolgt war und – wie es in dem Schreiben wörtlich heißt – „den Erklärungen der Betheiligten gemäß auch nicht mehr erfolgen wird". Birner und seine Braut waren dem königlichen Vorbild gefolgt und hatten sich ihrerseits getrennt. Der Bitte der Eltern um Erstattung der bereits im Vorfeld der Trauung entstandenen Kosten aus den zur Verfügung gestellten 400 Gulden konnte und wollte die Regierung nicht entsprechen. Die Stadt Amberg mußte diesen Betrag vielmehr zurückerstatten.

Der Bürgerverein 1832 Amberg e.V.

Dem Vereinswesen kam im 19. Jahrhundert eine große soziale Funktion zu. Es gab kein Interesse, keine Aktivität, die sich nicht im Verein viel besser pflegen ließ. Das Spektrum reichte dabei vom „Sängerbund" bis zum „Radfahrerclub Velociped". Eine besondere Rolle nahmen die sogenannten „Gesellschaftsvereine" ein, deren Gründungen zu den frühesten des 19. Jahrhunderts gehörten. In diesem Bereich ist auch der „Bürgervein Amberg" zu nennen, der sich am 4. März 1832 im Wirtshaus der Witwe Weigl konstituierte; erst nachträglich erhielt er die Genehmigung der Regierung. Am 1. Mai 1832 konnte bereits die erste Generalversammlung des neuen Vereines durchgeführt werden. Dieser führte in seiner 1847 gedruckten Satzung zwei „Gesellschaftszwecke" an, nämlich „Literatur" und „gesellige Unterhaltung". Mit der Zielsetzung „Literatur", die sich in der Satzung von 1894 nicht mehr findet, gehörte der „Amberger Bürgerverein" zu den seit den Befreiungskriegen verstärkt auftretenden Bildungsvereinen. Seit der „Aufklärung" gab es eine ganze Reihe von Vereinen, deren ausschließlicher Zweck in der Bildung ihrer Mitglieder lag. Diese Tendenz verstärkte sich in der Zeit des „Biedermeier", die häufig – wenngleich zu Unrecht – den Beigeschmack eines ruhigen, abgeschlossenen und behäbigen, etwas selbstzufriedenen, vor allem aber friedlichen bürgerlichen Lebens – unberührt von großen Aufregungen – hat. Doch zurück zum „Amberger Bürgervein". Um den Vereinszweck „Literatur" erreichen zu können, wählte der „Bürgerverein" nicht nur einen Bibliothekar, sondern wandte jährlich fast 100 Gulden für den Bezug von Publikationen, vor allem von Zeitungen und Zeitschriften auf, die den Mitgliedern in einem eigenen Lesezimmer zur Verfügung standen, in dem der Satzung nach weder gezecht noch geraucht werden durfte. Erst nach acht Uhr abends konnten die Zeitschriften mit in das sogenannte „Conversationszimmer" genommen werden, wo die Mitglieder ihr geselliges Beisammensein pflegten.

Höhepunkte der Geselligkeit bildeten die großen Feste und Bälle, die die Gesellschaft veranstaltete. Anlässe boten dafür in der Regel besondere Vorkommnisse oder Feiern im regierenden Haus der Wittelsbacher. So etwa das Namensfest des Königs, oder – wie bereits erwähnt – die Geburt oder Vermählung eines königlichen Prinzen. Daneben gab es aber auch Feiern profaneren Charakters, so etwa im Sommer Landpartien, an denen bis zu 600 Personen teilnahmen. Neben einem zünftigen Picknick dienten Singen, Musizieren, Spiele und Feuerwerke der allgemeinen Belustigung. Im Fasching führte die Gesellschaft beispielsweise 1836 einen Maskenzug durch, der von „wilden Thieren und Wilden“ begleitet wurde, wie der Chronist berichtet.

Eine zentrale Frage jeden Vereines ist die der Mitgliedschaft. Die Satzung unterschied 1847 zwischen ordentlichen, außerordentlichen und Ehrenmitgliedern. Ordentliches Mitglied konnte derjenige werden, der über die entsprechende „Solidität und Bildung“ verfügte. Zur Aufnahme als außerordentliche Mitglieder eigneten sich – der Satzung zufolge – vor allem Witwen, „selbständige Frauenzimmer“, alleinstehende Damen, und Personen, die nur kurzfristig in Amberg weilten. Die geplante Aufnahme eines Mitglieds bedurfte der schriftlichen Anmeldung durch ein ordentliches Mitglied. Über dessen endgültige Aufnahme entschieden alle Mitglieder in Form einer „Ballotage“, einer Kugelung.

Schon damals wurde der Verein von Mitgliedern getragen, denen Amberg mehr war als nur zufälliger Wohnort. Die Mitglieder nutzten die Gelegenheit zum wechselseitigen geistigen Austausch, führten Informations- und Bildungsfahrten durch. Nicht zuletzt deshalb ist der Verein bis heute lebendig geblieben.

Eine Leichenpredigt von 1834

Trotz der manchmal vertretenen Meinung, daß in früheren Zeiten alles besser gewesen wäre, kam es auch da zu schrecklichen Gewaltverbrechen. Ähnlich wie heute hieß es schon damals, daß derartige Ereignisse nur aus dem Verfall der Sitten zu erklären seien. Ein gutes Beispiel dafür ist die Ermordung der 78jährigen Margaretha Hertenberger und ihrer Magd, Anna Fromm, im April des Jahres 1834 in Amberg. Margaretha Hertenberger war die jüngste Tochter des Fürstlich Thurn und Taxis' schen Postmeisters Leonhard Hertenberger und seiner Frau Rosina Margaretha.

Licht auf die Angelegenheit wirft die Leichenpredigt des Amberger Stadtdekans Michael Botzler. Zur allgemeinen

Besserung der Sitten hatte man sich entschlossen, diese Leichenpredigt zu drucken. Der Erlös aus dem Verkauf dieser kleinen Druckschrift kam dem Amberger Waisenhaus zugute.

Der Prediger schilderte eingangs die Ermordete als tief religiösen Menschen. Der sehnlichste Wunsch der Margaretha Hertenberger sei es gewesen, in das Amberger Salesianerinnenkloster aufgenommen zu werden, dem jedoch ihre fehlende adelige Geburt entgegenstand. Trotzdem pflegte sie weiterhin die Freundschaft zu den Ordensschwestern. Nach dem Tod des Vaters überließ ihr der Fürst von Thurn und Taxis das Amberger Postamt, das sie viele Jahre führte.

Nach der Darstellung ihres Lebenswegs stellte Botzler sich und seinen Zuhörern die Frage: „Woher kommt es, daß die Menschheit so tief fallen kann?“ Als ersten Grund führte er die Erziehung der Kinder und die Abwendung der Erwachsenen von Gott an: „Das Lob Gottes und das stille häusliche Gebeth sind verschwunden, und an dessen Stelle Gleichgiltigkeit gegen alle göttlichen und kirchlichen Gebote getreten. Unfriede und Zank, Fluchen und Gotteslästerungen, ja wohl gar oft Diebstahl und Unzucht sind die sauberen Beispiele, die den Kindern gegeben werden.“ Als weitere Gründe nannte er die Sucht nach Vergnügen, Tanz sowie die sich immer mehr ausbreitende Unzucht an: „Wie sich unsere frommen Vorfahren bestrebt haben, Häuser zur Ehre Gottes zu errichten, so bestrebt man sich heut zu Tage Häuser der Lust herzustellen. In allen Winkeln werden Schenken errichtet, unabläßig sinnet man auf Vergnügungen, um die verblendete Jugend hinzuziehen. Man gestattet alles, um das Gewerbe zu erhalten, und es ist bei Manchen so weit gekommen, daß sie aus der Sünde einen Nahrungszweig gemacht haben. Bei unsern gottesfürchtigen Voråltern ward öffentliche Tanzbelustigung sehr selten, höchtens dreimal im Jahre, heut zu Tage fast alle Tage des Herrn, und nur wenige Festtage sind mehr ausgenommen und auch diese werden nicht selten im Verborgenen entweiht. Die Schwelgsucht und die Verschwendung wird dadurch angelockt, der Müssiggang gewöhnt, und das Laster der

Unzucht, das keine Strafe mehr fürchtet, ganz zügellos gemacht, und mit einem zierlichen Mantel bedeckt, dem man den feinen Namen: ‚Menschliche Schwachheit' beilegt."

Als Folgen des Abweichens vom Weg der Gottesfurcht benannte der Amberger Stadtdekan: „Daher so viele Empörungen, so viele Unruhen in allen Theilen der Erde, daher so vieles Morden und Blutvergießen unter den Menschen." Die einzige Chance, die Botzler seinen Zuhörern einräumt, solche Unglücksfälle zu vermeiden, ist die der Umkehr und der Bekehrung. Trotzdem beendete Botzler seine Predigt mit der Aufforderung an seine Zuhörer, für den Mörder zu beten.

Kur- und Schwimmbäder im 19. Jahrhundert

Seit der Mitte des 19. Jahrhunderts lassen sich in den städtischen Akten verschiedene Bemühungen nachweisen, in Amberg ein „Bad" zu errichten. Am Anfang steht dabei das Gesuch des praktischen Arztes Dr. Will. Dieser bat, ihm einen Gemeindegrund zu überlassen, um darauf eine sogenannte „Kalt-Wasserheilanstalt" an der Vils unterhalb des Wingershofertores zu errichten. Der Amberger Magistrat hatte Dr. Will bereits die Genehmigung für eine „Molke- und Kräuterkuranstalt" erteilt. Der Mediziner sah die geplante „Kalt-Wasserheilanstalt" als sinnvolle Ergänzung dazu an. Seine Kuranstalt sollte aus dem Wasser der Fürstenquelle gespeist, die Kaltwasserkur den Patienten in Badewannen verabreicht werden. In seinem Antrag ging der Arzt davon aus, daß „auf dem nahen Wingershofe den Bedürfnissen der einheimischen wie den fremden Kurgästen begegnet werden könnte". Der zuständige Magistratsrat Wiedenhofer bezweifelte offensichtlich den Zustrom fremder Kurgäste, wie Unterstreichung und Fragezeichen im Schreiben Dr. Wills verdeutlichen. Die Sache verlief sich offensichtlich im Sande.

An der Wende des 18. zum 19. Jahrhundert war aber auch das Baden in freien Gewässern wieder neu entdeckt worden, das führende Mediziner der Zeit wie Professor Samuel Gottlieb Vogel 1793 für „sehr viele Schwachheiten und Kränklichkeiten" als überaus heilsam bezeichneten. 1809 wurde die erste Schwimmbadeanstalt in Amberg an der Sulzbacher Straße gegründet, die – wie Destouches schreibt – „vorderhand nur kaltes Bad in dem Vilsstrome gewährte". Seit 1827 befand sich dort die Militärschwimmschule. Sie bestand aus vier Balkenflössen, die im Fluß zu einem Viereck als Wasserbassin zusammengebunden waren. An bestimmten Tagen war die Militärschwimmschule auch Zivilpersonen zugänglich. Hier wurde – wie es in einem Schreiben wörtlich heißt – „während der Sommermonate nicht bloß den Soldaten, sondern auch Personen aus dem Civilstande, namentlich den Studierenden Unterricht erteilt". Am Ufer gab es Bretterhütten zur Aufbewahrung der benötigten Utensilien.

Die Schwimmschule befand sich unmittelbar an der Obersdorferbrücke und war mehrfach Gegenstand größerer und kleiner Auseinandersetzungen und Beschwerden. Die Schwimmschule wurde für Überschwemmungen im Bereich der oberhalb befindlichen Wiesen verantwortlich gemacht. Noch gravierender war die Frage der Sittlichkeit. In dieser Angelegenheit wandte sich der königliche Stadtkommissär von Nagel im Juli 1853 an den Amberger Stadtmagistrat. Auch Nagel machte die Schwimmschule für die Überschwemmungen verantwortlich, um fortzufahren: „Dieser materielle Nachtheil verschwindet aber im Anbetrachte des moralischen Nachtheiles." Nagel schloß sich zwar den Worten des Apostels Paulus an, daß dem Reinen alles rein ist, war aber der Überzeugung, daß „nicht alle Menschen rein sind oder rein zu sein verstehen".

Probleme ergaben sich schon aus der Lage der Schwimmschule zwischen „2 frequenten Strassen, nämlich der Nürnberger und Beireuther Strasse". Nagel fuhr fort: „Beide

Strassen sind nicht nur durch Fremde frequent, sondern diese Straßen bilden die Spaziergänge der Bewohner und Bewohnerinnen von Amberg." Dabei versäumte es Nagel nicht, das Wort „Bewohnerinnen" zu unterstreichen. Dem Einwand, daß alle Schwimmer mit Schwimmhosen versehen seien, hielt Nagel entgegen: „Im nassen Zustande verhüllen diese Hosen blos die Nacktheit, nicht die Gebilde des Körpers." Besonders gefährdet sah der Verfasser dieser Zeilen die „Schulkinder vom Lande beiderlei Geschlechts", die täglich an diesem Platz vorbeigingen. Nagel schrieb wörtlich: „Sie finden Gelegenheit zu beobachten, was sie nicht zu wissen brauchen."

Ein Jahr später führte die „königliche Commandantschaft" die – so wörtlich – „Einplankung der Militärschwimmschule wegen Beeinträchtigung der Moralität durch". So verschwanden nicht nur das Schwimmfloß, sondern auch die Zugänge zu den „Aus- und Ankleidekabinen" hinter einem acht Zoll hohen Bretterverschlag. Mit dieser Maßnahme war der Moralität im Sinne des 19. Jahrhunderts Genüge getan.

Städtische Badeordnungen

Das „Wochenblatt der Stadt Amberg" vom 31. Mai 1848 veröffentlichte – wie bereits in den Vorjahren – unter der Rubrik „Polizeiliche Bekanntmachungen" die Ordnung der städtischen Badeanstalt außerhalb des Vilstores.

Diese regelte eingangs die Frage des Entgelts. „Der Preis wird für jedes Bad in den beiden ersten Häuschen flußaufwärts auf sechs Kreuzer, in den beiden nachfolgenden aber wie bisher auf drei Kreuzer und in den sechs unterhalb liegenden Häuschen aber auf einen Kreuzer bestimmt." Ausgenommen von der Entrichtung des Eintrittspreises waren Arme, die sich bei der Polizeibehörde einen Erlaubnisschein zu holen hatten. Um der Unsittlichkeit keinen Vorschub zu leisten, war es „Personen verschiedenen Geschlechts oder Kindern ohne Aufsicht ihrer Eltern, Vormünder, etc." verboten, in einem und demselben Häuschen zu baden, da – wie es in der Ordnung heißt – „die Sittlichkeit beim Baden vor allem notwendig ist".

Der Eintritt erfolgte mit Bademarken, die bei Joseph Desing, dem Wärter des Vilstores erworben werden mußten. Sie waren beim Badeaufseher, dem pensionierten Polizeidiener Max Reiser, abzugeben, dem es jedoch ausdrücklich untersagt war, Badegebühren entgegen zu nehmen.

Ein eigener Punkt der Ordnung war dem Verhalten der jüngeren Badegäste gewidmet. Diese hatten, wenn sie sich – wie es in der Sprache des 19. Jahrhunderts heißt – „zudringlich zeigen, oder wohl gar ungezogen sich benehmen, ernstliche Zurückweisung zu gewärtigen".

Um der Städtischen Badeanstalt ihre Monopolstellung zu sichern, wurde „das Baden überall im Freien verboten". Dieses Verbot wurde drakonisch geahndet. So heißt es: „Die Übertreter dieses Verbots haben Arretierung und noch überdieß polizeiliche Strafe zu gewärtigen." Von letzterem waren nur die „Militärpersonen" ausgenommen, denen Badeplätze in der Nähe der Neumühle „unter einer von der königlichen Kommandantschaft bestellten Aufsicht" zur Verfügung standen.

Nicht angesprochen in der Ordnung findet sich das Tragen der üblichen Badebekleidung. Die Damen verfügten dabei über ein Badekleid aus farbigem Kattun, kokett mit Rüschen und Blenden besetzt. Um das Haar vor Nässe zu schützen, trugen die Damen eine Badekappe. Der Männerbadeanzug war schon um 1900 aus Baumwolltrikot, meist blau und weiß oder rot und weiß quergestreift. Besonders mutige Herren der Schöpfung entschieden sich zu Beginn unseres Jahrhunderts aber bereits für die knappe kleine Badehose in Dreiecksform aus rotem Kattun.

In Amberg entstand 1926/27 das erste Hockermühlbad. Gründe für seinen Bau waren neben dem Bedarf vor allem die hohen Arbeitslosenzahlen sowie das Ausweichen der Amberger auf den Haidweiher mit seinen – wie es in der Amberger Presse hieß – „die Sitte und Moral gefährdenden ungenügenden Anlagen und der Zwangsläufigkeit des Gemeinschaftsbades der Geschlechter". Im ersten „Hocko" badeten Männlein und Weiblein nun im halbtägigen Wechsel. 1929 stand der Bevölkerung durch den Ausbau eines weiteren Beckens auch ein Damenbad zur Verfügung. Erst im Jahr 1933 wurde das Baden getrennt nach Geschlechtern in Amberg aufgehoben.

Dr. Bernhard Schleiß von Löwenfeld und das „Oberpfälzer Wochenblatt"

Am 25. September 1793 gewährte Kurfürst Karl Theodor dem Dr. Bernhard Schleiß von Löwenfeld ein Privileg zur Herausgabe einer Wochenzeitung. Das Erscheinen des vom Kurfürsten als „gemeinnützig" bezeichneten Werks sollte durch die oberpfälzische Landesregierung in Amberg unterstützt werden. Es verging noch ein gutes Vierteljahr, bis die erste Ausgabe des „Churfürstlich gnädigst privilegierten oberpfälzisch-statistischen Wochenblats" in die Hände seiner Leser gelangte. Am 1. Januar 1794 war es soweit, acht Seiten im Quartformat (Viertelbogengröße beim Buchformat), zweispaltig bedruckt, suchten ihre Käufer.

Sein Herausgeber, Dr. Bernhard Schleiß von Löwenfeld, wurde am 24. März 1731 zu Gemünden am Hunsrück geboren. Er war geprägt vom Geist der „Aufklärung", die darauf abzielte, den Menschen aus seiner „selbstverschuldeten Unmündigkeit" zu befreien. Freilich war der zum „Dr. med." und „Dr. phil." promovierte Schleiß kein Stubengelehrter. 1760 kam er als „kurpfalz-bayerischer wirklicher Medizinalrat" nach Sulzbach, „unermüdlich aufklärend wirkend gegen die gerade in der Oberpfalz noch hartnäckig herrschenden gesundheitlichen Rückstände, und vor allem gegen die Auswüchse mittelalterlichen Aberglaubens", wie Helmut Haffner einmal schrieb. Ein gutes Beispiel aus der praktischen Arbeit des Dr. Schleiß ist die Blatternimpfung, die er 1769 an den eigenen Kindern erprobte, um sie nach glücklichem Erfolg allgemein einzuführen. Daneben verfaßte er eine ganze Reihe von Schriften. Die Palette reichte dabei vom „Sauerbrunnen zu Großalbershof" über Texte, in denen er sich mit der Geisterbeschwörung und Teufelsaustreibung durch den damals über alle Grenzen bekannten Vorarlberger Pfarrer Johann Joseph Gassner beschäftigte. Sein historisches Interesse unterstrich Dr. Schleiß mit der Abfassung eines „Familienkalenders des Durchlauchtigsten Erzhauses Wittelsbach", der 1792 erschien.

Trotz dieser vielen und recht unterschiedlichen Aufgaben drängte es Dr. Schleiß im Sommer des Jahres 1793, ein „Oberpfälzer Wochenblatt" herauszubringen. Auch hier zeigte sich wieder sein aus der „Aufklärung" stammendes Grundanliegen, die Belehrung der Leserschaft über alle Probleme des Alltags, vor allem natürlich im Bereich von Hygiene und Medizin. Dabei gelang es Dr. Schleiß, seine Vorstellungen recht unterhaltend unters Volk zu bringen. Häufig wählte er dazu die Form des Dialogs. Ein gutes Beispiel dafür ist etwa der am 18. Januar 1798 erschienene Beitrag „Schönheiten" im Wochenblatt „Nummero 3". Nach einer allgemein gehaltenen Einführung bringt Dr. Schleiß einen Dialog zwischen dem Vater Alcest und seiner Tochter Emilie über weibliche Schönheit, Haartracht, Modetorheiten, Schminke, usw. Dabei sind dem Vater die Stoffe zu dünn, die Schuhe zu hoch, das Make-up zu dick und so fort. Vielleicht hören wir einfach in das Zwiegespräch hinein. Emilie fragt den Vater: „Wie kann ich aber ohne schädliche Künsteley schön seyn und gefallen?" Der Vater Alcest antwortet: „Wenn du nach der Natur lebst, deinen Körper gesund und dauerhaft erhältst, dir täglich angemessene Bewegung in und ausser dem Hause machest, die freye Luft nicht scheust, dich mit kaltem Wasser und ohne Seife wäschest, die Zähne rein und sauber zu halten suchest, ... in der Diät alles Übermaaß, auf der Tafel alle Leckerbissen fliehst, dem Schlafe und der Ruhe nicht weiter nachhängst, als zur Erholung nöthig ist .... ."

Dr. Schleiß war es nur vergönnt, acht Jahrgänge seines Wochenblatts zu veröffentlichen. Am 9. Dezember 1800 starb er in Sulzbach, Redaktion und Herausgabe des „Wochenblatts" gingen an seinen Sohn, Max Joseph Schleiß von Löwenfeld, über. Unter ihm setzte der Niedergang des Blattes ein, das mit dem Erscheinen der ersten Tageszeitung in Amberg völlig bedeutungslos wurde.

Die Anfänge der „Amberger Volks-Zeitung"

„Zum unentbehrlichen Instrument in der weltanschaulichen Auseinandersetzung hatte sich – spätestens seit der Einführung der Pressefreiheit 1848 in Bayern – das Zeitungswesen entwickelt" (Werner Chrobak). Unter dieser Auseinandersetzung ist der politische Kampf zu verstehen, der seit der Mitte des 19. Jahrhunderts zwischen dem politischen Liberalismus einerseits und dem politischen Katholizismus andererseits geführt wurde. Dieser war auch in Amberg recht deutlich spürbar. Beide Seiten verfügten zur Durchsetzung ihrer Interessen und Standpunkte über politische Vereine, Vorläufer der heutigen Parteien, die hinsichtlich ihrer Zuständigkeit jedoch örtlich beschränkt waren. Daneben besaßen die „Liberalen" seit der Mitte des Jahrhunderts einen nicht zu unterschätzenden Vorsprung, als „Sprachrohr" diente ihnen das seit 1851 von Hermann von Train herausgegebene „Amberger Tagblatt".

Der katholisch-konservativen Partei mußte daran gelegen sein, diesen Vorteil wettzumachen. Den Blick für die Notwendigkeit besaß Michael Helmberger, der seit 1867 Stadtpfarrer in St. Martin war. Dazu bedurfte es eines geeigneten Unternehmers, den Helmberger in dem Regensburger Friedrich Pustet fand, der sich für das Vorhaben gewinnen ließ. Pustet galt bereits als renommierter Zeitungsmann, er führte das von seinem Vater 1848 gegründete „Regensburger Morgenblatt" und gab zudem seit 1863 den „Regensburger Anzeiger" heraus. Darüber hinaus bestand in Amberg bereits eine Filiale der Pustet'schen Buchhandlung.

Im Juni 1868 war es dann soweit, die erste Nummer der „Amberger Volks-Zeitung für Stadt und Land" konnte erscheinen. Gleich in der ersten Ausgabe legte das Blatt seine politische Richtung unmißverständlich fest. Es betrachtete sich selbst als konservativ, wandte sich gegen die immer deutlicher werdende Hegemonie Preußens, sah seine Wurzeln im politischen Katholizismus und suchte auch in dessem Sinn nach einer Lösung der „sozialen" Frage.

Der erste Redakteur des Blattes wurde Dr. Stigler, dem ab 1. April 1869 Joseph Habbel folgen sollte. Der 1846 in Soest geborene Habbel wurde zur wichtigsten Gestalt im Amberger Zeitungswesen. 1869 übernahm er die Leitung der Pustet'schen Buchhandlung in Amberg, am 1. April des gleichen Jahres wurde er Redakteur der „Amberger Volks-Zeitung". Ein Jahr später kaufte er von Pustet Buchhandlung und Zeitung. Habbel war aber nicht nur Journalist, sondern engagierte sich auch in der praktischen Politik. Geprägt von „politischem Realitätssinn und Agitationsgeschick", wie Werner Chrobak einmal schrieb, reorganisierte Habbel den wichtigsten Verein des politischen Katholizismus in Amberg, die „Concordia". Von 1870 bis zu seinem endgültigen Weggang nach Regensburg, 1889, war er deren Vorstand. Habbel führte die „Amberger Volks-Zeitung" auch in der schweren Zeit des „Kulturkampfes", der großen Auseinandersetzung zwischen Kirche und Staat. In Amberg kam es dabei zwischen dem liberalen „Amberger Tagblatt" und der katholisch-konservativen „Amberger Volks-Zeitung" zu einem regelrechten Pressekrieg. Beide Seiten sparten nicht mit Schärfe und Polemik und suchten sich in ihrer Agitation zu übertreffen.

1889 verkaufte Habbel die „Volks-Zeitung" an seinen bisherigen Mitarbeiter und Redakteur Hans Böes, der das Blatt bis zu seinem Tod im August 1920 im Sinne des „Zentrums“, der Partei des politischen Katholizismus, fortführte. Im Dritten Reich fiel auch die „Volks-Zeitung“ der Gleichschaltung zum Opfer. Den Neuanfang nach 1945 dokumentiert „Der neue Tag“, der lizensiert von der Amerikanischen Militärregierung am 31. Mai 1946 erstmals erscheinen konnte. Die „Amberger Zeitung“ wurde am 2. Oktober 1948 „aus der Taufe gehoben“. Im Februar 1954 griff man die Amberger Pressetradition bewußt wieder auf, seither führt das Blatt den Untertitel „Amberger Volkszeitung“.

Der „Humoristisch – politische Casperl“

Die Herausgabe des „Humoristisch – politischen Casperls“ in der zweiten Hälfte des Jahres 1868 wurde durch das Erscheinen der dem politischen Katholizismus verpflichteten „Amberger Volks-Zeitung“ durch Friedrich Pustet im gleichen Jahr „provoziert“.

Der „Humoristisch – politische Casperl“ nahm gleich in seiner ersten Ausgabe vom 2. August 1868 auf das neue Amberger Blatt Bezug: „Im Jahre der Menschwerdung 1868, am 4. im Brachmonat, ist in der ehemaligen Haupt- und Residenzstadt Amberg, neben dem bereits vor bestandenen Amberger Tagblatt (Organ für die Oberpfalz), ein zweites Blatt zu Nutz und Frommen des Volkes mit dem Motto: Treu – gegen König – Volk und Vaterland und unter dem Titel: Amberger Volkszeitung für Stadt und Land in's Leben getreten.“

Aus dem Programm dieser neuen Zeitschrift ging hervor, „daß Zeitungen die Kanäle sind, durch welche dem größten Theile des Lesepuplikums die Geistes-Nahrung zugeführt wird. Da nun nicht jeder empfänglich ist für Geistes-Nahrung, die ihm durch K a n ä l e zugeführt wird, da man von

Kanalisirung überhaupt nichts wissen will, so ist, da insbesondere gute Blätter mangeln, die Bemerkung derselben unabweisliches Bedürfnis. Aufgemuntert hierdurch wünscht nun der so beliebte, von Jung und Alt gekannte Hans Casperl ebenfalls nicht müssig zu sein, und um dieses Geistes-Proviant-Magazin bereichern zu helfen, hat er den Gutschluß gefaßt, sich in Verbindung mit guten Quellen, den wenig guten Zeitungen anzuschließen und ein drittes Blättchen für die Oberpfalz, unter dem Titel ‚Humoristisch – politischer Casperl', erscheinen lassen. Der humoristische Casperl wird, damit das Publikum auch nicht einen Tag der Geistes-Nahrung entbehrt, jeden Sonntag nach dem Frühgottesdienste erscheinen und wird, da dies Ruhetage sind, gewiß Alles recht ruhig und verständlich besprechen." Das „Blättchen" war aufgebaut in „1. Politik, 2. Wochenschau der Ereignisse, 3. humoristisches Allerlei, 4. Wünsche, Rügen und Anfragen und schließlich 5. einen Briefkasten".

Am 6. September 1868 fanden sich im „Casperl" eine ganze Reihe von Fragen mit den Antworten eines Freiwilligen. Daraus soll eine entnommen werden: „Wie viel Einwohner hat Deutschland und in welche Nationen theilen sich dieselben? In Deutschland leben 39.999.999 Unterthanen, Deutsche genannt die sich jedoch auch unter einander schwer verstehen. Sie gebären lebendige Junge, welche sie eine Zeitlang säugen. Sie haben rothes, kaltes Blut, athmen, da sie das Maul stets geschlossen halten, blos durch die Nase, und wiederkäuen das Futter, welches ihnen ihre Herren vorlegen. Sie schlafen mit geschlossenen Augen und träumen dabei von Weltberuf und Himmelsglück. Sie leben von Kartoffeln, Pumpernikel, leeren Versprechungen und Brandschatzungen, die sie einander selbst abnehmen. Auf Befehl ihrer Herren schießen sie einander todt und setzen hernach den Erschossenen Denkmäler. Viele ließen sich unschuldig kreuzigen und tragen das Kreuz so lange sie leben; nach dem Tode dürfen die Hinterbliebenen das Kreuz nicht übernehmen, sondern der Staat behält sich vor, wer neuerdings wieder gekreuzigt würde. Ihrer Religion nach sind die Deutschen römisch-lutherisch mit stark alttestamentlich-mosaischer Färbung: sie glauben, wie die Türken, an das Fatum und lassen Alles über sich ergehen; auf je 2 Deutsche kommen 2 Beamte und 2 Polizeidiener. Im 20sten Jahre müssen sie Soldaten werden (wenn sie nicht früher schon als Freiwillige beitreten), schwören unter Subsistenz der Hinterlader und Bayonetten dem König Treue und werben, wenn's gut geht, im 40sten Jahre gescheidt, so weit letzteres erlaubt und möglich ist. Alles Geld, das sie erübrigen, bekommt der Steuereinnehmer."

Obgleich der „Humoristisch-politische Casperl" keine Verbreitung über das Amberger Gebiet hatte, findet sich in seinen Ausgaben doch schon viel von dem, was die späteren satirischen Blätter der Prinzregentenzeit ausmachte. Den „Casperl" kann man als Zerrspiegel nicht nur der kleinen Amberger Welt bezeichnen.

Der Puppenspieler Joseph Leonhard Schmid

Nur noch ein paar Marionetten in einer Vitrine des Amberger Stadttheaters erinnern an den großen Amberger Puppenspieler Joseph Leonhard Schmid, der am 29. Januar 1822 als Sohn eines Stadtpfarrorganisten in Amberg geboren wurde. Kindheit und Jugend standen unter keinem guten Stern. Der Vater starb früh und ließ die Familie in ärmlichen Verhältnissen zurück. Im August 1834 entschloß sich Joseph Leonhard Schmid, das Buchbinderhandwerk zu erlernen, 1837 beendete er die Lehre. Nach einem kurzen Zwischenspiel in Stadtamhof, das von einer längeren Krankheit beendet worden war, machte sich Schmid nach München auf, wo er bei verschiedenen ehemaligen Ambergern Aufnahme fand. Schmid verdiente sich sein Brot als Aktuar (= Büroangestellter) des „Unterstützungsvereins für das Amts- und Kanzleipersonal".

1858 wandte sich Schmid an die „Hohe Schulcommission“ der königlichen Haupt- und Residenzstadt München mit der Bitte, ein öffentliches Marionettentheater errichten zu dürfen. Dabei wollte Schmid die Kinderherzen – wie er schrieb – „nicht bloß unterhalten, sondern auch Sittlichkeit und Religiosität mehr und mehr in den Kinderherzen erwecken und erstarken machen.“ Gleichzeitig nahm Schmid zu dem als „Kasperlgraf“ bekannt gewordenen Franz Graf von Pocci (1807–1876) Verbindung auf, um von diesem Stücke zu bekommen, die zur Aufführung geeignet waren. Wenig später erwarb Schmid auf Vermittlung Poccis von Generalleutnant Karl Wilhelm von Heideck für 300 Gulden sein erstes Puppentheater. Weitere 300 Gulden mußte Schmid aufbringen, um ein für die Aufführungen geeignetes Lokal mieten zu können. Ebenfalls mit der Unterstützung von Graf Pocci erhielt Schmid noch im Jahr 1858 die Genehmigung zum Betrieb seines Marionettentheaters. Zur Eröffnung am 5. Dezember 1858 kam ein von Graf Pocci geschriebener Prolog sowie dessen Zauberspiel in drei Akten mit Gesang, „Prinz Rosenrot und Prinzessin Lilienweiß“, zur Aufführung. Die Ankündigung zur Premiere hatte ebenfalls Pocci verfaßt.

Das Marionettentheater hatte von Anfang an gewaltigen Erfolg. Die Nachfrage war so groß, daß Extravorstellungen durchgeführt werden mußten. Bald reichten auch die Plätze nicht mehr aus. Im September 1860 wurde Schmid deshalb ein Saal im königlichen Odeon für sein Theater überlassen. Da dieses jedoch für andere Zwecke wieder gebraucht wurde, setzte eine Odyssee durch verschiedene Münchener Gasthöfe ein, die Schmid nicht nur viel Kraft und Engagement, sondern auch beträchtliche Summen kostete. Eine längere Bleibe fand Schmid mit seinem Theater seit 1888 auf dem sogenannten Maffeianger, bevor die Stadt München den Bau eines Marionettentheaters beschloß. Am 3. November 1900 konnte das Marionettentheater, ein hübscher Bau im Biedermeierstil, an der Blumenstraße eröffnet werden. Dies war ein großer Tag für Joseph Schmid, der von den Münchnern liebevoll „Papa

Schmid" genannt wurde. Damit hatte der Kasperl seine endgültige Heimat gefunden.

Joseph Schmid wurden jetzt die Ehrungen zuteil, die er sich Zeit seines Lebens verdient hatte. 1902 feierte Schmid seinen achtzigsten Geburtstag. Im gleichen Jahr besuchte Prinzregent Luitpold das Puppentheater. Am 5. Dezember 1908 wurde das 50jährige Bestehen des „Münchner Marionettentheaters" mit einer Jubelfeier begangen. Am 31. Dezember 1912 starb Joseph Leonhard Schmid infolge eines Schlaganfalls im Alter von fast 91 Jahren.

Geblieben ist nicht nur die Erinnerung an einen großen Mann, sondern auch sein Puppentheater an der Blumenstraße, geblieben ist der Kasperl, der als Kluger und Weiser alle Schlingen dieser Welt löst, der Kleinen und Großen ein Beispiel dafür ist, daß der Mensch auch in den verzwicktesten Lagen des Lebens nicht zu verzweifeln braucht, wie der Dichter Otto von Schmädel geschrieben hat. Diese Meisterung des Schicksals mit Humor ist wohl der tiefere Sinn des unscheinbaren Spiels, das Jung und Alt gefangen hält und dem Kasperl Larifari zur Unsterblichkeit verholfen hat.

Ludwig Windthorst – ein Amberger Ehrenbürger

Ludwig Windthorst kam am 17. Januar 1812 im Osnabrückischen zur Welt. Nach dem Jurastudium machte der Katholik Windthorst rasch Karriere im traditionell evangelischen Königreich Hannover. Zweimal bekleidete er das Amt des Justizministers. Nach der Reichsgründung 1870/71 schloß sich Windthorst dem „Zentrum" an, dem Sammelbecken des politischen Katholizismus im Reich.

Eine der schwersten Zeiten im Leben des Ludwig Windthorst bildete der schon mehrfach erwähnte „Kulturkampf", bei dem es sich um eine aggressiv geführte Auseinandersetzung des Staates mit der katholischen Kirche im Reich, in

Preußen, aber auch in Bayern handelte. Im Reich und in Preußen war der maßgebliche Träger des „Kulturkampfes" Bismarck, der diesen vor allem gegen das „Zentrum" führte. Damit mußte Ludwig Windthorst zwangsläufig zum Gegenspieler Bismarcks werden. Als es Bismarck – wiederum aus rein taktischen Überlegungen heraus – gelang, durch Verhandlungen mit der Kurie in Rom (1878 beginnend) den „Kulturkampf" beizulegen, bedeutete dies eine empfindliche Niederlage für Windthorst, der sich nun auch vom Papst im Stich gelassen fühlen mußte. Windthorst wandte sich aber nicht nur im „Kulturkampf" gegen Ausnahmegesetze, sondern stand zu seinem Motto „Gleiches Recht für Alle!" So ist es auch zu verstehen, daß die Zentrumspartei unter Windthorst die Zustimmung zum Sozialistengesetz verweigerte, das gegen die Sozialdemokratie gerichtet war. Am 14. März 1891 starb Ludwig Windthorst in Berlin. Seine letzte Ruhestätte fand er vor dem Hochaltar der Marienkirche in Hannover.

Als Teilnehmer des Katholikentages kam Ludwig Windthorst 1884 nach Amberg. Hier erwies er sich nicht nur als eifriger Mitarbeiter bei den verschiedenen Versammlungen, sondern hielt auch zwei aufsehenerregende Reden. Das erste Mal sprach Windthorst anläßlich der „Abend-Unterhaltung" am 1. September 1884 in einer Amberger Turnhalle. Ausgehend von der Beschwerlichkeit des Reisens für einen Mann seines Alters – Windthorst war zu diesem Zeitpunkt bereits 72 Jahre alt – leitete er auf die traditionsreiche Geschichte Ambergs und des Bayerlandes über, um sich dann programmatisch mit dem „Kulturkampf" und der sozialen Frage auseinanderzusetzen. Dabei verwies der Redner auf die Arbeit der Zentrumsfraktion im Reichstag und warb um Stimmen für seine Partei bei der im Oktober bevorstehenden Reichstagwahl. Wie der Chronist bemerkt, beschloß „stürmischer, nicht enden wollender Jubel" die Rede Windthorsts.

Noch begeisterter war der Applaus, den Windthorst für seine Rede auf dem Festbankett bekam, das den Katholikentag beendete. Wieder zeigte der Redner seine Begeisterung für die Stadt Amberg: „Die liebe schöne Stadt Amberg hat uns in einer so freundlichen, so herzlichen, gemütlichen Weise empfangen, daß ich davon ganz begeistert bin, und es ist schwer für einen Norddeutschen begeistert zu werden ... . Die Angaben, die ich von Ambergs Geschichte gehört habe, waren mir recht interessant, aber ich gestehe Ihnen, ich hatte von Amberg, dem freundlichen, liebevollen Städtchen, keine richtige Vorstellung. Nun komme ich hierher, sehe eine Stadt, schön, jedes Haus geschmückt, angenehm zum Ansehen und man hat mir versichert, es wäre hier immer so schön." Launig beendete Windthorst seine Rede: „Heute Morgen, als ich aufwachte, entdeckte ich den Mariahilfberg und da dachte ich mir: In Amberg mußt du dir den Unterstützungswohnsitz verschaffen. Da gehst du heute zum Bürgermeister und sagst: Ich will hier meinen Wohnsitz nehmen, damit, wenn ich einmal auf den Schub durch Deutschland komme, ich hier beim Bürgermeister, der mir gewogen, keine zu karg bemessene Unterstützung erhalte."

Der Bürgermeister der Stadt Amberg, Vinzent König, nahm den Gedanken Windthorsts auf und der Stadtrat beschloß, ihm die Ehrenbürgerwürde zu verleihen.

Der Arbeiterverein „Germania"

Ein gutes Beispiel für einen Amberger Verein ist die „Germania", deren Existenz sich erstmals 1874 nachweisen läßt. Am 17. Dezember dieses Jahres wandte sich Johann Baptist Natter, Schlosser in der königlichen Gewehrfabrik Amberg, an den „hochloblichen Magistrat der Stadt Amberg" und bat um die Genehmigung der Statuten des zukünftigen Vereins. Aus seinem Schreiben wird zweierlei deutlich: Zum einen ist ein Verein mit dem Namen „Germania" nur nach der Gründung des Zweiten Deutschen Kaiserreichs denkbar, galt doch die Figur der „Germania", die auch der Verein auf seiner Fahne führen sollte, als Symbol des Bismarckreichs schlechthin. Als Vereinsemblem wurde sie in Form einer wahrlich walkürenhaften Frauengestalt dargestellt, die mit der linken Hand die Krone des Heiligen Römischen Reiches deutscher Nation hoch hält. Zum anderen handelte es sich bei der „Germania" von vornherein um einen Arbeiterverein. Die Vereine des 19. Jahrhunderts präsentierten sich vielfach als ständisch abgeschlossene Organisationen.

Wie Natter dem Amberger Magistrat mitteilen konnte, „befindet sich in dieser Gesellschaft auch gar keine Politik, sondern nur Unterhaltung mit Musik und Tanz und auch declamatorische Vorträge". Vereinszweck war demnach geselliges Beisammensein mit gehobener Unterhaltung in Form von Musik- oder Wortbeiträgen. Der deutliche Hinweis, daß sich „in dieser Gesellschaft auch gar keine Politik befindet", ist vor dem Hintergrund der bevorstehenden „Sozialistengesetze" zu sehen, mit denen Bismarck seit 1878 die Sozialdemokratie zu bekämpfen suchte. Ein neugegründeter Arbeiterverein stand aus der Sicht der Obrigkeit immer im Zwielicht sozialistischer Umtriebe.

Obgleich sich der Verein noch 1877 neue Statuten gab, scheint er wenig später so gut wie eingeschlafen zu sein. Eine Neubelebung, um nicht zu sagen eine Neugründung, erlebte der Verein 1889. Im Nebenzimmer des Bierwirts Wölflinger in der Lederergasse fand die konstituierende Sitzung statt. Neue Statuten nahm der Verein 1892 an. Nach wie vor verstand sich die „Germania" als „Sammelplatz für diejenigen, welche Sinn und Empfänglichkeit für gemeinnützige, für gesellige, geist- und herzbildende Unterhaltung haben". Im gleichen Jahr wurde auch eine Vereinsfahne angeschafft.

Kurz vor der Jahrhundertwende wandelten sich Charakter und Zweck des Vereins. Seit 1899 führte er die Bezeichnung „Krankenunterstützungsverein Germania Amberg". An erster Stelle standen nun Unterstützung in Krankheits- und Sterbefällen sowie Rechtsschutz, an zweiter „die Pflege von Freundschaft und Kollegialität". Damit trug der Verein den Erfordernissen der Zeit Rechnung. Sein Ende fand er

1934, als er wie auch alle anderen Vereine von den nationalsozialistischen Machthabern aufgelöst wurde.

Der Volkskundler Franz Xaver Schönwerth

Franz Xaver Schönwerth wurde am 18. Mai 1810 als Sohn des Zeichenlehrers Joseph Schönwerth und seiner Frau Josepha, einer geborenen Kirchberger, in Amberg geboren. Seine Kindheit verbrachte er zusammen mit seinen fünf jüngeren Geschwistern in recht bescheidenen Verhältnissen. 1832 absolvierte Schönwerth am Amberger Lyzeum und verließ die Stadt, um an der königlichen Bauakademie in München sein Studium zu beginnen, 1834 wechselte er zum Studium der Rechte und der Geschichte. Im Jahr 1837 legte er das Examen ab.

Fünf Jahre war er Rechtspraktikant am Landgericht Au, bis er beim Bezirksamt München, dem späteren Landratsamt, eine feste Anstellung bekam. 1846 wurde Schönwerth Sekretär König Maximilians II., 1851 königlich-bayerischer Ministerialrat. Ein Jahr später begann Schönwerth mit dem Sammeln des Materials für sein großes volkskundliches Vorhaben, die Aufzeichnung und Erforschung der Sitten und Sagen der Oberpfalz. Am 24. Mai 1886 starb Schönwerth in München, wo er auf dem Alten Nördlichen Friedhof zur letzten Ruhe gebettet wurde.

Schönwerths herausragende Arbeiten liegen – wie bereits erwähnt – im Bereich der Volkskunde. Er widmete seine ganze Kraft der Erforschung der Sitten und Sagen der Oberpfalz. Große Bekanntheit gewannen die von ihm gesammelten Sprichwörter. Aus Amberg stammen die folgenden Beispiele: „Aistand, Waistand", also „Ehestand, Wehestand"; oder „Dar Geizi darhungard midn Stückl Braud in' Mal", also „Der Geizige verhungert mit einem Stück Brot im Mund".

Neben diesen Sprichwörtern steht gleichsam als Momentaufnahme das Brauchtum der verschiedenen Teile der Oberpfalz im Vordergrund des Sammelns von Schönwerth. Ein gutes Beispiel dafür ist die Dokumentation des Weihnachtsbrauchtums der Oberpfalz:

„Christaobmd.

An Christaobmd wird da hali Aobmd ghaltt'n. Dao genga d'Leitt hutz'n zam und unterhaltt'n si. Nao wirds hali Aobmdbraod geß'n, wos jeidas midbringt. So bleib'ms bis zi da Mett'n, waos in Kirch'n genga. D'Kinna gengar ins Bed dawal, und di andarn, dai dahoim bleib'm, richt'n d'Sach fir s'Christkindl. Da Disch wird mid an weiß'n Douch übadeckt und draf a Stickl G'wand firn Voda, d'Mouda, jeidan Kind, firn Knead und Moid g'legt. In bessarn Haisarn stellt mar af die Kloidar an Bam, dea midn Sach und mid Laichtarn zird wird. Da Bam wird lang afghob'm. Af des affi beschirt s'Christkindl. Z'meist bleibt da Voda z'Haus. Dea bratt d'Mettnwürscht, um Weihnacht'n wird g'stocha. Kumma d'Leitt as da Mett'n, werd'n d'Würscht gess'n. Untta da Mettn riad'n d'Ochs'n in Stoll oda alles Vaich. Dao legt man si unttan Groand, nao hayard mas."

Brauchtum in der „Zeit zwischen den Jahren"

Die wenigen Tage zwischen Weihnachten und dem 1. Januar werden häufig als „Zeit zwischen den Jahren" bezeichnet. Der Grund dafür liegt darin, daß es im Mittelalter, aber auch noch in der frühen Neuzeit unterschiedliche Jahresanfänge gab. Am beliebtesten als Neujahrstag war dabei der Weihnachtstag, der 25. Dezember. Vor allem die kaiserliche Kanzlei des Heiligen Römischen Reiches deutscher Nation ging von dieser Datierung aus, die man deshalb als „Weihnachtsstil" bezeichnete. Dem gegenüber bestand der

sogenannte „Circumcisionsstil", benannt nach dem lateinischen Namen des Festes der Beschneidung des Herrn, das die Kirche von alters her am 1. Januar beging. 1691 legte Papst Innozenz XII. (1691–1700) den 1. Januar verbindlich als Neujahrstermin fest. Die Kirche besaß traditionell im Bereich des Kalenders eine Vorreiterrolle. Dies wurde bereits bei der Einführung des Gregorianischen Kalenders im Jahre 1582 deutlich. Aus der Existenz der beiden genannten Neujahrsanfänge dürfte sich für die dazwischen liegenden Tage der Begriff „Zeit zwischen den Jahren" eingebürgert haben.

Diesen Tagen kam von alters her eine besondere Bedeutung zu, vor allem dann, wenn man den Zeitraum um einige Tage weiter faßt, bis hin zum Dreikönigsfest. Der so entstehende Zeitraum, beginnend am Weihnachtsfest, zählt zwölf Nächte, die häufig als Rauh- oder Rauchnächte bezeichnet werden. Der Name leitet sich nach Johann Andreas Schmeller von dem im Umkreis des Dreikönigstages üblichen kirchlichen Beräuchern und Besprengen der Wohnung ab. Diese Nächte hielt der Volksglaube als geeignet, sich mit der Welt der Geister in Verbindung zu setzen, aber auch etwas über die eigene Zukunft zu erfahren. Als besonders günstig galten dafür die Nächte zum Christtag, zum Neujahrs- und Dreikönigstag. Nicht zufällig entwikkelte sich im Umkreis dieser Tage ein eigenes Brauchtum, häufig gepaart mit entsprechendem Aberglauben.

Die meisten Bräuche zielten darauf ab, etwas über die eigene Zukunft zu erfahren. Am meisten verbreitet war dabei auch in der Oberpfalz das Bleigießen, „welches oft bei Punsch und Torten oder Kletzenbrot und Apfelwein, bald im Ernste, bald zu fröhlichem Scherze getrieben wird", wie Lehner schrieb. „Man läßt nämlich geschmolzenes Blei (oder Zinn) durch einen Schlüsselgriff ins Wasser laufen und sucht die entstandenen Figuren für das Geschehen im neuen Jahr zu deuten; so besagen derbe Klumpen Reichtum (Silberbatzen), ringartige Gebilde Verlobung oder Heirat, Blumensträuße viele Verehrer, usw."

Vielfach galten diese zwölf Tage aber auch als Lostage für

das Wetter der zwölf Monate des nächsten Jahres. Mancherorts wurden deshalb in der Silvesternacht zwölf Zwiebelschalen mit Salz bestreut. Je nachdem diese nun mehr oder weniger naß wurden, fiel der betreffende Monat regnerisch oder sonnig aus. Dem Bauernkalender zufolge ließ die Witterung am 26., 27. und 28. Dezember Aussagen für die drei Haupterntezeiten von Heu, Getreide und Grummet zu.

Die Silvesternacht war aber auch die Losnacht, um etwas über den Zukünftigen oder die Zukünftige zu erfahren. Gerade in diesem Bereich hatte sich ein sehr umfangreiches Brauchtum entwickelt. Beliebt war es bei jungen Mädchen, vor dem Schlafengehen folgenden Vers zu sagen: „Bettstadl i tritt die (dabei steigt man im Bett herum), heiliger Sylvester i bitt di, laß mi mein Zukünftigen sehng, wie a geht und steht und wie a mit mir zum Traualtar geht." Mit etwas Glück erschien dem Mädchen dann der Zukünftige im Traum. Ein beliebtes Verfahren war dabei auch, daß das Mädchen am Silvesterabend einen Pantoffel über die rechte Schulter gegen die Türe warf. Zeigte die Spitze gegen die Tür, so verließ sie im nächsten Jahr das Elternhaus als Braut; zeigte die Spitze aber ins Zimmer, so mußte sie noch ein weiteres Jahr zuhause bleiben. Hatte das Mädchen aber noch keinen Schatz, so riß sie sich in der Silvesternacht ein Haar aus und legte dieses in eine Schüssel mit kaltem Wasser. Dabei ringelte sich das Haar auf und verriet den Anfangsbuchstaben des Zukünftigen.

Zu Beginn des 19. Jahrhunderts wandte sich der aufgeklärte Staat nicht nur gegen die „abergläubischen und kindischen Wahrsagereien und Spiele", sondern auch gegen das „unanständige und gefährliche Flinten- und Pistolenschießen, Raketen-, Frösch- und Granatenwesen besonders in der Christ- und neuen Jahrsnacht". Letzteres wurde nicht nur wegen dem damit verbundenen Aberglauben, auf diese Weise Geister und Dämonen durch entsprechenden Krach zu verjagen, untersagt, sondern auch wegen der Feuersgefahr. Gleichzeitig ist dies aber ein guter Hinweis darauf, daß das neue Jahr auch schon damals mit Böllern und Raketen angeschossen wurde.

Gesellschaftliches Leben im ausgehenden 19. Jahrhundert

Einen wesentlichen Punkt des gesellschaftlichen Lebens bildete damals wie heute das Theater. Mit einer Anzeige in der „Amberger Volks-Zeitung“ vom 11. September des Jahres 1894 lud Direktor Franz Paul Baudrexler die „verehrlichen Honoratioren“ sowie die „hochgeschätzte Bürgerschaft der Stadt Amberg“ zur Eröffnungsvorstellung des Amberger Stadttheaters am 7. Oktober 1894 ein. Sein Repertoire umfaßte „Operetten, Schau- und Lustspiel, Volksstück und Possen“. Am 7. Oktober hob sich der Vorhang für „Das Heiratsnest“, „neuestes“ Lustspiel von Gustav Davis, das Bandrexler in der Presse nicht nur als „Novität“, sondern auch als „Großen Erfolg des Hoftheaters in Wien“ ankündigte.

Neben dem Theater waren es – wie bereits erwähnt – vor allem die Vereine unterschiedlichster Art, die zur Intensivierung gesellschaftlichen Lebens beitrugen. Dabei ist zu unterscheiden zwischen regelmäßigen Veranstaltungen wie Versammlungen und Besprechungen und sonstigen Zusammenkünften, zu denen in der örtlichen Presse geladen wurde. Ein gutes Beispiel hierfür ist die Ausgabe der „Amberger Volks-Zeitung“ vom 7. September 1894. Der „Turnverein Amberg“ lud seine Mitglieder zu einer Turnstunde ein. Am darauffolgenden Samstag veranstaltete der Verein ab sieben Uhr abends in der „Münchener Bierhalle“ eine „Familienunterhaltung“, am kommenden Sonntag eine „Turnfahrt nach Raigering“, zu der um drei Uhr nachmittags Abmarsch beim Ziegeltor war. In der gleichen Ausgabe forderten der „Bienenzucht-Verein“, der „Kriegerbund Amberg und Umgebung“, der „Lehrlingsschutz-Verein“ und der „Verein deutscher Waffenbrüder Amberg und Umgebung“ ihre jeweiligen Mitglieder zur Teilnahme an „Monatsversammlungen“ auf. Der „Arbeiter-Verein Bavaria“ lud für den kommenden Sonntag zu einer „Familienunterhaltung“ ein.

Daß sich die Vereine auch um gehobene Unterhaltung bemühten, und nicht nur auf bierselige Zusammenkünfte abzielten, unterstreicht eine Feier des „Lehrlingsschutz-Vereins Amberg". Dieser veranstaltete am 7. Oktober 1894 nachmittags um fünf Uhr anläßlich des „Namenstags-Festes seines Ehrenpräses, des hochwürdigen geistlichen Rathes Helmberger" eine Theaterunterhaltung, bei der unter anderem auch ein Stück des Franz Graf von Pocci, „Der Kasperl in China", aufgeführt wurde.

Das Spektrum der Vereine war ungleich größer als heute. Neben politischen Vereinigungen bestanden soziale Vereine wie Arbeiter-, Gesellen- und Lehrlingsvereine. Die Sänger trafen sich im „Gesangverein Amberg" oder in der „Liedertafel", die Radfahrer im „Amberger Velociped-Club", die Kaufleute im „Gewerbeverein" oder im „Kaufmännischen Verein ‚Merkur'".

Abgerundet wurden diese gesellschaftlichen Veranstaltungen durch Aufführungen oder Ereignisse, die sich nicht an eine bestimmte Gruppe, sondern an die ganze Bevölkerung wandten. So gab am 29. Oktober 1894 abends um acht Uhr eine neapolitanische Künstlertruppe im Nationalkostüm im Schieferl-Keller ein großes Konzert. Am 25. November 1894 gastierte die Karlsbader Streichmusik- und Sängergesellschaft im Gasthof Mayerhofer.

Der wesentlichste Faktor des gesellschaftlichen Lebens in Amberg am Ende des 19. Jahrhunderts war aber trotz einer ganzen Reihe von Veranstaltungen der Verein. In der Zugehörigkeit zu den verschiedenen Vereinen spiegelt sich auch die soziale Gliederung der damaligen Gesellschaft recht anschaulich wieder. Während sich die „Honoratioren" beispielsweise in der „Amberger Casinogesellschaft" trafen, kamen die Arbeiter in Vereinen zusammen, denen sie ganz bewußt die Bezeichnung „Arbeiterverein" gaben. Schichtübergreifend konnten allenfalls die Sportvereine wirken, obgleich „man" sich hier ebenfalls wieder in bestimmten Vereinen traf.

Fasching 1893

Ereignisse wie Fasching finden nur selten Niederschlag in Akten oder Chroniken. Eine gute Quelle dafür sind die Zeitungen, weshalb sich auch der Fasching des Jahres 1893 überwiegend in Presseberichten und Anzeigen der „Amberger Volks-Zeitung für Stadt und Land" dokumentieren läßt.

Am 12. Januar 1893 findet sich bereits ein Inserat, das für eine „Carnevalsunterhaltung mit Theater und Tanz" am 9. Februar im Casinosaal warb. Am gleichen Tag lud die Gesellschaft „Sulzbeckia" für den 25. Januar 1893 zu einem „Herrenabend im Schieferlkeller". Zur Aufführung sollten dabei – wie die Anzeige versprach – „komische Szenen, lebende Bilder, Kouplets und sonstige musikalische und deklamatorische Scherze" kommen. Besonders die versprochenen lebenden Bilder dürften sich regen Zuspruchs der damaligen Männerwelt erfreut haben, stellten doch dabei zumeist junge Schauspielerinnen bedeutende Gestalten der römischen oder griechischen Antike recht naturalistisch dar. Bedingung dabei war, daß sich die Damen nicht bewegen durften.

Am Samstag, dem 14. Januar, war Hausball im „Goldenen Anker" sowie im „Badegarten". Am 21. Januar fand im Saal der „Bamberger Bierhalle" ein „Maskirtes Tanzkränzchen" statt. „Hierzu haben außer den Betriebsangehörigen nur die speziell geladenen Vereine, sowie mit Karten Versehene Zutritt." Und weiter heißt es in der Anzeige: „Masken haben sich am Saaleingang Kontrollzeichen, Nichtmaskirte ein Maskenzeichen zu lösen. Dominos und Altweibermasken sind ausgeschlossen." Die Ball- und Maskengarderobe bezogen die Amberger bei der Firma Ludwig Arnold in der Georgenstraße, die diese auch reinigte und färbte. „Ball-Kravatten und Ball-Handschuhe" bot Xaver Plank in großer Auswahl an. Die „Masken-Kostüm-Verleih-Anstalt" von Fanny Alafberg empfahl ihre „neuen und gebrauchten Kostüme für Herren und Damen bestens". Daneben gab es auch Großanbieter, wie etwa die Bonner Fahnenfabrik, „die prächtige Masken-Costüme in effektreicher, stilvoller Ausführung, fürstlich elegante Masken-Costüme, z.B. historische, mythologische, allegorische Costüme, Nationaltrachten, billige Phantasie-Costüme (für Herren und Damen)" anbot.

Faschingsveranstaltungen führten aber auch die verschiedenen Amberger Vereine durch. Der „Liederkranz" veranstaltete am 4. Februar eine „maskirte Faschingsunterhaltung", die – wie es in der Anzeige heißt – „theatralische Aufführungen mit nachfolgendem Tanz" versprach. Am gleichen Abend hielt die Schützengesellschaft „Tell" ein „Maskirtes Tanzkränzchen" im Saale des „Schieferlkellers" ab. Ebenfalls am 4. Februar feierten die „Hotel-, Offiziers- und Hausdiener Ambergs" ihr „Tanz-Kränzchen" in der „Bamberger Bierhalle". Am 6. Februar war die „Faschings-Unterhaltung" des „Gesangvereins Amberg" im großen Saal des Josefs-Hauses.

Da der Fasching des Jahres 1893 sehr kurz war, drängten sich die Termine ab Anfang Februar regelrecht. Der Valentinstag, der 14. Februar, war bereits Faschingsdienstag. Deshalb fanden viele Veranstaltungen auch unter der Woche statt. Am 6. Februar, einem Montag, war „Haus-Ball im Keller-Saale der Brauerei Schieferl", am 7. Februar „Hausfastnacht" in der „Bamberger Bierhalle". Die „Carnevalsunterhaltung" der „Sulzbeckia" war am Donnerstag, dem 9. Februar im Casinosaal. Einen Höhepunkt erreichten die Vergnügungen zum Faschingswochenende, zu dem praktisch jedes Amberger Lokal Faschingsveranstaltungen ankündigte. In Mode kamen allmählich auch „ächte Münchener Weißwürste", wie sie der Gasthof „Zur Krone" anbot. Ein gutes Geschäft dürfte auch Josef Glötzner gemacht haben, der „Kieler Bücklinge und Sprotten, Bismarckhäringe ohne Gräten, gesulzte, geräucherte und marinirte Häringe" in seinem Angebot hatte.

Amberger Faschingszüge

Der erste Faschingszug in Amberg, der sich schriftlich fassen läßt, wurde 1606 durchgeführt. Das Handwerk der Schreiner wandte sich mit der Bitte an den Rat der Stadt, seine Fastnacht durchführen zu dürfen. Dabei wollten sie einen Umzug machen, Lichter in die Vils werfen und einen Tanz abhalten. Mit Ausnahme des Tanzvergnügens genehmigte der Rat das Gesuch der Schreinerzunft.

Erst im 19. Jahrhundert lassen sich wieder Faschingszüge in Amberg nachweisen. Einer der größten Umzüge fand 1898 statt. Ausführlich berichtete die „Amberger Volks-Zeitung" über die Veranstaltung, die am Faschingssonntag, dem 20. Februar durchgeführt wurde. Wie das Blatt berichtete, kamen dabei auch zahlreiche Besucher von auswärts nach Amberg: „Die gestrigen Morgen- und Mittagszüge spieen an unserem Bahnhofe eine Menge Menschen von auswärts aus, welche alsbald in Verbindung mit den Kirchenbesuchern in den Hauptstraßen das Bild eines großstädtischen Treibens erscheinen ließen. Der weit und breit angekündigte Maskenzug hatte sie angelockt." Offensichtlich hatte es im Vorfeld der Veranstaltung auch kritische Stimmen gegeben: „Mit skeptischem Lächeln mag sich dieser und jener, der die Vorbereitungen nicht kannte, gefragt haben, ob alle diese Schaulustigen wohl ihre Rechnung finden würden. Ein Maskenzug in Amberg? Geh weiter, so was bringen's ja meiner Lebtag nit z' samm. Dös könna's in Münka droben macha, wo's Künstla gnua ham, aber d'Amberger Spießen san doch koa Künstla." Entgegen diesen kritischen Stimmen wurde der Maskenzug aber ein großartiger Erfolg. Weniger positiv als den Zug beurteilte das Blatt das Publikum, das den Weg säumte. „Zu einem ächten fröhlichen Karnevalstreiben gehört unbedingt auch die Teilnahme des großen Publikums, das nicht so trocken und humorlos dabeistehen soll, wie das meistens der Fall war."

Das närrische Treiben wurde von Zeugfeldwebel Striegel, Stadtbaurat Ruck und Zahntechniker Ehrensberger organisiert. Das Motto des Zuges war „Afrika", die Zugfolge nannte 43 einzelne Nummern. An der Spitze ritt ein Mohr, das Ende bildete die Amberger Bürgerwehr. Die verschiedenen Kostüme, aber auch die Festwagen werden als durchwegs prächtig beschrieben: „Unter den vielen Wagen fielen durch ihre Schönheit besonders der Festwagen Sr. närrischen Hoheit und dann der ägyptische Garten auf, dessen duftigsten Schmuck anmuthige Damen in Festgewändern bildeten. ... Höchst originell waren: Der Wagen mit den afrikanischen Naturforschern und deren Sammlung aus der tropischen Fauna und Flora, ferner das Indianerlager mit Feuer und Marterpfahl, die ostafrikanische Wurstfabrikation und die Urwilden."

Die Zusammensetzung dieses Zuges ist auch unter kulturhistorischen Gründen recht interessant, zeigt es doch welches Bild vom fernen Afrika in Mitteleuropa am Ausgang des 19. Jahrhunderts herrschte. So nahm ein arabischer Stamm, „dargestellt durch seinen Fürsten und Würdenträger" – wie es im Programm hieß – ebenso teil wie eine „mohamedanische Pilgergruppe auf dem Weg nach Mekka" oder eine Gruppe, die sich selbst als „afrikanische Noblesse" bezeichnete. Dargestellt wurden aber auch die Europäer, die in Afrika lebten und arbeiteten. Neben den schon erwähnten „Afrikaforschern" waren dies ein „Minenbesitzer aus Prätoria" oder die „Ostafrikanische Brauerei-Gesellschaft". Wenngleich der Maskenzug aus unserer Sicht manche Vorurteile über fremde Völker und Kulturen bestätigte, war er doch eines jener Ereignisse, an die sich die Amberger noch lange und gerne erinnern sollten.

Die Israelitische Kultusgemeinde Amberg

Die Anfänge zur Bildung einer jüdischen Gemeinde in Amberg gehen auf das Jahr 1881 zurück, als dem Stadtmagistrat Amberg angezeigt wurde, daß im Haus des Herrn Weinschenk in der Oberen Nabburger Straße ein „Betlokal" eingerichtet worden war. Wie aus einem Schreiben Weinschenks hervorgeht, belief sich 1891 „die Zahl derjenigen Einwohner Ambergs, welche sich zur mosaischen Confession bekennen, auf 81 Seelen". Erstmals wurden Überlegungen angestellt, „sich Gottesdienst und Religionsunterricht zu verschaffen und nicht, wie dies früher eine lange Reihe von Jahren geschehen ist, beides bei der Israelitischen Cultusgemeinde Sulzbach zu suchen". Dazu wurde eine „Privatgesellschaft" gegründet, die Israel Rosenthaler, der das Lehrerseminar in Würzburg absolviert hatte und „dem man den ganzen Cultus, besonders die Leitung des Religionsunterrichtes und Gottesdienstes übertrug", anstellte. Rosenthaler erklärte persönlich vor dem Amberger Stadtmagistrat, daß er mit Vertrag vom 16. Februar 1891 zum „Privatreligionslehrer, Vorbeter und Schächter" bestellt worden war.

Ein Jahr später, am 20. November 1892, versammelte sich eine Reihe von Amberger Juden in der Wohnung des Sigmund Oestreicher, um die Statuten der zu gründenden Israelitischen Kultusgemeinde zu erörtern. Im Februar 1893 beschäftigte sich die Regierung erstmals mit der Bildung einer eigenen Kultusgemeinde in Amberg. Dabei wurde deutlich, daß sich von den 17 „großjährigen, selbständigen, männlichen Personen mosaischer Konfession" zehn für den Statutenentwurf und damit für die Abtrennung von der Kultusgemeinde Sulzbach ausgesprochen hatten. Die Verhandlungen über die Bildung einer eigenen Amberger Kultusgemeinde zogen sich noch ein weiteres Jahr hin. Ihre Errichtung wurde mit Regierungsentschließung vom 3. Juli 1894 genehmigt.

Aus einer Erklärung der Israelitischen Kultusgemeinde Sulzbach, „die Erledigung des Rabbinats Floß betr." vom 18. Januar 1897 wird deutlich, daß auch die Israelitische Gemeinde Amberg (finanziell) stark belastet war, „die für die Herstellung einer Synagoge 36 000–40 000 Mark aufzubringen hatte". Aus diesem Schreiben geht auch das genaue Datum der Einweihung der Synagoge, der 3. Dezember 1896, hervor.

Diese Datierung wird durch die „Chronik der Stadt Amberg" bestärkt, in der es zum Jahr 1896 im Unterabschnitt „Kirchen" heißt: „Die Israelitische Kultusgemeinde erwarb für 28 000 Mark das Haus Salzgasse C 186, das früher dem Justizrat Gaßner gehörte." Nach dem „Amberger Adreßkalender" für 1897 findet sich als Eigentümerin der beiden Anwesen Salzgasse C 186 und 187 die Israelitische Kultusgemeinde „mit Betsaal" sowie deren Vorstand Sigmund Oestreicher genannt; „wohnhaft" war dort der Israelitische Religionslehrer Bernhard Gutmann.

Offiziell hatte die Israelitische Kultusgemeinde bis zum Karfreitag des Jahres 1942 Bestand, an dem die letzten jüdischen Familien deportiert wurden. Eine Neugründung erfolgte nach 1945.

Weihnachtsbaum und Weihnachtskrippe

Baum und Krippe sind bis heute untrennbar mit dem Weihnachtsfest verbunden. Im Vergleich zur Krippe ist der Weihnachtsbaum, in Süddeutschland bekannter unter dem Namen Christbaum, ein relativ junger Brauch. Der erste Christbaum läßt sich 1642 in Straßburg nachweisen, Ende des 18. Jahrhunderts setzte er sich allgemein durch. Im Tannenbaum lebt der schon vorchristliche Gedanke vom „ewigen" Grün als Symbol der Lebenskraft fort. Deshalb wurde der als heidnisch empfundene Brauch des Aufstellens von

Christbäumen ursprünglich von der Kirche – wenngleich vergeblich – bekämpft.

Der Brauch der Darstellung des Stalles von Bethlehem mit den Figuren der Weihnacht läßt sich bereits im vierten nachchristlichen Jahrhundert in Rom nachweisen. Neubelebt wurde die Krippe an Weihnachten des Jahres 1223 durch Franz von Assisi im Wald von Greccio. Der erste urkundliche Nachweis für eine Krippe in unserem Sinn, mit Stall und vollplastischen Figuren, stammt aus Neapel. Für die Kirche St. Giovanni Carbonara lieferten die Krippenmeister Pietro und Giovanni Alemanno im Jahr 1478 eine Krippe mit Figuren. Die erste Krippe, die sich in Bayern belegen läßt, wurde im Jahr 1491 von dem Maler und Historiker Ulrich Fueterer für den Münchener Hof des bayerischen Herzogs geliefert. Die erste Kirchenkrippe in Bayern wurde von den Jesuiten am Weihnachtsfest des Jahres 1596 in der Münchener Michaelskirche aufgestellt.

Die Jesuiten brachten die Krippe auch nach Amberg. Bereits am ersten Weihnachtsfest, das sie 1621 in Amberg feierten, läßt sich eine Krippe nachweisen. In der Folgezeit gab es auch Krippen in der Franziskaner-, Berg- und St. Martinskirche. Sie waren Ausdruck barocker Volksfrömmigkeit, die dem Gläubigen das Geschehen der Heiligen Nacht möglichst plastisch vor Augen führen wollte. Häufig wurde deshalb das Geschehen in seiner szenischen Darstellung in die weitere oder engere Heimat verlegt. Dies gilt sowohl für die Gestaltung des Stalles, aber auch für die Kleidung der Figuren.

Der aufgeklärte Staat am Übergang vom 18. zum 19. Jahrhundert erachtete „solche Vehikel zur religiösen Aufklärung", so der Generallandeskommissar Friedrich Graf von Thürheim, für überflüssig und beseitigte die liebgewordenen Traditionen auf dem Verordnungsweg. In dieser Zeit dürften auch die Amberger Krippen zugrunde gegangen sein.

Das Volk vermißte seine Krippen und schon 1843 wurde in der Amberger Mariahilfkirche wieder eine aufgestellt. Die heute noch gezeigten übrigen Amberger Krippen entstanden erst in unserem Jahrhundert, 1929 in der St. Georgs-, 1931 in der Schulkirche und 1935 in St. Martin. In den Folgejahren wurden auch in St. Sebastian, St. Katharina und Hl. Dreifaltigkeit Krippen aufgestellt. Ihre Entstehung ist mit dem 1924 gegründeten Amberger Krippenverein verbunden.

Leider wissen wir im Vergleich zur Krippe über die Tradition des Christbaums in Amberg nur wenig. Vereinzelt finden sich zu Beginn unseres Jahrhunderts Anzeigen in der Amberger Presse, die den Christbaumverkauf ankündigten. Spärlich sind auch Annoncen für Christbaumschmuck, der zumeist aus Kerzen, Zuckergebäck, Äpfeln und Engelshaar bestand.

Die Krippe auf dem Mariahilfberg

Die älteste Krippe Ambergs wird alljährlich in der Mariahilfbergkirche aufgestellt. Sie wurde von dem Franziskaner Vinzenz Hafner geschaffen, der im Jahr 1849 nach Amberg gekommen war. Bis 1885 wirkte Hafner als Mesner und Schneider im Franziskanerhospiz auf dem Mariahilfberg. Die von Hafner geschaffene Krippe war – wie bereits erwähnt – nicht die erste, die in der Mariahilfbergkirche gezeigt wurde. Die Vorgängerkrippe läßt sich erstmals in einer Kirchenrechnung aus dem Jahr 1744 nachweisen. Die Handwerker, die in dieser Rechnung genannt werden, sind auch sonst keine unbekannten, der Bildhauer Johann Peter Hirsch, der Maler Georg Mathias Pesl und der Schreiner Peter Pacher, um nur einige zu nennen. Johann Peter Hirsch hatte auch den Entwurf für den Hochaltar der Bergkirche gefertigt. Die Familie Pacher war weit über die Grenzen der Stadt Amberg für ihre Schreinerarbeiten von hohem künstlerischem Rang bekannt. Man hatte sich wohl schon bereits bei der Auftragsvergabe bemüht, mit der Krippe ein kleines Kunstwerk zu schaffen. Die Besonderheit dieser Krippe war, daß sie nicht nur das Weihnachtsgeschehen vor Augen führte, sondern mit ihren 250 Figuren die wichtigsten Stationen aus dem Leben Jesu zeigte. Wie Fresken und Altarbilder war auch die Krippe eine Möglichkeit, dem Volk theologische Inhalte zu veranschaulichen.

Mit der Aufklärung im ausgehenden 18. und beginnenden 19. Jahrhundert fand die Üppigkeit barocken religiösen Lebens und Erlebens ihr abruptes Ende. Verbote gegen Wallfahrten, Prozessionen, heilige Gräber in der Karwoche und eben auch die Krippen wurden erlassen. Begründet wurden die Verbote zumeist so: damit nicht „die Erhabenheit des Gegenstandes ... zu einer Unterhaltung herabgewürdigt wird, was zum begründeten Ärgernis gereicht" oder „bei dem unausgesetzten Bestreben, die Gottesverehrung auf jene Reinheit zurückzuführen, die allein der Erhabenheit derselben entspricht, und alles zu entfernen, was dieser zuwider sich nach und nach eingeschlichen hat". Die Krippen wurden 1789 und 1803 verboten. Erst 1832 begannen die Amberger Franziskaner, die Krippe wieder aufzustellen. Als Frater Vinzenz Hafner 1849 nach Amberg kam, hatte man auf dem Berg bereits wieder an die frühere Krippentradition angeknüpft. Frater Vinzenz ging in den Folgejahren daran, seine Krippe zu schaffen. Anfangs verwendete er noch die alten Figuren, um sie dann ganz allmählich gegen eigene Schöpfungen auszutauschen.

In diesem Nebeneinander sieht Otto Schmidt auch den Grund für den „Einschlag des ausdrucksstarken 18. Jahrhunderts bei unserer Bergkrippe ..., denn manche besonders prächtige Szene, wie die Anbetung der Könige oder die Hirtenverkündigung, entstammen doch mehr dem lebensvollen Barock und Rokoko als dem blassen Nazarenerstil".

Abschließend sei noch eine Besonderheit erwähnt, die zeigt, daß auch Frater Vinzenz Hafner ein Kind seiner Zeit und ihrer politischen Strömungen war. Die Auseinandersetzungen zwischen Bismarck und dem politischen Katholizismus in Deutschland im sogenannten „Kulturkampf" nahm Frater Hafner zum Anlaß, Bismarck als Lakaien ins Gefolge der Heiligen Dreikönige zu stellen.

Die Amberger Weihnacht von 1893

Der Alltag des Menschen läßt sich nur unzureichend aus dem amtlichen Schriftgut vergangener Tage rekonstruieren. Hilfreich sind hier oft alte Zeitungsausgaben mit ihren Berichten und Inseraten. Um feststellen zu können, wie die Amberger im ausgehenden 19. Jahrhundert Weihnachten feierten, wurde deshalb exemplarisch die „Amberger Volks-Zeitung" von 1893 durchgesehen. Zum überwiegenden Teil fanden sich dabei Annoncen, die auf das leibliche Wohl abzielten. Wer es sich leisten konnte, wollte sich an Weihnachten kulinarisch verwöhnen. Das Spektrum des Angebots war dabei erstaunlich breit. Die Delikatessenhandlung Josef Endres offerierte: „Thüringer Knackwürste, Wiener Kreenwürstl, Dresdener Appetitwürste, Fränkische Griefenwürstl, Aechte Frankfurter Bratwürste, feinsten Wurstaufschnitt, Pommersche Gänse-Roll-Brüste, kleine Delikateß-, Koch- und Nußschinken, Cervelat-, Trüffel- und Sardellenwürste, Straßburger Gänseleberwürste." Ihr Angebot wurde abgerundet durch „Gänseleberpastete in Terrinnen, französischen Kopfsalat, frischen Rheinsalm, Donauschill und Ostender Seezungen". Bei Josef Glötzner konnte die Amberger Hausfrau „1a Braunschweiger Stangenspargel" beziehen, bei der Fisch- und Wildhandlung Merkl in der Schiffgasse Rehwildbret. „Christbaumkonfekt, selbstverfertigte gute Ware und Nürnberger Lebkuchen" verkaufte die Konditorei Andreas Gierl im Eichenforstgäßchen.

Zum guten Essen gehörten auch entsprechende Getränke. Die Firma Josef Marx bot dazu an: „Arac, Rum, Cognac, Liqueure, Thee's, Chocolade und diverse Gewürze." Der Jahreszeit entsprechend waren die Amberger auch an heißen Getränken interessiert. Ein optisch recht ansprechend gestaltetes Inserat warb für „Dr. Adolf Pfannenstiel's Heidelbeer-Punsch-Essenz", die – zumindest der Anzeige zufolge – „vermöge ihrer rationellen Zusammensetzung der Gesundheit des Menschen zuträglich wie kein anderes

Genußmittel und bei Influenza und anderen Seuchen ein Schutz und Heilmittel ohne Gleichen" war. Regen Zuspruch fand auch der Portwein-Punsch, den Adam Geiger im „Schloderer-Laden" verkaufte. „Medizinal-, Frühstücks-, Dessert- und Tafelweine" waren darüber hinaus auch ein „stets willkommenes Weihnachtsgeschenk", wie aus einem Inserat der Firma August Fleischmann hervorgeht.

Wesentlich einfacher fielen die Weihnachtsgeschenke aus. Gegenstände des täglichen Bedarfs und Kleidung überwogen. Nur wenige Amberger Firmen boten überhaupt Weihnachtsgeschenke an. Für Kinder findet sich nur eine Anzeige: Ein kleines Mädchen im Matrosenkleid warb für „Richters Anker-Steinbaukasten". Der Anzeige zufolge „stehen diese nach wie vor unerreicht da; sie sind das beliebteste Weihnachtsgeschenk für Kinder über drei Jahre. Sie sind billiger wie jedes andere Geschenk, weil sie viele Jahre halten und sogar nach längerer Zeit noch ergänzt und vergrößert werden können".

Der Amberger Uhrmacher und Optiker Kaindl empfahl: „Damen- und Herren-Uhren, Regulateure und Wanduhren, Brillen und Zwicker, Operngläser, Feldstecher, Fernrohre, Barometer, Thermometer, Stereoskope und Bilder dazu sowie Symphonions." Die Firma Dratschmid am Malteserplatz bot an: „Schreibunterlagen, Feder-, Farb- und Tuschkasten, Schreibzeuge aller Art, Brieföffner, Papiermesser und Glückwunschkarten ‚Fröhliche Weihnachten'." Zigarren verkaufte die Firma Lembke gegenüber der Stadtpost. Relativ kleinen Raum nehmen die Anzeigen ein, die etwa für Schmuck warben. So findet sich ein Inserat von Xaver Ortner, „Juwelen, Gold und Silberwaren". Dies zeigt, daß die wenigen betuchten Kunden wußten, wo sie ihre Pretiosen erwerben konnten. Wichtiger war den meisten sicherlich eine warme Stube. Hierfür empfahlen sich die Produkte der Firma Kallmünzer, deren Sortiment: „1a Pechstückkohlen, 1a Pechwürfelkohlen, staubfrei und gewaschen, Duxer Salon-Braunkohlen und Königsberger Briquettes" umfaßte.

„Mittelchen“ für Damen und Herren

Zeitungsausgaben des ausgehenden 19. Jahrhunderts sind nicht nur im Hinblick auf die dort gemeldeten Nachrichten interessant, sondern häufig auch wegen ihrer Anzeigen und Inserate. Diese Annoncen sind eine wichtige kulturgeschichtliche Quelle. Sie zeigen, daß sich die Wünsche und Sehnsüchte des Menschen nur wenig geändert haben: Gesundheit, reine Haut, straffer Busen, volles Haar, Maneskraft, elegante Bekleidung, usw.

Am 10. Januar 1891 warb im „Amberger Tagblatt“ eine üppige „Loreley“ umgeben von Männern mit den herrlichsten Bärten für „Germania-Pomade“, die sich der Anzeige zufolge „zur Förderung und Erlangung eines schönen Haar- und Bartwuchses stets bewährt hat“. Der Erfolg des Produktes wurde garantiert. Der postfreie Versand erfolgte gegen Nachnahme oder Vorkasse von zwei Mark an „P. Gutbier's Kosmetische Officin, Berlin, Bernburgerstraße 6“. Für „zarte, schöne Haut, feinen Teint“ sorgte Doering's Seife, deren ganzes Geheimnis, „jugendfrisches Aussehen auch in den gereifteren Jahren zu erhalten, darin besteht“ – wie der Anzeige zu entnehmen ist – „daß man die Haut pflegt, sie zart und geschmeidig erhält und sich von der Anwendung schlechter, sodascharfer Seifen hütet.“

„Stollwerck'sche Brustbonbons nach Vorschrift des Geheimen Hofrats Prof. Dr. Harless in Bonn, sind eine Specialität, welche seit 50 Jahren in der ganzen Welt Millionen Menschen bei katarrhischen Hals- und Brustbeschwerden, bei Husten, Heiserkeit etc. Linderung und Hülfe gebracht haben.“ – „Heilung der Unterleibs-Brüche“ versprach die „vorschriftsmäßige Anwendung des seit 1809 bekannten, bis jetzt unübertroffenen Dr. Tanzerschen Bruchbalsams.“ – „Mannesschwäche ... heilt gründlich und andauernd ohne Berufsstörung, gestützt auf 27jährige Erfahrung Prof. med. Dr. Bisenz, Spezial-Arzt für Geschlechts-Krankheiten“, in Wien, IX. Bezirk, Porzellangasse 31 a.

„Mariazeller Magentropfen“ sollten bei „Krankheiten des Magens, Verdauungsstörungen, deren Ursachen und Folgen“ helfen. – „Zur sofortigen Erfrischung sowie Erwärmung des Körpers“ empfahlen sich „Pfeffermünz-Pastillen bereitet mit feinstem englischen Pfeffermünz-Oel aus der Fabrik von Gebr. Stollwerck in Köln.“ – „Professor Dr. Liebers' Nerven-Kraft-Elixir“ war „besonders gegen Schwächezustände, Herzklopfen, Angstgefühle, Beklemmung und Schlaflosigkeit“ anzuwenden.

„Dentila stillt augenblicklich jeden Zahnschmerz und ist bei hohlen Zähnen als auch rheumatischen Schmerzen von überraschender Wirkung.“ Für den Stand der Zahnheilkunde der damaligen Zeit sprach eine Anzeige des Johann Baptist Baier im „Amberger Tagblatt“ vom 13. April 1891, in der er sich empfahl „im Einsetzen künstlicher Zähne und Gebisse ohne Entfernung der Wurzeln, im Reinigen und Plombieren bei schonender Behandlung und billigem Honorar“.

Auch auf die Bekleidung werfen die Anzeigen ein gutes Licht. Der Handelsvertreter Römer führte im Auftrag der Firma Bertram Bamberger am 30. April 1891 im „Gasthof zum goldenen Anker“ einen vollständigen Ausverkauf durch, wobei das Angebot den ganzen Bereich der „Weiß-, Baumwoll- und Strumpfwaren und Wäscheartikel“ umfaßte. „Specialität: Hemden, Westen, Corsette und Strümpfe.“

Dem Umstand, daß der Großteil der Oberbekleidung noch selbst geschneidert wurde, tragen viele Anzeigen mit Stoffen in verschiedensten Qualitäten Rechnung. Angeboten wurden am 2. Mai 1891 von der Nürnberger Firma Welter Bukskinstoffe für Herrenhosen in unterschiedlichen Qualitäten und Mustern, Kammgarn, „garantiert reine Wolle in hochfeinen Saisonneuheiten“, „glattes Tuch zu einer hübschen Mannesjoppe“. Zur Dult bot die Firma Sotter am 15. Mai 1891 „eine sehr große, schöne Auswahl von garnirten Damen- und Kinderhüten neuester Faconen“ an.

Über Neuerscheinungen aus der Welt der Mode konnte sich die Ambergerin der Jahrhundertwende in der „Wiener Mode“ informieren, von der jährlich 24 Hefte mit „48 colorirten Modebildern und 12 Schnittmusterbogen" erschienen. Daneben gab es noch die „Illustrierte Frauen-Zeitung", die ebenfalls in 24 Heften auf den Markt kam.

Die Dult in Amberg

Die Geschichte der Amberger Dult reicht bis ins 14. Jahrhundert zurück. Am 13. September 1364 verlieh der damalige Landesherr, Kurfürst Ruprecht I., den Bürgern der Stadt Amberg für ihre „treuen und willigen Dienste" drei Messen und Jahrmärkte. Der erste Jahrmarkt sollte am Pfingstabend beginnen, der zweite am Vorabend vor „Jakobi" und der dritte am Abend vor der „Kalten Kirchweih". Während der Termin des Pfingstfestes von Jahr zu Jahr wechselte, blieben die beiden anderen Termine fest, „Jakobi" am 25. Juli und die „Kalte Kirchweih", die in Amberg am 14. September begangen wurde. Um einen geregelten Ablauf dieser Jahrmärkte zu garantieren, stellte der Kurfürst die Kaufleute, die dazu nach Amberg kamen, unter seinen persönlichen Geleitschutz.

In der Mitte des 16. Jahrhunderts lassen sich in Amberg vier Jahrmärkte nachweisen: an Pfingsten, am Fest der Bekehrung Pauli, an der „Kalten Kirchweih" und an Martini. 1546 beschloß der Rat, die Jahrmärkte an Bekehrung Pauli und Martini – wie es im Ratsbuch heißt – „künftig abzutun und hinfüro nicht mehr zu halten". Die früheste schriftliche Dultordnung, mit der der Magistrat der Stadt Amberg den Ablauf der Jahrmärkte regelte, stammt vom 16. Mai 1843.

Neben der reinen Warendult stand von Anfang an das Moment der Unterhaltung und des geselligen Beisammenseins im Vordergrund. Für beide lassen sich zahlreiche Beispiele anführen. Der Damenmantelfabrikant Otto Weltin inserierte zur Pfingstdult am 4. Juni 1892 in der „Amberger Volks-Zeitung", daß er sich wegen Übernahme eines der größten Damenmantellager in München in den Stand

gesetzt sah, „während der Dult in Amberg einige 100 elegant und sauber gearbeitete Sachen aus den besten Stoffen zu fabelhaft, noch nie dagewesenen Preisen zu verkaufen". In gleicher Weise bot das „Sächsische Kleiderstofflager" 5000 Meter Kleiderstoff an. Der Optiker Höfer reparierte während der Dult vor dem Gasthaus „Zum Goldenen Lamm": „Brillen und Zwicker sowie feingeschliffene Gläser schon von 40 Pfennigen an". Der Korallenfabrikant Giovanni d'Orlando aus Torre del Grecco bei Neapel bot sein großes Sortiment an Korallen, „venezianischen Schmuck in Lava vom Vesuv, Seemuscheln, ächtes Schildkrot und ächte Granaten", Hauptreihe 343 auf der Amberger Dult an.

Anläßlich der Dult 1892 kam aber auch die „weltberühmte englische Original Taucher- und Schwimmtruppe in einem extra gebauten Bassin mit 6500 l Wasser gefüllt" nach Amberg und gastierte vor dem Ziegeltor. Zur Pfingstdult 1911 schlug das „Theater-Varieté Bavaria" vor dem Wingershofertor seine Zelte auf. Dort traten auf: Betty Lea, „die fesche und beliebte Soubrette", Elly Montana, „gymnastische Luftspiele", Arthur Delbost, der „einbeinige Handakkrobat", sowie Lona d'Astarte, die „Darstellerin lebender Bilder", um nur einige zu nennen. Der Tierpark Carl Hagenbeck in Hamburg präsentierte die kleinsten Pferde der Welt. Eine Besonderheit war dabei „Prinz, das lebende Schaukelpferdchen, 75 cm hoch, 40 kg schwer und Nettel, das lebende Kinderspielzeug, 60 cm hoch, 25 kg schwer".

Das „Central-Theater", das sich als „modern und vornehm eingerichtetes Theater für künstlerische Lichtschauspiele" bezeichnete, spielte zur Dult den hochdramatischen Schlager „Der Schrecken", von dem es hieß, daß „der Inhalt des Stückes in seiner technischen Einfachheit tief ergreifend ist". Zur gleichen Zeit veranstaltete das „Amberger Tonbildtheater" im Ankersaal eine Vorführung „lebender, sprechender und musizierender Fotografien" unter dem Titel „Roland der Grenadier", eine „Episode aus dem russischen Feldzug von 1812 mit 2000 Mitwirkenden, unzweifelhaft das größte, was in diesem Genre geboten wurde".

Die Amberger Guillotine

Zu Beginn des 19. Jahrhunderts wurde die Hinrichtung durch Strang oder Schwert aus humanitären Gründen zugunsten der Exekution mit der „Fallschwertmaschine mit Messer“ aufgegeben. Geläufiger wurde dafür die nach ihrem Erfinder geprägte Bezeichnung „Guillotine“. Joseph Guillotin nannte seine Erfindung „eine Maschine, die den Kopf im Handumdrehen entfernt und das Opfer dabei nichts spüren läßt als ein Gefühl erfrischender Kälte.“

Großes Aufsehen, aber auch gewaltigen Zulauf, erregte die Hinrichtung von drei Delinquenten mit dem Fallbeil am 24. August 1854 in Amberg. Dabei handelte es sich um den 46jährigen Johann Lobenhofer, Müller der Kellermühle, den 73jährigen Michael Lutz, Hirten von Herbersreuth, und dessen 53jährigen Sohn Georg, Flur- und Nachtwächter. Wie aus der Verhandlung vor dem Amberger Schwurgericht, die Mitte Juni 1854 erfolgte, deutlich wird, hatte Lobenhofer die beiden anderen gedungen, um seine um sieben Jahre ältere Ehefrau Margaretha zu ermorden. Lobenhofers „ausschweifender Lebenswandel“ – so der Bericht im „Amberger Tagblatt“ vom 15. Juni 1854 – hatte zur Schwängerung von zwei Mägden geführt, die hintereinander auf seinem Anwesen gearbeitet hatten. Daraus resultierten die verständlichen Spannungen zwischen den Eheleuten, die schließlich im Mordplan Johann Lobenhofers endeten. Im Bericht heißt es: „Er faßte im Jahr 1852 den Entschluß, sie aus dem Leben zu schaffen, und wähnte, dies durch sympatische Mittel zu erzielen.“ Die Anwendung sogenannter „sympatischer“, zauberischer Mittel, ist ein gutes Beispiel für den noch weit verbreiteten Aberglauben der Zeit. Dabei wurde Lobenhofer von dem in diesen Dingen bewanderten Hirten Michael Lutz beraten, der ihm einen verrosteten Nagel von einer Totentruhe gab und riet, diesen in die Fußstapfen seiner Frau zu legen, worauf diese ausdörren und sterben würde. Da diese „Mittel“ aber nicht zum gewünschten Erfolg führten, entstand das Mordkomplott, für dessen Ausführung Michael Lutz seinen Sohn Georg gewann. Während Michael Lutz „Schmiere stand", sollte Margaretha Lobenhofer von Georg Lutz auf ihrem Weg durch den Wald mit einer Schnur erdrosselt werden. Von den vereinbarten 30 Gulden, die Lobenhofer für den Mord zahlen sollte, entrichtete er die Hälfte im Voraus, mit den übrigen 15 Gulden schickte er das Opfer unter einem Vorwand los. Wie besprochen wurde die Tat am 28. Oktober 1853 ausgeführt.

In der Amberger Schwurgerichtsverhandlung wurden die drei Angeklagten zum Tode verurteilt. Nachdem König Maximilian II. am 14. August 1854 ein Gnadengesuch ablehnte, wurde die Urteilsverkündigung für Montag, den 21. August, und seine Vollstreckung für Donnerstag, den 24. August, angesetzt. Darüber berichtet der Chronist: „Heute Morgens 5 Uhr erfolgte von einer vor der Frohnfeste errichteten Tribüne die nochmalige öffentliche Urtheilsverkündigung durch den Exekutions-Aktuar, Herrn Kreis- und Stadtgerichts-Accessist Knirlberger, und das Brechen des Stabes durch den königlichen Untersuchungs-Richter und Exekutions-Kommissar, Herrn Kreis- und Stadtgerichts-Rath Gürtler. Hierauf setzte sich der Zug zur Richtstätte in Bewegung. Jeder der Delinquenten saß auf einem besondern Wagen, begleitet von einem Geistlichen und einem Gehilfen des Scharfrichters. Eine Abtheilung Bürgercavallerie und Linien-Infanterie des hiesigen Regiments bildete die Eskorte. Das Schaffot war außerhalb der Stadt, am Fuße des sogenannten Galgenberges, etwa 30 Schritte rechts von der nach Bayreuth führenden Poststraße. Eine ungeheure Menschenmenge aus Nah und Fern hatte sich eingefunden und dasselbe umlagert. Um halb 6 Uhr war das Haupt des Delinquenten Michael Lutz bereits gefallen; dann folgte Georg Lutz und der letzte war der Müller Johann Lobenhofer. Die ersten Beiden betraten anscheinend ruhig und gefaßt das Schaffot, während der Letztere, Thränen vergießend, nur auf Zureden des ihn begleitenden Priesters, Herrn Stadtpfarr-Kooperators Busl, sich fügte. Die Exekution, durch Scharfrichter Schellerer von München und seine Gehilfen vollzogen, ging schnell und ohne Hinderniß vor sich. Um sechs Uhr hatten die drei Verurtheilten ihr Verbrechen mit dem Tode gesühnt. Drei Vaterunser, laut gebetet, schlossen den Akt der Gerechtigkeit!"

Eine Hinrichtung aus dem Jahr 1918

Am 5. Juni 1918 wurde um sechs Uhr früh, „da viele noch in süßem Schlummer lagen", wie der Reporter der „Amberger Volks-Zeitung" bemerkte, der 24jährige Taglöhner Peter Eisenhofer hingerichtet. Die Hinrichtung vollzog der Scharfrichter Franz Xaver Reichhart mittels Fallbeil. Das Amberger Schwurgericht hatte die Todesstrafe verhängt, weil Eisenhofer den greisen Kleinhäusler Joseph Kiener aus niederen Beweggründen ermordet hatte.

Interessant sind die Angaben der „Amberger Volks-Zeitung" über die letzten Stunden, die der Delinquent in der Amberger Fronfeste zubrachte: „Eisenhofer hat die seit seiner Verurteilung an den Tag gelegte Kaltblütigkeit nicht verloren. Er ließ sich gestern Essen und Trinken noch gut schmecken und rauchte viele Zigaretten. Auch schlief er die letzte Nacht noch ausgiebig von halb elf bis vier Uhr morgens. Im übrigen aber ist er am Vorabend seines Todes in sich gegangen und hat die hl. Beichte abgelegt. Nach derselben erklärte er dem Geistlichen, er habe nun keine Angst mehr. Seinen Tod nehme er hin als Sühne und Buße."

Auch die Zeit unmittelbar vor der Exekution stand ganz unter dem Zeichen der Aussöhnung des Mörders mit Gott und der Welt. So heißt es in der „Amberger Volkszeitung": „Am Morgen der Hinrichtung empfing er um 5 Uhr die hl. Kommunion und betete dann mit dem Geistlichen, Kooperator Lermer."

„Der Hinrichtungsakt vollzog sich in den üblichen Formen und mit der gebotenen Schnelligkeit", wie der Zeitungsreporter berichtet. Im Gegensatz zu den Exekutionen früherer Zeiten, waren die des ausgehenden 19. und beginnenden 20. Jahrhunderts nicht mehr öffentlich. Trotzdem war eine ganze Reihe von Zeugen erforderlich, die den ordnungsgemäßen Ablauf garantieren sollten. „Als Gerichtskommission fungierten 1. Staatsanwalt Weigl, die stellvertretenden Landgerichtsdirektoren Müller und Wachter, der Landgerichtssekretär Königer und der Landgerichtsarzt Dr. Zängerle." Hinzu kam „eine kleine Abteilung Militär unter dem Kommando eines Offiziers, zwölf Zeugen aus dem Bürgerstand sowie einige Pressevertreter". Trotzdem wollte sich die Bevölkerung das grausige Schauspiel nicht entgehen lassen. So findet sich in der „Amberger Volks-Zeitung" die Feststellung: „Vor dem Gefängnis hatte sich eine Menge Neugieriger eingefunden."

Pünktlich um sechs Uhr begann die Hinrichtung. Dem Delinquenten wurde das Urteil erneut eröffnet, der Geistliche betete mit ihm noch ein Vaterunser und erteilte ihm die Absolution, bevor er ihn dem Scharfrichter überließ. Dazu berichtet die „Amberger Volkszeitung": „Während ihm die Hände auf den Rücken gefesselt, die Augen verbunden und er zum Schaffot geführt, ja, als er bereits unter das Fallbeil geschoben wurde, bewegte er noch die Lippen zum Gebet, sprach auch das von seinem priesterlichen Beistande vorgebetete ‚Mein Jesus, Barmherzigkeit!' laut und deutlich wiederholt nach, während schauerlich das Armesünderglöcklein ertönte." Der Bericht endet: „Ein Druck auf den Hebel – und der irdischen Gerechtigkeit war Genüge getan."

Die Stromversorgung der Stadt Amberg

In Amberg brannte erstmals im Dezember des Jahres 1882 im Schaufenster des Seifengeschäfts Ludwig Feil elektrisches Licht. Von diesem Einzelfall abgesehen, begann erst am 22. Dezember 1911 die Versorgung Ambergs „mit elektrischem Licht und Kraft". Dieser war ein zwischen der Stadt Amberg und dem Königlichen Berg- und Hüttenamt im Mai 1911 geschlossener Vertrag vorausgegangen, in dem sich die Stadt zu einer jährlichen Mindestabnahme von 200.000 Kilowattstunden verpflichtete. Gleichzeitig nahm das zur Stromabnahme und -verteilung bestimmte städtische Elektrizitätswerk seinen Betrieb auf.

In der „Amberger Volks-Zeitung" vom 29. August 1911 finden sich das vom Stadtmagistrat beschlossene „Statut über die Stromlieferungsbedingungen beim Anschlusse an das städtische Elektrizitätswerk Amberg" sowie die „Vorschriften über die Ausführung, Prüfung und Überwachung von elektrischen Anlagen im Anschlusse an das städtische Elektrizitätswerk Amberg". Dem „Statut" nach hatten die Amberger Bürger „unter Verwendung des hierfür bestimmten Formulars" den Stromanschluß anzumelden. War der Wohnungsinhaber nicht Eigentümer, so hatte er dessen Genehmigung zum Stromanschluß einzuholen. Gleichzeitig verpflichtete sich der Stromabnehmer mit der Anmeldung zum regelmäßigen Strombezug auf die Dauer von einem Jahr.

Die Herstellung der Hausanschlüsse stand ausschließlich der Stadtgemeinde zu. Diese blieben auch in städtischem Eigentum. Die Ausführung der elektrischen Inneneinrichtungen durfte nur durch solche Installationsfirmen erfolgen, die eine städtische Konzession nachweisen konnten.

Von Interesse ist auch der damalige Strompreis, der für Beleuchtungszwecke 60 Pfennige pro Kilowattstunde, für Kraftzwecke 30 Pfennige betrug. Für Großverbraucher waren entsprechend gestaffelte Rabatte vorgesehen. Die Erfassung erfolgte durch Elektrizitätsmesser, die monatlich durch einen Bediensteten des Elektrizitätswerkes abgelesen wurden. Für ihre Benutzung wurde ebenfalls eine Miete verlangt, die monatlich zusammen mit den Beträgen für den verbrauchten Strom erhoben wurde.

In der „Amberger Volks-Zeitung" vom 29. August 1911

empfahl sich das „Bau- und Installations-Bureau Amberg" der Siemens-Schuckert-Werke „zur Ausführung von Licht- und Kraftanlagen an das elektrische Leitungsnetz der Stadt Amberg". Daneben findet sich auch eine Anzeige der „Just-Wolfram-Lampe", deren Verwendung „eine ausserordentliche Verbilligung der Stromkosten" darstellen sollte.

In der Magistratssitzung vom 21. Dezember 1911 konnte Baurat Ruck „unter dem Bravo der anwesenden Herrn" – wie die „Amberger Volkszeitung" bemerkte – verkünden, „daß vom morgigen Freitag ab ... vorläufig täglich von nachmittag 4 Uhr bis andern morgen 8 1/2 Uhr Stromabgabe vom Elektrizitätswerk stattfindet."

Die Amberger Kinos

Die Geschichte der „bewegten Bilder" in Amberg begann im Jahre 1909. Am Karsamstag, dem 10. April 1909, wurde in der Georgenstraße Ambergs erstes Kino eröffnet, das „Zentraltheater". Wie aus einem Zeitungsinserat hervorgeht, bot es „lebende Fotographien in höchster Vollendung". Wie dies im Einzelnen aussah, dokumentiert ein zwei Wochen später erschienenes Programm. Gezeigt wurden die sehr „instruktive Nummer Willbur Wright, der Vogelmensch", ein Beitrag über „Das Martyrertum Ludwigs XVII." und die „entzückenden Naturbilder: Stromschnellen und Wasserfälle in Schweden".

Ambergs erstes Lichtspielhaus fand so regen Zuspruch, daß man sich bereits wenige Monate später mit dem Gedanken trug, ein zweites Kino zu eröffnen. Der Amberger Stadtrat genehmigte am 25. Juni 1909 die Errichtung eines „modernen Tonbildtheaters mit 160–180 Sitzplätzen und Apparaten allerneuesten Modells". Das Kino sollte im Ankersaal eingerichtet werden, Antragsteller war der Kaufmann Hans Winter. Da die feuerpolizeiliche Sicherheit gewährleistet war, erteilte der Stadtrat die Genehmigung, obwohl sich der Saal im ersten Stock befand. Als monatliche Betriebsgebühr – vergleichbar der heutigen Vergnügungssteuer – wurden 20 Mark an die städtische Armenkasse veranschlagt, die der Kinobetreiber zu entrichten hatte.

Die Eröffnung des „Tonbild-Theaters" erfolgte am 7. August 1909. Wie aus einer Anzeige in der Amberger Presse hervorgeht, bezeichnete sich das Haus selbst als „vornehmstes Etablissement der Gegenwart lebender, singender, musizierender und sprechender Fotographien in höchster Vollendung". Das Premierenprogramm umfaßte insgesamt neun Teile. Am Anfang stand das von Caruso gesungene Tonbild aus der Oper „Don Sebastiano"; ihm folgte das Drama „Der Spieler". Prachtvolle Naturaufnahmen versprach ein Film über Zahnradbahnen. Die königlich preußische Kammersängerin Emmi Destina sang die Arie „Er liebt mich" aus der Oper „Faust". Das Drama „Ein vierfüßiger Retter" beschloß das Programm.

Ein Logenplatz kostete 60 Pfennig, der erste Platz 40 Pfennig und der dritte Platz 20 Pfennig. Damit betrug – um einen Vergleich zu haben – der Preis für den Logenplatz genausoviel wie für ein Pfund Ochsenfleisch. Kinder erhielten Ermäßigung um die Hälfte, Militärs Vorzugspreise. Eine Besonderheit war das Abonnement von 12 Karten mit entsprechender Ermäßigung.

Die beiden Lichtspielhäuser brachten nicht nur unterhaltende Filme, sondern dienten in einer Zeit ohne Fernsehen auch der Nachrichtenübermittlung. Beispiele dafür sind die „Bilder vom Kaisermanöver 1909" oder von der „Hochseeflotte in Wilhelmshaven".

Am 5. September 1918, nach dem Ende des Ersten Weltkriegs, wurde in Amberg mit dem „Lichtspielhaus" im sogenannten „Gewerbehaus" in der Herrnstraße ein drittes Kino eröffnet. Das Programm suchte den Menschen in dieser schweren Zeit wenigstens etwas Abwechslung und Aufheiterung zu bieten, deshalb überwogen Komödien mit Titeln wie „Baroneßchen auf Strafurlaub", „Frühlingsstürme im Herbst des Lebens" oder „Der Vogel im Käfig".

Die Städtische Berufsschule Amberg

Der Gedanke einer schulisch begleiteten Berufsausbildung wurde in Amberg 1833 mit der Gründung der „Landwirtschafts- und Gewerbeschule" verwirklicht. Sie war die Vorläuferin der späteren Real- bzw. Oberrealschule, die seit 1864 „Gewerbeschule" genannt wurde. Ursprüngliches Ziel war es, Lehrlinge und Gesellen in den Fächern Arithmetik, Geometrie, Physik und Zeichnen zu unterrichten, zu denen später noch die kaufmännischen Fächer hinzukamen. Noch im 19. Jahrhundert wurde beschlossen, Fachklassen für neuere Sprachen, Stenographie, Handelskunde, gewerbliche Buchhaltung, Geometrie, Physik, Chemie und Zeichnen einzurichten.

Daneben hatte sich der Magistrat der Stadt Amberg bereits 1843 für den Aufbau einer „Handwerks-Feiertags-Schule" stark gemacht. Sie wurde ein Jahr später eingerichtet und der Gewerbeschule angegliedert.

1912 entschied sich die Stadt Amberg zur Einführung der obligatorischen Fortbildungsschule für alle gewerblichen und kaufmännischen Lehrlinge. Damit wurde die bisherige Feiertagsschule nur noch von den Fabrik- und landwirtschaftlichen Arbeitern besucht. Am 7. Januar 1920 beschloß der Stadtrat die Schaffung einer Berufsfortbildungsschule Amberg. Gleichzeitig erfolgte ihre Trennung von der Realschule. Zum Leiter der neuen Schule wurde Franz Weigl berufen. Noch im gleichen Jahr wurde eine Berufsfortbildungsschule für Mädchen angegliedert. Während die Knaben in der Pestalozzi-Schule unterrichtet wurden, erfolgte der Unterricht für die Mädchen in der Max-Joseph-Schule. Eine Neuerung brachte das Jahr 1925 mit der Einstellung von hauptamtlichen Lehrern mit sich. Mit dem Schuljahr 1930/31 bürgerte sich die Bezeichnung „Berufsschule" ein. In den großen Ferien des Jahres 1937 konnte die Schule das Gebäude Salzgasse 10, das heutige Raseliushaus, beziehen. Bei Kriegsausbruch 1939 zählte die Schule insgesamt 706

Schülerinnen und Schüler, die in 28 Klassen unterrichtet wurden.

Der Neuanfang der Schule nach dem Krieg ist aufs Engste mit dem Namen Friedrich Arnolds verbunden, der am 15. Mai 1946 zum Berufsschuldirektor ernannt wurde. 1947 wurde die Trennung in eine Knaben- und Mädchenschule aufgehoben und die Schule unter eine einheitliche Leitung gestellt. Erst im Schuljahr 1948/49 standen der Berufsschule wieder alle Räume des heutigen Raseliushauses zur Verfügung. Im gleichen Jahr konnte im Verband mit der Berufsschule eine „Städtische Handelsschule" errichtet werden, die schon im nächsten Schuljahr zu einer „Handelsrealschule", der heutigen „Wirtschaftsschule", erweitert wurde.

Eine tiefe Zäsur bedeutete der Tod Friedrich Arnolds am 29. Juli 1969. Sein Nachfolger wurde Max Mühlbauer. Auf Antrag der Stadt Amberg erfolgte 1974 die Verstaatlichung der Berufsschule, während die Wirtschaftsschule städtisch blieb.

„Amberg" im Werk des Schriftstellers und Archivars August Sperl

August Sperl wurde am 5. September 1862 in Fürth als Sohn des Ingenieurs Heinrich Sperl und seiner Frau Amalie geboren. 1891 kam Sperl als Archivar an das Staatsarchiv Amberg. Er profilierte sich nicht nur als kundiger Archivar, sondern auch als Schriftsteller, der eine ganze Reihe von Werken hinterließ, genannt seien die Romane „Fahrt nach der alten Urkunde" (1892), „Hans Georg Portner" (1901) und „Der Archivar" (1920). Sperl starb am 7. April 1926 in Würzburg.

Das Besondere am Werk Sperls ist es, daß die alltägliche Umgebung des Autors die „Kulisse" seiner Werke bildet. In der Zeit seiner beruflichen Tätigkeit als Staatsarchivar in Amberg war dies die Oberpfalz und ihre ehemalige Hauptstadt Amberg. Besonders schöne und anschauliche Beschreibungen der Stadt Amberg finden sich in dem Buch „Der Archivar", dem der Autor den Untertitel „Ein Roman aus unserer Zeit" gegeben hat. Im fünften Kapitel treffen die Protagonisten Jonas Eisenhut, Major Titus und dessen Tochter Liselore in Amberg ein. Der Autor, der Amberg nicht namentlich nennt, skizziert dabei ein recht farbiges Bild von der Vils-Stadt. Entgegen des Ratschlags von Theodor Fontane, keine Türme zu besteigen, begibt sich die kleine Reisegruppe auf den Turm der St. Martinskirche: „Da standen sie nun auf der Galerie unter den Uhren, und auch Fontane hätte hier mehr gesehen als Dächer. Eirund lag die Stadt, eingeengt in ihre alten Mauern, aus denen die vier Tortürme in scharf gezeichneten Linien emporstarrten. Wie ein halbiertes Ei, Kern und Hülle und Schalenwand nach oben gekehrt. Und der zackige Schalenrand war die Stadtmauer, die Hülle eine jüngere Stadt und der Kern ein winziges Städtchen aus ferner, mittelalterlicher Zeit, noch deutlich erkennbar an Zug und Strich enger Ringgassen und Gäßlein. Um das Ganz aber schlang sich ein dicker Kranz von Lindenbäumen."

Trotz dieser romantisierenden Darstellung, mußte Sperl erkennen, daß sich auch Amberg der Neuzeit geöffnet hatte. Er schrieb von „ungeschlachten Anwüchsen der neuesten Zeit, die unserm Volke unter dem Hochdruck des Dampfes so manche Segnungen zweifelhafter Art gebracht hat." Ein besonders negatives Bild skizziert Sperl in diesem Zusammenhang von der Emaille-Fabrik der Gebrüder Baumann: „Vornehmlich im Südwesten eine große Ansiedelung mit qualmenden, himmelanstrebenden Schlöten, riesigen Werkstätten, roten, kistenähnlichen Arbeiterhäusern und ein paar Herrenhäusern, dick und plumb in die Armutei und den rußigen Betrieb mitten hineingepflanzt." Von diesem „neumodischen Plunder" wendet sich der Autor wieder dem historischen Amberg zu. Genannt findet sich „das Pfalzgrafen Schlößlein mit seinem hohen Treppengiebel und dem schlanken Kapellenchörlein." In der Martinskirche besichtigt die Reisegruppe die Tumba Pfalzgraf Ruprecht Pipans und das Hochaltarbild von Kaspar de Crayer. Erwähnung findet auch „der wuchtige Büchsenmeister, der auf der roten Marmorplatte da draußen neben dem Südportale eingehauen steht, einäugig, die leere Augenhöhle mit einem großen Pflaster verschlossen, die betenden Hände, mit einem dicken Rosenkranz umschlungen."

Nach St. Martin besuchte die Reisegruppe die Kirche St. Georg, das kurfürstliche Schloß, die Regierungskanzlei, das Rathaus und „endlich die Stadtmauer mit ihren wuchtigen Torbauten und den vielen Türmchen – dem Pfaffenhansel, dem Schadenfroh, dem Dockenhansel, wie Laune und Witz der Alten sie benannt hat."

„Sag, kennst Du die Stadt ..."

„In Amberg geborn,
in München was worn.
Altboarisch grüawi,
hab i s'Herz da verlorn."

In den für ihn so typischen Versen pflegte der weit über die Grenzen Bayerns hinaus bekannte Schriftsteller Michl Ehbauer seinen Lebenslauf zu beginnen. Am 27. August 1899 wurde Ehbauer, „150 Jahre nach Goethe", wie er gern schmunzelnd erwähnte, in Amberg geboren. Seine Schulzeit verbrachte er nicht nur in Amberg, sondern aufgrund häufiger Umzüge seiner Eltern auch in einer ganzen Reihe anderer Orte wie Hohenburg, Lengenfeld, Auerbach und Kümmersbruck. Der junge Ehbauer wäre gern Maler oder Karikaturist geworden, stattdessen bekam er eine Stelle beim Maler Beck, wo er das Anstreichen lernte. Dann wechselte er in ein Konfektionshaus und besuchte die kaufmännische Fortbildungsschule. Nach dem Tod des Vaters, 1914, zog der 15jährige in die Haupt- und Residenzstadt München, wo er sein Brot wieder als Malergeselle verdiente. Zu einer Verbesserung seiner Lebensumstände kam es, als Ehbauer Bahnbeamter wurde.

Bei einer Weihnachtsfeier wurde er 1922 als Gelegenheitsdichter entdeckt, der eigene Verse großartig vortragen konnte. Als begehrter „Krüglredner“ wurde Ehbauer bei Faschingsfeiern engagiert, hielt Vorträge bei Vereinsfeiern, Hochzeiten, Jubiläen und gestaltete „bayerische Abende“. 1924/25 gab er die Zeitschrift „Der Maßkrug“ heraus, „ein Blatt für Gelehrte, so gut wie für Gscherte“ – so der Untertitel. Sein nächstes Augenmerk galt der „Bayerischen Weltg'schicht“. 1925 und 1929 erschienen das erste und zweite „Trumm“. Das erste „Trumm“, beginnend mit der „Allerweltserschaffung“, handelt „vom Luzi, Adam, Kain und Abel, durch d'Höll und d'Sündflut bis nach Babel“, das zweite von „Sodoma durch Not und Schand zur Einfahrt ins Gelobte Land“.

Trotz verschiedenster Aktiviäten riß die Verbindung Ehbauers zu seiner Heimatstadt Amberg nie ganz ab. Nachdem ihn die Münchner Faschingsgesellschaft „Narrhalla“ 1938 als „Michl I. von Narrhallesien“ zum Faschingsprinzen gewählt hatte, besuchte Ehbauer zusammen mit seinem „narrischen“ Hofstaat Amberg, wo ihm ein triumphaler Empfang bereitet wurde. 1943 schrieb er den Text des „Amberg-Lieds“, das von Carl Waelde vertont wurde. Dieses wurde zur 950-Jahr-Feier Ambergs 1984 wiederentdeckt und aufgeführt. Darin heißt es:

„Sag, kennst Du die Stadt in der obern Pfalz
mit ihren uralten Gschichten?
Vilsabwärts schwamm Eisen, vilsaufwärts Salz,
komm setz Dich und laß Dir berichten.“

Wenn es nötig war, half Ehbauer dem Weiß Ferdl im berühmten „Platzl“ in München aus. Daneben war er Mitglied bei vielen geselligen Vereinigungen. Er scheute sich aber auch nicht, sich recht kritisch zu Wort zu melden. Zusammen mit Karl Peukert bildete er die Münchner „Frauenturmgeister“ Xaverius und Ambrosius und griff dabei Mißstände in München und Bayern an.

1956 führte Ehbauer seine „Weltg'schicht“ weiter. An sonstigen Werken sind zu nennen: „Faust in der Krachledern“ und eine Biographie des verstorbenen Münchner

Oberbürgermeisters Thomas Wimmer. Am 1. Dezember 1964 starb Michl Ehbauer in München und wurde so „schtaad“, wie er es wünschte, beigesetzt. Zurecht schrieb der bekannte Münchner Feuilletonist Rudolf J. Praetorius: „Michl Ehbauer war einer der volkstümlichsten bayerischen Schriftsteller. Er schaute nicht nur den anderen aufs Maul, sondern sich selbst auch ins Herz.“

„Amberg“ und der Schriftsteller Werner Bergengruen

Werner Bergengruen wurde am 16. September 1892 als Sohn eines baltendeutschen Arztes in Riga geboren. Wenige Jahre später siedelte die Familie nach Deutschland über. Nach dem Besuch des Gymnasiums studierte Bergengruen in Marburg, München und Berlin Germanistik, Geschichte, Jura und Theologie. Am Ersten Weltkrieg nahm Bergengruen als Freiwilliger teil. 1927 etablierte er sich endgültig als freier Schriftsteller, zunächst in Berlin, dann in Solln bei München. 1935 erschien sein historischer Roman „Der Großtyrann und das Gericht“, der von einem Tyrannen in der Zeit der italienischen Renaissance handelt. Bergengruens ablehnende Haltung gegenüber dem Nationalsozialismus führte 1937 zu seinem Ausschluß aus der „Reichsschrifttumskammer“. 1951 wurde er mit dem Wilhelm-Raabe-Preis und 1962 mit dem Schiller-Preis geehrt. Bergengruen starb am 4. September 1964 in Baden-Baden.

Zurecht schrieb Markus Krause einmal über Bergengruen: „Tiefster Grund seiner literarischen Gestaltungen und Gestalten ist – bei allem Wissen um individuelle wie gesellschaftliche Gefährdungen – die Überzeugung, daß die Welt nicht von vornherein chaotisch, zerrissen und schlecht, sondern letztlich von göttlicher Harmonie durchwaltet ist.“ Der Dichter selbst formulierte dies so: „Jahreszeiten und Weltenalter, menschliche Lebensläufe und Völkerschicksale sind mir Unterpfänder und Widerspiegler ewiger Ordnungen. An ihnen ist alles gelegen. Nur unter ihrem Aspekt vermag ich den Beruf des Dichters zu begreifen."

Bergengruen hat ein ebenso umfangreiches wie vielfältiges, alle literarischen Gattungen umfassendes Werk hinterlassen, zu dem auch die „Deutsche Reise" gehört, die Bergengruen mit dem Fahrrad in Berlin-Zehlendorf begonnen hatte. Das Werk konnte 1934 noch erscheinen, seine Wiederauflage erfolgte 1958. Bei dieser Reise besuchte er auch die Vils-Stadt: „Amberg liegt zu Füßen des wallfahrtberühmten Maria-Hilf-Berges; ich möchte ihn, gleich dem worpswedischen Weyerberg, für den Namengeber der Stadt halten, dann aber vernehme ich mit Erstaunen, daß diese früher Ammenberg geheißen hat. Voll sanfter Dringlichkeit lädt mich die eiförmige Altstadt mit den ungebrochenen Befestigungen zum Mauerrundgang ein, und nun verstehe ich leicht das Wort des Chronisten aus dem Reformationszeitalter, der München die schönste, Leipzig die reichste, Amberg aber die festeste Fürstenstadt genannt hat. Die Mauern stehen, die Wälle sind in einen die ganze Altstadt umschließenden Parkgürtel umgestaltet worden. Bernstein- und topasfarben leuchten die Kastanienblätter im Sonnenlicht, ab und zu schlägt eine grüne Stachelfrucht zu Boden. Ich muß sie aufheben und öffnen: da liegt das Vollkommene, das noch von keinem Menschenauge erblickt worden ist, still auf meiner Handfläche."

„Amberg" und der Schriftsteller Joachim Ringelnatz

Hans Bötticher, der unter dem Namen Joachim Ringelnatz bekannt geworden ist, wurde am 7. August 1883 in Wurzen als Sohn des Jugendschriftstellers Georg Bötticher geboren. Nachdem er das Gymnasium in Leipzig abgebrochen hatte, fuhr er ohne Wissen der Eltern als Schiffsjunge zur See. Später übte er verschiedene Berufe aus. Bekannt wurde er durch seine Auftritte als Kabarettist, besonders in München und Berlin. Berühmt war die Form des Vortrages, bei der sich Ringelnatz des Moritaten- und Bänkelsängertons bediente, in welchem er seine eigenen aus Unsinn und Tiefsinn gemischten Gedichte vortrug. Hinter Seemännisch-Rauhem, Komischem und Groteskem verbarg sich häufig ein sehr warmes Empfinden. Neben der Schriftstellerei widmete sich Ringelnatz auch der Malerei. Er starb am 17. November 1934 in Berlin.

Zu den Hauptwerken des Joachim Ringelnatz gehören neben den autobiographischen „Reisebriefen eines Artisten" vor allem die „Turngedichte", „Kuttel Daddelu", das „Kinderverwirrbuch" und die Sammlung „und auf einmal steht es neben dir". In der zuletzt genannten Anthologie findet sich auch ein Gedicht mit der Überschrift „Amberg", das der Dichter während eines Aufenthaltes in der Vils-Stadt schrieb:

„Ich möchte ein Hecht sein,
Recht bissig und schlecht sein,
Unter Wasser und stumm
In der Vils in der Pfalz.
Das Wasser dort hat kein Salz.
Die im Trüben fischen
Würden mich bald erwischen.
Sie würden mich haun
Und spicken und kochen
Und mir dann vertraun,
Mich essen, verdaun,
Und nach Jahren und Wochen
Würde ich heilig gesprochen.
Man würde mich preisen.
Kein Gasthof zur Linken und keiner zur
Rechten,
Ein mittlerer würde dann nach mir heißen:
‚Gasthof zum Hechten'."

Das dichterische Ich dieses Textes sieht sich in der Rolle eines Hechts im Wasser der Vils. Dieser ist aggressiv, „recht bissig und schlecht“, wie Ringelnatz bemerkt. Der Raubfisch wird kein Opfer regulärer Vilsfischer, nein, „die im Trüben fischen würden mich bald erwischen“. Desweiteren nimmt der Hecht den üblichen Weg des Speisefisches, bis hin zu seiner Verdauung. Doch da bekommt das Gedicht eine überraschende Wendung, der Hecht wird nach Jahr und Tag heilig gesprochen, ein Amberger Gasthof nach ihm benannt. Spätestens jetzt ist auch die politische Intention des Dichters klar, „kein Gasthof zur Linken und keiner zur Rechten“. Gleichzeitig ist die Nennung des Gasthofs „Zum Hechten“ durch Ringelnatz nicht willkürlich gewählt, in der Georgenstraße 27 führte der Gastwirt Josef Niedermeier in den 20er Jahren unseres Jahrhunderts den Gasthof „Zum Hechten“, der Ringelnatz den Anstoß zu seinem Gedicht gegeben haben konnte.

Die Anfänge des Reisens

In den 20er Jahren unseres Jahrhunderts war das Urlaubsangebot bereits sehr vielfältig. Einen guten Einblick gibt die Zeitschrift „Europa auf Reisen“, die auch in Amberg abonniert wurde. Der Untertitel des Heftes nennt zugleich den Adressatenkreis, den die Zeitschrift ansprechen wollte: „Ein Führer für die elegante Reisewelt.“ Heft 30 aus dem Jahr 1925 zum Beispiel war der deutschen Nordseeküste gewidmet. Eine Vielzahl von Abbildungen fing das Flair mondäner Nordseebäder ein.

Um einen Eindruck über den Bade- und Strandurlaub von anno dazumal zu vermitteln, ein Auszug aus dem Artikel „Badeleben auf Borkum“: „In buntem Gewimmel tummelt sich Jung und Alt unter dem wachsamen Auge der auf den Buhnen stehenden Wärter, die Leichtsinnige rechtzeitig warnen. Eine neue feststehende Badeanstalt mit Licht- und Luftbädern und Turngeräten dient dazu, in noch komfortablerer Weise als bisher die unerschöpfliche Heilquelle von brandender See, Sonne und Luft den Erholung und Abhärtung suchenden Gästen dienstbar zu machen. ... Ist es die Ruhe in dem heißen Sande bei dem einen, der Sport bei dem anderen, der Leib und Seele zu neuem Wirken ertüchtigt. Was kann es schöneres geben, als zu Pferde durch die Dünen zu traben oder beim Rauschen des Meeres auf windgeschütztem Platz beim Tennis Muskeln und Blick zu üben?"

In Anzeigen warben die großen Hotels um Gäste. Die Palette reichte dabei vom „Continental-Hotel" in Berlin über das „Hyde-Park-Hotel" in London bis hin zum „Edgewater Beach Hotel" in Chicago. Diese Berichte und Anzeigen dürfen jedoch nicht darüber hinwegtäuschen, daß das Reisen in den 20er Jahren noch keine Massenbewegung war. Der Durchschnitts-Amberger wird damals in der reizvollen Umgebung der Vils-Stadt seine „Sommerfrische" gesucht und gefunden haben, einer Gegend, die sich ihrerseits als Erholungsgebiet für Großstädter empfahl.

Bereits in der seit Beginn unseres Jahrhunderts erscheinenden Zeitschrift „Nordbayerische Verkehrs- und Touristen-Zeitung" warben Anzeigen für einen Aufenthalt in Amberg: „Amberg, ehemalige Hauptstadt der Oberpfalz, am Fusse des bewaldeten Mariahilfsberges, mittelalterliche Stadtmauerpartien und gut erhaltene Tore, malerische Strassenbilder, Eisenbergbau und Hochofen. Auskunft durch den Verschönerungsverein."

In der Zeit des Dritten Reichs wurde das Reisen durch die Organisation „Kraft durch Freude", kurz KdF genannt, gefördert. Aus einem Katalog gehen die Fahrten hervor, die den Bewohnern der „Bayerischen Ostmark", zu der auch Amberg gehörte, empfohlen wurden. An erster Stelle stand dabei eine Hochseefahrt mit dem Urlaubsdampfer „Der Deutsche" vom 3. bis 11. August nach Norwegen. Der Preis betrug ab Nürnberg 60 Reichsmark. Ganz im Geist der Zeit standen dabei „Stunden froher Kameradschaft" im Vordergrund. Ein weiteres Angebot bestand in einer Sieben-Tages-Fahrt vom 17. bis zum 24. August an den Chiemsee. Hierfür betrug der Preis 28 Reichsmark. Nach dem „Bayerischen Meer" wurden weitere Reisen an die deutsche Ostsee sowie zu den norwegischen Fjorden angeboten. Diese Fahrten sollten nicht nur der Erholung des arbeitenden Menschen dienen, sondern ihn auch und gerade in seiner Freizeit in Staat und Gesellschaft integrieren. Das Reisen war also ein sehr geschicktes propagandistisches Mittel des NS-Staates.

Das Amberger Theaterstück: „Die Martinsgans"

Josef Ziegler schrieb in den 20er Jahren unseres Jahrhunderts ein „Amberger Familienbild" in drei Aufzügen unter dem Titel „Die Martinsgans". Obgleich das Stück nicht der „großen" Literatur zugerechnet werden kann, ist es doch wegen des Amberger Lokalkolorits von Interesse.

Die darin vorgestellte Amberger Familie besteht aus dem Privatier Gansbeck, einem ehemaligen Drechslermeister, seiner Frau Veronika sowie deren Tochter Sophie. Hinzu kommt der Zahlmeisteraspirant Anton Schwarzfischer, der „Zukünftige" der Tochter. Eingangs stellt der Autor die Charaktere seiner Personen vor: „Gansbeck, Choleriker; Veronika, die milde, beschwichtende Hausfrau; Sophie, das heitere, folgsame Töchterchen; Schwarzfischer, Brautbewerber-Eigenschaften."

Die große Bedeutung der Martinsgans kommt bereits in der ersten Szene zum Ausdruck, als Gansbeck beim Frühstück zu seiner Frau sagt: „Über acht Tag is Martini, s' Patroziniumfest, in Amberg der größte Feiertag. ... Wie steht's denn mit unserm Ganserl? Ich möcht heuer schon was besonders feins, wo man seit zwei Jahr'n so keine mehr kriegt hat. Voriges Jahr war'ns z'teuer um hunderttausend Mark und vor zwei Jahr'n hab i s'Zipperl g'habt und wia!" Deshalb weist er seine Gemahlin an, sich rechtzeitig um eine entsprechende Gans zu kümmern.

Gleichzeitig wird auch in der ersten Szene deutlich, daß Gansbeck die Zuneigung seiner Tochter zu Schwarzfischer nicht verborgen geblieben ist. Seine ablehnende Haltung zeigt sich in dem Satz: „Und überhaupt will i von einem Verlobt'n no nichts wissen und mit einem Militäri erst recht nicht." Durch seine Frau etwas versöhnlicher gestimmt, meint Gansbeck abschließend: „ Ich will ja net sag'n, daß s'Madl net heiraten soll und gegen Herrn Schwarzfischer hab i gar nichts; er ist a recht netter Herr. Aber denk' nur selber, bis a Zahlmeisteraspirant befördert wird, derweil läuft in Amberg die Elektrische."

Frau Gansbeck hat sich bei der Beschaffung der Gans auf die Moierbäuerin verlassen. Diese kann jedoch nicht liefern, da sie ein Brand beim „Untern Schieferl" am Markt so in Mitleidenschaft nimmt, daß sie nicht mehr in die Stadt kommen kann. Somit ist guter Rat teuer. In dieser Situation wendet sich Sophie – wohl nicht ganz ohne Hintergedanken – an ihren „Zukünftigen", den Anton Schwarzfischer. Wie sie weis, besitzen seine Eltern in Roding einen großen Bauernhof. Schwarzfischer läßt sich per Post eine zehneinhalb Pfund schwere Gans schicken und übergibt sie Sophie. Mutter und Tochter beichten dem Vater die Herkunft der Gans und schließlich sieht man sich verpflichtet, den edlen Spender zum Gansessen einzuladen.

In dessen Verlauf rühmt Gansbeck den Braten in den höchsten Tönen: „Für einen richtigen Amberger ist der Martinstag ohne Gans undenkbar. Dös wär ja wia a Weihnachten ohne Christkindl. Ich kann sagen, so ein prächtiges Bröckel von einem Ganserl habe ich überhaupt noch kaum gegessen." In seiner Euphorie bietet Gansbeck seinem Gast an, ihm jeden Wunsch zu erfüllen. Und so kommt es, wie es kommen mußte, Schwarzfischer ergreift die Gelegenheit beim Schopfe und bittet Gansbeck um die Hand seiner Tochter Sophie. Der etwas verblüffte Gansbeck stimmt zu. Schwarzfischer verspricht daraufhin seinem zukünftigen Schwiegervater, daß er kein Martini ohne Rodinger Gans bleiben solle.

300-Jahr-Feier der Wallfahrt auf den Mariahilfberg 1934

Die Wurzeln des Amberger Bergfestes, zumindest was seine geistliche Seite betrifft, gehen auf das Wüten der Pest von 1634 zurück, der täglich bis zu 40 Amberger zum Opfer fielen. In dieser fast aussichtslosen Situation regten die Jesuiten die Übertragung eines Marienbildes auf den nachmaligen Amberger Mariahilfberg und damit die Begründung einer Wallfahrt an. Am 3. September 1634 wurde das Gnadenbild in den Wachturm auf dem Berg gebracht, der als provisorische Kapelle dienen sollte. Wenige Tage später, am 7. Oktober, wurde der Grundstein für eine zukünftige Kapelle gelegt. Diese fiel einem Brand zum Opfer, wurde erneuert und schließlich 1696 abgebrochen, um dem jetzigen Kirchenbau Platz zu machen, der im Jahr 1711 geweiht werden konnte.

In Amberg konnte man 1934 nicht nur die 900-Jahr-Feier der ersten urkundlichen Erwähnung des Ortes begehen, sondern auch die 300. Wiederkehr der Übertragung des Gnadenbildes auf den Berg. Anläßlich des Bergfestjubiläums wurde dieses auf zwei Wochen ausgedehnt.

Den Auftakt bildete eine Huldigungsprozession der Pfarrei St. Georg am Abend des 23. Juni 1934. Eingeläutet wurde das Jubiläum – im wahrsten Sinne des Wortes – durch vier neue Glocken, die im Zusammenhang mit den bevorstehenden Feierlichkeiten in den Turm der Bergkirche verbracht worden waren. Diese Prozession hinterließ bei allen Beteiligten einen bleibenden Eindruck. Die „Amberger Volkszeitung" schrieb: „Alljährlich ziehen Prozessionen hinauf zum Gnadenbild. Aber wer könnte sich erinnern, jemals einen gleich großen und machtvollen Wallfahrtszug gesehen zu haben. Halb Amberg war daran beteiligt, von den Kleinsten bis zu den Alten in grauem Haar und mit gebeugtem Rücken." Aus dem Zeitungsbericht geht auch hervor, daß zwar der offizielle Vertreter des nationalsozialistischen Amberg, Oberbürgermeister Josef Filbig, aus

„dienstlichen Gründen" an der Teilnahme verhindert war, aber sein Stellvertreter sowie verschiedene Stadträte an der Prozession teilnahmen. Höhepunkt des Zuges war die Ankunft auf dem Berg, wo man das Gnadenbild vor der Kirche aufgestellt hatte.

Vom zweiten Wallfahrtstag berichtete die „Amberger Volkszeitung" von 2000 Pilgern, die aus Theuern, Kümmersbruck, Sulzbach und Ensdorf nach Amberg gekommen waren. Die Wallfahrer stammten aber nicht nur aus der unmittelbaren Umgebung der Stadt, sondern reisten vielfach mit Sonderzügen an.

Den Höhepunkt der Feierlichkeiten bildete die Ankunft des Regensburger Diözesanbischofs, Dr. Michael Buchberger, am 30. Juni 1934 in Amberg, der einige Tage in der Stadt blieb. Die „Amberger Volkszeitung" schrieb: „Diesmal haben die Bischofstage einen besonders festlichen Rahmen und eine besondere festliche Bedeutung. Im Bischof pilgert die Diözese zum Gnadenort, verehrt die Kirche das Gnadenbild, bestätigt das Lehramt der Kirche die vom Volk durch drei Jahrhunderte geübte Marienverehrung."

Wie die „Amberger Volkszeitung" am 4. Juli 1934 vermeldete, hielt die Feststimmung am Berg auch in der zweiten Woche unverändert an, die Zahl der auswärtigen Pilger stieg sogar noch. Das Ende des Bergfestes bildete eine Lichterprozession am 8. Juli 1934. In der „Amberger Volkszeitung" war zu lesen: „Unter Singen und Beten zog die Prozession wieder herauf und nahm vor der Kirche Aufstellung. Das Tedeum und sakramentaler Segen bildeten den Ausklang dieser wunderbaren Schlußstunden des so herrlich verlaufenen Wallfahrtsjubiläums."

Die Patenschaft zwischen Amberg und Bad Bergzabern

Die spätere Patenschaft zwischen Amberg und Bad Bergzabern sollte ursprünglich nur den Weinabsatz fördern. Dafür gab es 1935 neben einer Rekordernte nur einen Grund; nach der Machtübernahme durch die Nationalsozialisten kamen Handel und Vertrieb des Pfälzer Weins, der bis dahin fast ausschließlich in jüdischer Hand lag, schlagartig zum Erliegen, deshalb suchte man nach anderen Absatzmöglichkeiten und veranlaßte mehr als 300 Städte, mit den notleidenden Winzerdörfern Patenschaften einzugehen.

Ende August des Jahres 1935 teilte der „Reichsbeauftragte für die Regelung des Absatzes von Weinbauerzeugnissen" der Stadt Amberg das Weinbaugebiet Bergzabern zu. Der Qualität der Bergzaberner Weine war es zu verdanken, daß die Patenschaft auch zustande kam, denn die Stadt Amberg hatte auf Drängen der Parteileitung bereits eine Patenschaft für die Weingemeinde Schoden übernommen. Nach einer Probe der Schodener Weine kamen Oberbürgermeister Filbig und die hiesigen Weinhändler jedoch zu der Überzeugung, daß der Schodener Wein für die Amberger Bevölkerung ungeeignet, da zu sauer sei. Die Weinproben aus Bergzabern dagegen wurden für sehr gut befunden und die Stadt Amberg entschied sich am 28. September 1935 endgültig für Bergzabern als Patenstadt.

Die erste Weinwoche fand in der Zeit vom 19. bis 26. Oktober 1935 statt. Diese „Patenweinwoche" wurde auf dem Marktplatz mit dem kostenlosen Ausschank von 700 Litern Wein an bedürftige Bürger eröffnet. Die Kosten übernahm die Stadt Amberg. Nachdem der Oberbürgermeister mit dem ersten Schluck die Veranstaltung eröffnet hatte, servierten Amberger Mädchen in Winzerinnentracht den Rebensaft. Für Unterhaltung sorgten Volkstänze. Tausende von Bürgern feierten auf dem Marktplatz bis spät in die Nacht, der Ausschank hatte sich zu einem richtigen Volksfest entwickelt. Alle Amberger Hotels, Gaststätten, Cafés und der Einzelhandel boten eine Woche lang den „Patenwein" an, sogar die Sperrstunde wurde aufgehoben. Ein Viertelliter kostete 20 Pfennige und der Chronist bemerkte, daß damit in Amberg der „Weinrausch" erstmals billiger kam als der „Bierrausch". Am Ende der Woche hatte man über 20 000 Liter Bergzaberner Weins verkauft, bei der damals rund 28 000 Einwohner zählenden Bevölkerung eine beachtliche Menge.

Im April des darauf folgenden Jahres war erstmals eine Delegation aus Bergzabern zu Gast in Amberg. Neben der persönlichen Kontaktaufnahme wollte man die Stadt kennenlernen, die bei der Weinwoche 1935 den Rekord gehalten hatte. Auf dem Programm standen Stadtführung und Betriebsbesichtigungen. Die Krönung aber bildete ein Weinfest im Dreifaltigkeitssaal. Nachdem bekannt geworden war, daß die Gäste zu diesem Anlaß 1000 Liter Wein gestiftet hatten, mußte der Saal bereits Stunden vorher polizeilich gesperrt werden. Der Wein wurde teils in Maßkrügen ausgeschenkt und auf dem Höhepunkt des Festes ernannte Oberbürgermeister Filbig die Gäste aus der Pfalz zu „Oberpfälzern". Im Gegenzug überreichten die Bergzaberner ein Weinfäßchen, mit dem Versprechen, es jedes Jahr mit Pfälzer Burgunder zu füllen. Im Juni dieses Jahres fuhr eine Amberger Delegation erstmals nach Bergzabern.

Im Oktober 1937 fand in Amberg das „Fest der deutschen Traube und des Weins" statt, bei dem wieder Bergzaberner Wein zum Ausschank kam. Dieses Fest bildete das vorläufige Ende der Patenschaft, der Zweite Weltkrieg unterband weitere Beziehungen. Erst im Jahr 1952 nahm der Landesverband der „Pfälzer des rechtsrheinischen Bayern" wegen Übernahme einer Weinpatenschaft Verbindung mit Amberg auf. Mehrere Gemeinden standen zur Auswahl und der Amberger Stadtrat entschloß sich im April 1952 für Haardt. Ein erster Besuch und die Aufnahme in Haardt verliefen jedoch äußerst kühl, während der anschließende Empfang in Bergzabern sehr freundschaftlich war und die alten Beziehungen zu Amberg wieder aufleben ließ. Deshalb wurde in der Stadtratssitzung am 12. Mai 1952 beschlossen, erneut die Patenschaft über Bergzabern zu übernehmen, die Eröffnung der ersten „Patenweinwoche" nach dem Krieg konnte am 12. Juli 1952 gefeiert werden. Die Weinpatenschaft schlief danach aber mehr oder weniger ein und erst 1974 vereinbarten der damalige Bürgermeister der Verbandsgemeinde Bad Bergzabern, Dr. Wallmann, sowie sein Amberger Kollege, Franz Prechtl, sie mit neuem Leben zu erfüllen. Neben dem alljährlichen Ausschank des „Patenweins" auf dem Amberger Altstadtfest kam es in der Folgezeit zu zahlreichen und gegenseitigen Besuchen des Stadtrates und vieler Vereine und Verbände.

Die Narrhalla Rot/Gelb Amberg 1934 e.V.

Die Gründung der Amberger Narrhalla geht auf das Jahr 1934 zurück. Den Anstoß dazu gab das 900-jährige Jubiläum der ersten Nennung Ambergs in einer Urkunde von 1034. Die Jubiläumsveranstaltungen waren offensichtlich ein großer Erfolg. Sie ließen auch – wie Rudolf Regler schrieb – „den Wunsch nach einem Amberger Fasching laut werden; getragen von der Stadt, gestaltet von Amberger Karnevalisten, inspiriert vom rheinischen Vorbild." Nach Rudolf Regler war die treibende Kraft Oberbürgermeister Josef Filbig. Reglers Darstellung zufolge wurde die Amberger Öffentlichkeit völlig überraschend am 2. März 1935 mit der Proklamation des Amberger Faschings unter dem Motto „Das tausendjährige Amberg" konfrontiert.

Zu einem richtigen Amberger Fasching gehörte auch ein eigener Amberger Schlachtruf, der durch ein Preisausschreiben ermittelt wurde. Schließlich konnte der Amberger Faschingsgruß „Amberg OHO" aus der Taufe gehoben werden. Für den 3. März 1935 war auch die Geburt eines Amberger Faschingsprinzen im Flußbett der Vils vorhergesagt worden. Dieser trug den klingenden Namen „Schori I. von Vilsregulanien"; profan hieß er Josef Winter. Der Beiname zielte auf die seit 1934 durchgeführte Vilsregulierung ab, die 1935 noch nicht abgeschlossen war. Die Regentschaft dieses ersten Faschingsprinzen war auf drei Tage beschränkt und währte vom Faschingssonntag bis zum Faschingsdienstag. Der eigentliche Höhepunkt des Faschings 1935 war ein kleiner Zug durch die Straßen der Stadt. Der Chronist bemerkt, daß die Zuschauer den Zug zwar gut fanden, sich aber nicht zur Heiterkeitsstürmen hinreißen ließen.

Im nächsten Jahr ging man planmäßiger zu Werk. Bereits am 10. Januar 1936 erließen Oberbürgermeister Josef Filbig und Stadtrat Emil Alafberg ein „Faschingsmanifest", in dem der Amberger Bevölkerung die „Närrischen Termine" mitgeteilt wurden. Die Erhebung des Amberger Faschingsprinzen erfolgte diesmal bereits wesentlich früher, am 18. Januar wurde Karl Hüttner als „Kare I. von Utopien" zum Faschingsprinzen gekürt. Erstmals taucht auch ein kleiner Hofstaat auf, dazu kam eine männliche Leibgarde unter einem Gardekommandeur. Die offizielle Inthronisation erfolgte am 31. Januar im „Pfälzer Hof".

Erste Kontakte der Amberger Karnevalisten zu auswärtigen Faschingsgesellschaften brachte die Saison 1938 mit sich. Das Hauptereignis war der erste Amberger Stadtball am 20. Januar, an dem auch das Münchner Prinzenpaar und der ehemalige Amberger Michel Ehbauer teilnahmen. Offensichtlich war die männliche Leibgarde nicht ganz nach dem Geschmack der Amberger, diese wurde 1937 durch eine weibliche Prinzengarde ersetzt. Erstmals tauchte in diesem Fasching auch eine Amberger Faschingsprinzessin auf.

Der letzte Fasching vor dem Ausbruch des Zweiten Weltkrieges war der des Jahres 1939. Erst am 11. 11. 1950 schritt man um 11 Uhr zur Wahl des ersten Amberger Nachkriegs-Faschingsprinzen. Die Inthronisation von Prinz „Peter von Pressanien" und ihrer Lieblichkeit Prinzessin Hildegard fand am 24. Januar 1951 in der traditionellen Hofburg „Skala“ statt. Neben der Narrhalla entstand nach dem Krieg eine zweite Amberger Faschingsgesellschaft, die den Namen „Rot/Gelb“ führte. Sie wurde 1969 aufgelöst und ging in der Narrhalla auf, die seither den offiziellen Namen „Narrhalla Rot/Gelb Amberg 1934 e.V.“ führt.

Die Bombardierung Ambergs am 9. April 1945

Obgleich es bereits am 16. Oktober 1940 erstmals Fliegeralarm gegeben hatte, blieb Amberg bis in den April des Jahres 1945 vom Luftkrieg verschont. Der erste Luftangriff auf die Vils-Stadt erfolgte am 8. April 1945. Ziele waren das Heeresnebenzeugamt und die Leopoldkaserne. Wesentlich schwerwiegender als dieser erste Angriff wurde der zweite, der einen Tag später geflogen wurde.

Am 9. April 1945 wurde gegen neun Uhr morgens Fliegeralarm gegeben. Wenig später erreichte die erste von insgesamt drei Bomberwellen die Stadt. Die Bomben pflügten das in dreizehn Bezirke unterteilte Gelände des Heeresnebenzeugamts regelrecht um. Ein Augenzeuge berichtete: „ Als die erste Welle vorüber war, wagten sich einige Soldaten aus dem Luftschutzkeller vor das Haus; sie erkannten ihr Zeugamt nicht wieder. Man sah Zivilisten, Soldaten und Kriegsgefangene, wie sie sprunghaft versuchten, Abstand von dieser Stätte der Vernichtung zu bekommen. Auf die Luftschutzgräben waren zahlreiche Bomben gefallen, dort gab es Tote; die in den Kellern überlebten.“

Als das Heeresnebenzeugamt bombardiert wurde, ordnete die Luftschutzbefehlsstelle, die im Amtsgericht untergebracht war, den Einsatz von zwei Löschtrupps der Luftschutzwacht an. Zwei Löschfahrzeuge rückten aus, die beide in die dritte Angriffswelle gerieten. Wie aus einem Bericht von Kreisbrandinspektor Hans Schneider hervorgeht, hielt eines der Löschfahrzeuge am Bergsteig an. Zugführer Giehrl – so Schneider – „nahm mit seiner Mannschaft Deckung in einem Laufgraben, der unmittelbar an der Straße entlang führte und zirka 2 Meter tief war". Die Mannschaft überlebte, das Fahrzeug wurde nicht beschädigt.

Diese Fliegerangriffswelle galt dem Stabsgebäude der Leopoldkaserne, der Leopoldstraße und einigen tiefer liegenden Äckern. Als die Bomben fielen, erreichte das zweite Löschfahrzeug unter Zugführer Pielenhofer gerade das Kasernengelände. Hans Schneider schreibt: „Die Mannschaft nahm Deckung an der Böschung bei der ehemaligen Trafostation ... . Die sieben HJ-Jungfeuerwehrkameraden der Besatzung warf der Luftdruck der Bomben zirka 30 Meter nahezu bis an den Zaun der Gärtnerei Merz und schüttete sie noch einen halben Meter hoch mit Erde zu. ... Der Führer des Geräts [= des Löschzugs], der Hauptwachtmeister der Feuerwehr, Johann Pielenhofer, wollte zur Brücke, welche über die Eisenbahnlinie Amberg-Schwandorf führt, eilen und wurde von dem Luftdruck der Bomben zirka fünfzig Meter weit auf den Bahnkörper geschleudert ... – er war sofort tot. ... Das Löschgerät LF. 15 wurde von dem Druck der Bomben in die Höhe geschleudert und mit den Rädern nach oben und Dach nach unten auf den Boden gedrückt."

Aufgrund anhaltenden Fliegeralarmes konnten die sechs getöteten, 15 und 16 Jahre alten Feuerwehrleute erst am Spätnachmittag des 11. April 1945 geborgen werden. Hans Rubenbauer und Alois Koll wurden zusammen mit Johann Pielenhofer auf dem Dreifaltigkeitsfriedhof, Karl Dalles, Josef Fertsch, Richard Frank und Rudolf Meier auf dem Katharinenfriedhof beigesetzt. Zusammen mit den vier letzteren wurde ein weiteres Opfer der Luftangriffe beerdigt, die 17jährige Feuerwehrfrauenhelferin Johanna Zimmermannn. Sie war am 11. April auf dem Heimweg Opfer eines Tieffliegerangriffs geworden.

Die Übergabe der Stadt Amberg an die Amerikanischen Streitkräfte

Der Übergabe der Stadt ging eine ganze Reihe von Bombenangriffen voraus, von denen Amberg seit dem 8. April 1945 verstärkt in Mitleidenschaft gezogen worden war. Während die bis zum 16. April nur noch als halbes Blatt erscheinende „Amberg-Sulzbacher Zeitung“ bis zuletzt an den Durchhaltewillen der „starken Herzen“ appellierte, kam die Front immer näher an die Stadt heran.

Mit dem Heranrücken der amerikanischen Streitkräfte stellte sich die immer drängender werdende Frage nach Verteidigung oder kampfloser Übergabe der Stadt an die Alliierten. Während die führende „Parteiclique“ mit schier unerträglichem „Götterdämmerungstamtam“ die eigene Galgenfrist zu verlängern suchte, wollte die Bevölkerung retten, was noch zu retten war.

Der Amberger Kreisleiter, Dr. Arthur Kolb, hielt bis zuletzt am Verteidigungsbefehl fest, während der örtliche Luftschutzleiter, Bürgermeister Sebastian Regler, zur kampflosen Übergabe der Stadt drängte. Einen wesentlichen Faktor in der Entscheidung bildeten die in Amberg vorhandenen Truppen. Diese verlegte der Standortälteste, Oberst Chorbacher, in einer Nacht- und Nebelaktion vor dem Eintreffen der Amerikaner nach Luigendorf. Ein angekündigtes SS-Kommando traf nicht mehr ein.

Die endgültige Entscheidung bahnte sich am Spätnachmittag des 22. April 1945 an. Kreisleiter Kolb ließ sich auf die Raigeringer Höhe fahren, wo er in amerikanisches Gewehrfeuer geriet. Damit war der Weg frei zur kampflosen Übergabe der Stadt, die in den Morgenstunden des 23. April 1945 erfolgte.

Die Besetzung der Stadt in den Abendstunden des 22. April 1945 beobachtete der Hilfspolizist Vaniceck. Seine

Meldungen finden sich im Bericht des Jakob Stein, den dieser 1955 erstellte.

Von 20.45 Uhr an gingen laufend von der Beobachtungsstelle Martinsturm Meldungen ein. Sie sollen im folgenden wörtlich wiedergegeben werden:

„a) Man sieht jetzt die ersten amerikanischen Panzer von der Äußeren Bayreuther Straße kommend in Richtung zur Stadt fahren;

b) der erste Panzer hat bereits den Pfalzgrafenring erreicht und nimmt mit den übrigen entlang der Englischen Anlage Aufstellung;

c) es sind jetzt ca. 20 amerikanische Panzer entlang der Englischen Anlage aufgestellt;

d) ab und zu sieht man aus dieser Gegend und aus der Gegend von Raigering Leuchtkugeln verschiedener Farben abschießen (vermutlich taktisches Zeichen zur Verbindungsaufnahme);

e) um 20.45 Uhr setzt sich der 1. Panzer in Richtung Vilstor in Bewegung, die anderen folgen nach;

f) der 1. Panzer befindet sich bereits in der Georgenstraße in Richtung zum Marktplatz;

g) der 1. Panzer ist am Marktplatz angekommen und hat dort vor den Fenstern der Polizeiwache Aufstellung genommen; die anderen Panzer stellen sich auf dem Marktplatz auf – die Martinsturmuhr schlägt 21.00 Uhr;

h) einige uniformierte farbige Soldaten begeben sich in das Rathaus. Auf dem Marktplatz herrscht reges Treiben."

Damit endete für Amberg am 23. April 1945 der Zweite Weltkrieg, dessen offizielles Ende mit der bedingungslosen Kapitulation vom 8. Mai 1945 erfolgte.

Nachkriegsweihnacht

Am Sonntag, dem 1. Dezember 1946, begann die zweite Advents- und Weihnachtszeit nach Kriegsende. Sie war für die meisten Amberger weniger ein Grund zum Feiern, als vielmehr der Versuch, den allgemeinen Mangel wenigstens für ein paar Stunden zu vergessen.

Im Jahr 1946 war der 1. Dezember gleichzeitig auch der erste Adventsonntag. Den Anzeigenteil des „Neuen Tags“ vom 30. November 1946, dem ersten Adventsamstag, prägten keine großformatigen Anzeigen, die um den Kauf von Waren warben, sondern überwiegend kleine Tauschanzeigen. Angeboten wurde eine Kofferschreibmaschine im Tausch gegen Anzug- oder Kleiderstoff. Ein Damenmantel sollte im Gegenzug zu einem schwarzen Kostümstoff den Besitzer wechseln. Bleikristall wurde gegen eine Bratröhre abgegeben, ein neuwertiger Sparkochherd gegen ein Damen- oder Herrenfahrrad, Herrenarbeitschuhe gegen Halbschuhe, usw.

Wie im Vorjahr beabsichtigte der Flüchtlingskommissar auch 1946, den Flüchtlingen, Kriegsversehrten und Armen der Stadt Amberg „zu einem menschlich und christlich schönem Weihnachtsfest zu verhelfen“. Auf Grund des Spendenaufkommens hatte man 1945 immerhin 594 Amberger Kinder mit Spielzeug beschenken und 12 Zentner Weihnachtsstollen verteilen können.

Mit der Weihnachtsbäckerei sah es auf Grund der fehlenden Zutaten schlecht aus. Gerade in der Adventszeit wurde darauf hingewiesen, daß auch Backpulver der Bewirtschaftung unterlag. Die Abgabe durfte nurmehr auf Grund von Nährmittelabschnitten der Lebensmittelkarten erfolgen. Pro Erwachsenem wurden fünf Päckchen Backpulver à zehn Gramm abgegeben. Anfang Dezember genehmigte die Amerikanische Militärregierung eine Weihnachtszuteilung von 250 Gramm Zucker für Kinder und Jugendliche im Alter bis zu 20 Jahren. Gleichzeitig wurde eine Schokoladenzuteilung genehmigt, die in Form von 100 Gramm Kakaopulver pro Kind gewährt wurde. Am 5. Dezember 1946 kündigte der amerikanische Militärgouverneur für Deutschland eine Rationserhöhung auf 1800 Kalorien täglich an, sobald die dafür benötigten Lebensmittel zur Verfügung stünden.

Am 7. Dezember, dem zweiten Adventsamstag, gab die Amerikanische Militärregierung bekannt, daß am Nachmittag des ersten Weihnachtsfeiertages 500 Amberger Kinder in das ehemalige Casino und in das Gebäude des Amerikanischen Roten Kreuzes eingeladen wurden, wo sie Weihnachtsgebäck aus der amerikanischen Bäckerei erhalten sollten.

Eine Woche später, am 3. Advent, erfuhr die Amberger Bevölkerung, daß es 1946 – wie bereits im Vorjahr – mit dem Bezug von Weihnachtskerzen sehr schlecht bestellt war. Deshalb wurde der Bevölkerung der Tausch von „Stümpchen oder Wachsresten“ gegen Weihnachtskerzen im Verhältnis 2:1 angeboten. An diesem Adventwochenende wurde auf dem Marktplatz vor dem Rathaus auch der traditionelle Weihnachtsbaum aufgestellt, der die beachtliche Höhe von 17 Metern hatte.

Trotz angestrengtester Bemühungen fehlte es ständig am Allernotwendigsten. Während man in der Adventszeit eine große Zahl von in Amberg lebenden Flüchtlingen und Bombengeschädigten mit Öfen hatte versorgen können, fehlte es an den dringend benötigten Rohren, um die Öfen auch heizen zu können. Trotz der eigenen schwierigen Situation war die Spendenbereitschaft der Amberger gewaltig. Im Rahmen der Weihnachtssammelaktion kamen an nur einem Tag 130 Dosen Konserven, zwei Zentner Gebäck, Krautköpfe, Brot, Porzellan sowie ein wunderbares Kaffeeservice zusammen. Letzteres wurde wieder gegen Lebensmittel eingetauscht. So wurde auch den Ärmsten – wie der Flüchtlingskommissar geschrieben hatte – „zu einem menschlich und christlich schönem Weihnachtsfest verholfen“.

Amberg und Périgueux

Anders als die Patenschaft mit Bergzabern, deren Anfänge von „oben" angeordnet wurden, geht die Patenschaft Ambergs mit Périgueux auf eine persönliche Freundschaft zurück, die später auf die beiden Städte ausgedehnt wurde.

„Väter" der Städtepatenschaft, für die es in Frankreich den wesentlich schöneren Begriff „Jumelage" gibt, waren Hans Kowar und Abbé Henri Cellérier, deren Freundschaft auf Kowars Kriegsgefangenschaft in Frankreich zurückgeht. Hans Kowar, damals Obergefreiter der Gebirgsjäger, geriet 1945 bei Kriegsende in französische Kriegsgefangenschaft. Dabei schloß er Freundschaft mit einem jungen Franzosen, der die Aufgabe hatte, ihn zu bewachen: Abbé Cellérier. Die beiden Männer trafen sich täglich und lernten die Sprache des jeweils anderen.

Nach seiner Entlassung aus der Gefangenschaft kehrte Hans Kowar 1948 nach Amberg zurück. Wenig später kam Abbé Cellérier in die Vils-Stadt, um den Freund zu besuchen. Die gegenseitigen Treffen setzten sich fort und bald entstand die Idee, diese Freundschaft auf die beiden Städte zu erweitern. Erste Gespräche in diese Richtung führte Abbé Cellérier 1951 mit Dr. Heinrich Aigner, der dem „Bund der Europäischen Jugend" vorstand, und 1953 mit dem Amberger Oberbürgermeister Josef Filbig und seinem späteren Nachfolger, Rechtsrat Dr. Steininger.

Obgleich der Amberger Stadtrat schon am 14. Dezember 1956 den Vorschlag begrüßt hatte, mit Périgueux eine Städtepatenschaft einzugehen, kam es erst 1959 zu einer ersten offiziellen Annäherung zwischen den beiden Städten. Zum erstenmal reiste eine kleine Amberger Stadtratsdelegation unter der Führung von Oberbürgermeister Dr. Wolf Steininger in der Zeit vom 22. bis 25. September nach Périgueux. Die Einzelheiten der Fahrt wurden bei einem Gespräch festgelegt, zu dem Ende August 1959 Abbé Cellérier nach Amberg gekommen war. In Périgueux wurde die Amberger Delegation, der auch Hans Kowar angehörte, von Oberbürgermeister Lucien Barrière herzlich begrüßt. Der Besuch der Amberger wurde nicht nur im Périgord, dessen Hauptstadt Périgueux ist, positiv aufgenommen, sondern fand seinen Niederschlag auch in der überregionalen Presse Frankreichs.

Kurz nach dieser Fahrt kam ein reger Austausch in Gang, von dem vor allem die Jugend der beiden Städte profitierte. Trotzdem vergingen weitere sechs Jahre, bis am 2. Oktober 1965 bei einem großen Festakt im Amberger Rathaus schließlich die offizielle Patenschaftsurkunde unterzeichnet werden konnte. Der Amberger Oberbürgermeister Dr. Steininger sprach nicht zu Unrecht von einer „langen Zeit der Verlobung, in der beide Partner sich prüfen konnten und Périgueux gewiß die Rolle einer vielumworbenen und charmanten Dame einnahm". In Gegenwart von Abbé Cellérier und Hans Kowar unterzeichneten Oberbürgermeister Dr. Steininger und Vizebürgermeister Gerard Paillou (in Vertretung von Oberbürgermeister Lucien Barrière) das Dokument.

Die Aussteller der Urkunde verfolgten das Ziel, „unbelastet durch Vorurteile einer leidvollen Vergangenheit das gegenseitige Verständnis und die gegenseitige Achtung zwischen dem deutschen und dem französisichen Volk zu fördern, die menschlichen und kulturellen Beziehungen zwischen den beiden Städten zu pflegen und zu vertiefen [und] durch regelmäßigen Austausch die Jugend zusammenzuführen und damit dem Werk der Verständigung und Freundschaft für alle Zukunft eine feste Grundlage zu geben."

Die 1965 gesteckten Ziele konnten ausnahmslos realisiert werden, es begann eine Städtepatenschaft, die bis heute lebendig geblieben ist. Gleichzeitig wurde der Austausch immer vielfältiger. Amberger Künstler präsentierten ihre Werke in Périgueux, französische Maler stellten in Amberg aus. In diesen Zusammenhang gehört aber auch die Kathedrale von Périgueux, deren „Nachbau" in Form zahlreicher Sträucher und Blumen die Besucher der „Landesgartenschau 1996" erfreute.

Abkürzungsverzeichnis

Amberg 1034–1984	Amberg 1034–1984. Aus tausend Jahren Stadtgeschichte (Ausstellungskataloge der Staatlichen Archive Bayerns 18) 1984.
BayHStA	Bayerisches Hauptstaatsarchiv München
Bearb., bearb.	Bearbeiter, bearbeitet
Cgm.	Codex germanicus Monacensis
DD	s. MGH
Destouches, Darstellung	Joseph *von Destouches,* Statistische Darstellung der Oberpfalz, und ihrer Hauptstadt Amberg vor und nach der Organisation von 1802 mit einem tabellarisch statistischen Überblick des dermalen organisirten Naabkreises, 1809.
Diss.	Dissertation
ebda	ebenda
f.,ff.	folgend(e)
fol.	folium (Blatt)
Hg., hg.	Herausgeber, herausgegeben
HU	Hochstiftsurkunden
KDB Stadt Amberg	Felix *Mader* (Bearb.), Stadt Amberg, in: Die Kunstdenkmäler des Königreichs Bayern, Bd. 2: Die Kunstdenkmäler von Oberpfalz und Regensburg, Heft XVI, 1909.
Laschinger, Denkmäler	Johannes *Laschinger,* Die Denkmäler des Amberger Stadtrechts, in: Kommission für bayerische Landesgeschichte (Hg.), Bayerische Rechtsquellen, Bd. 3, 1, 1994.
Lipowsky, Beschreibung	Chronica oder kurtze Beschreibung der churfürstl. Stadt Amberg in der obern Pfalz, zusammengebracht durch Michael Schwaiger, Bürgermeister daselbst. Neu herausgegeben und mit Erläuterungen über magistratische Verfassung, mit Anmerkungen und Notizen älterer und neuern Zeiten, dann einem Anhange versehen von Felix Joseph *Lipowsky,* 1818.

Löwenthal, Geschichte	Felix Freiherr *von Löwenthal*, Geschichte von dem Urspung der Stadt Amberg, 1801.
masch.	maschinenschriftlich
MGH	Monumenta Germaniae Historica
DD	Diplomata
SS	Scriptores
MVGN	Mitteilungen des Vereins für Geschichte der Stadt Nürnberg
NF	Neue Folge
SS	s. MGH
Schenkl, Chronik	Johann Baptist *Schenkl*, Neue Chronik der Stadt Amberg, 1817.
Schwaiger, Chronica	Michael *Schwaiger*, Chronica oder kurtze beschreibung der churfürstlichen Stad Amberg, in der Obern Pfalz in Beiern gelegen, wie dieselben herkomen und gestalt, Auch in was Wesen, Regiment und Ordnung die gestanden, sampt der Sucession der Pfalzgrafen, Churfürsten und etlichen fürnemen Historien, Wittenberg 1564.
StAA	Staatsarchiv Amberg
StadtAA	Stadtarchiv Amberg
vgl.	vergleiche
VHVO	Verhandlungen des Historischen Vereins für Oberpfalz und Regensburg
Wiltmaister, Kronik	Johann Kaspar *von Wiltmaister*, Churpfälzische Kronik, oder Beschreibung vom Ursprunge des jetzigen Nordgau und obern Pfalz, derselben Pfalzgrafen, Churfürsten und andern Regenten, nebst den vorgefallenen besonderen Merkwürdigkeiten der churfürstl. oberpfälzischen Haupt- und Regierungsstadt Amberg, 1783.
ZBLG	Zeitschrift für bayerische Landesgeschichte
Zg.	Zugang

Quellen- und Literaturhinweise

Erste schriftliche Nennung Ambergs 1034 (S. 8)
Urkunde von 1034 April 24, Original StA Bamberg HU 101; Druck: MGH DD Konrad II, Nr. 207; *Laschinger,* Denkmäler 1 f.; vgl. auch Heinrich *Wanderwitz,* Ambergs Frühgeschichte – offene Fragen, in: Amberg 1034–1984, 35–44.

Die Anfänge der Kirche und Pfarrei St. Georg (S. 10)
Die Chronik des Böhmen Cosmas von Prag, hgg. v. Berthold *Bretholz* und Wilhelm *Weinberger* (MGH SS rer. Germ. NS 2, 2. Aufl. 1955) 183 f.; übersetzt bei Georg *Grandaur,* Des Dekans Cosmas von Prag Chronik von Böhmen, in: Die Geschichtsschreiber der deutschen Vorzeit, Bd. 65, 3. Aufl. 1939, 161f.; vgl. auch Paul *Mai,* Die Kirchengeschichte Ambergs bis zur Reformation, in: Amberg 1034–1984, 107–118; Walter *Sage,* Archäologische Untersuchungen in der Pfarrkirche St. Georg zu Amberg (Archiv für die Geschichte von Oberfranken 59) 1989, 25–39.

„Stadt" Amberg (S. 12)
Urkunde von 1242 Januar 22, gedruckt bei Erwin *Herrmann,* Zur Stadtentwicklung in Nordbayern (Archiv für die Geschichte von Oberfranken 53) 1973, 31–79, bes. 65f.; vgl. auch Heinrich *Wanderwitz,* Ambergs Frühgeschichte – offene Fragen, in: Amberg 1034–1984, 35–44; Wilhelm *Volkert,* Das spätmittelalterliche Städtewesen, in: Max *Spindler* (Hg.), Handbuch der bayerischen Geschichte, Bd. 2, 1966 Nachdr. 1969, 516–528.

Das Amberger Stadtrecht (S. 14)
Urkunde von 1294 März 3, Original StadtAA Urkunden 1, gedruckt *Laschinger,* Denkmäler 4–6; vgl. auch *ders.,* Zur Entwicklung des Amberger Stadtrechts, in: Lothar *Kolmer* und Peter *Segl* (Hgg.), Regensburg, Bayern und Europa (Festschrift für Kurt Reindel zu seinem 70. Geburtstag) 1995, 407–433.

Die Siegel und Wappen der Stadt Amberg (S. 16)
Rudolf *Fritsch,* Ambergs Stadtverfassung und städtische Verwaltungsorgane, in: Amberg 1034–1984, 45–60, bes. 57.

Amberg und Ludwig der Bayer (S. 18)
Druck der Urkunden Ludwigs bei *Laschinger,* Denkmäler 6–20; vgl. auch Wilhelm *Volkert,* Amberg und Ludwig der Bayer (ZBLG 43) 1980, 29–44; Heinz *Angermeier,* Kaiser Ludwig der Bayer und das deutsche 14. Jahrhundert, in: Hubert *Glaser* (Hg.), Die Zeit der frühen Herzöge. Von Otto I. zu Ludwig dem Bayern (Wittelsbach und Bayern 1, 1) 1980, 369–378; Alois *Schütz,* Der Kampf Ludwigs des Bayern gegen Papst Johannes XXII. und die Rolle der Gelehrten am Münchner Hof, in: *Glaser,* Herzöge (siehe oben) 388–397.

Das Amberger Spital (S. 21)
Gründungsurkunde von 1317 April 22, StadtAA Urkunden 7, gedruckt

bei *Laschinger,* Denkmäler 8f.; vgl. auch *ders.*, Das Spital in Amberg, in: Amberg 1034–1984, 153–164; vgl. zum Pfründewesen Siegfried *Reicke,* Das deutsche Spital und sein Recht im Mittelalter 2 (Kirchenrechtliche Abhandlungen 113/114) 1932, Nachdr. 1954, 187.

Die Stadtbefestigung (S. 23)
Schwaiger, Chronica; vgl. KDB Stadt Amberg, 148–161; Anton *Dollacker,* Das wehrhafte Amberg von der ersten Zeit bis zum Beginn des 19. Jahrhunderts (StadtAA Handschriften 14) 1939; *ders.*, Geschichte der Amberger Stadtbefestigung bis zum Dreißigjährigen Krieg (StadtAA Handschriften 4) 1924; KDB Stadt Amberg, 148–161.

Die Amberger Stadtbrille (S. 25)
Robert *Giersch,* Baugeschichte des kurfürstlichen Schlosses und Zeughauses zu Amberg, masch. 1991.

Amberger Glocken (S. 27)
KDB Stadt Amberg, 100–102; vgl. auch *Schenkl,* Chronik 93–95, 114.

Die Hammereinung von 1341 (S. 29)
Urkunde von 1341 März 31, gedruckt bei *Laschinger,* Denkmäler 22–25; vgl. auch Wolfgang *von Stromer,* Die Große Hammereinung vom 7. Januar 1387. Kartell und Innovationen als Antwort auf eine Krise, in: Die Oberpfalz, ein europäisches Eisenzentrum. 600 Jahre Große Hammereinung (Bergbau- und Industriemuseum Ostbayern 12/1) 1987, 147–189.

Der Amberger Salzhandel (S. 32)
Karl-Otto *Ambronn,* Ambergs Handel bis zum Ende des 18. Jahrhunderts, in: Amberg 1034–1984, 237–254.

Die Amberger Vilsschiffahrt (S. 34)
Otto *Schmidt,* Die Amberger Schiffahrt, 1980.

Die Amberger Messen (S. 36)
Ambronn, Handel (siehe oben).

Das Amberger Münzwesen (S. 38)
Erich *Götz,* Die Münzprägung der Oberpfalz. Geschichte und Kultur, 1992.

Die Friedhöfe (S. 40)
Vgl. grundlegend Bernhard *Schimmelpfennig,* Kirchliches Begräbnisrecht, in: Lexikon des Mittelalters, Bd. 1, 1980, Sp. 1807f.; *Schwaiger,* Chronica, Titel IV; Otto *Schmidt,* Die Betreuung der Aussätzigen (VHVO 117) 1977, 7–30.

Die Beinhäuser (S. 43)
Schwaiger, Chronica, Titel IV; KDB Stadt Amberg, 102.

Beisetzungen in der St. Martinskirche (S. 44)
KDB Stadt Amberg, 84–97.

Das Grabmal Pfalzgraf Ruprecht Pipans (S. 46)
Johannes Turmair' s genannt Aventinus Bayerische Chronik, hg.v. Matthias *Lexer,* 1888, VIII. Buch, Kap. 82, 528; KDB Stadt Amberg, 84–87.

Bistum Amberg (S. 49)
Paul *Mai,* Die Kirchengeschichte Ambergs bis zur Reformation, in: Amberg 1034–1984, 107–118, bes. 111–113; vgl. auch Karl *Hausberger,* Geschichte des Bistums Regensburg, Bd. 1, 1989, 203–207 und 209f.

Die Schlußsteine der Amberger Ratskapelle (S. 50)
Franz Xaver *Herrmann,* Der Kapellenraum im Amberger Rathaus und seine Schlußsteine, in: Johannes *Laschinger* (Bearb.), Das Rathaus der Stadt Amberg. Zur Geschichte eines Mittelpunktes, 1989, 31–39; Petra *Lorey-Nimsch,* Zur Baugeschichte des Amberger Rathauses, in: Amberg 1034–1984, 379–390.

Von der „Winkel-Schule" zum Gymnasium (S. 52)
Vgl. grundlegend Rainer A. *Müller,* Das Schulwesen der Stadt Amberg, in: Amberg 1034–1984, 165–190.

Der „Amberger Aufruhr" von 1453/54 (S. 54)
Wilhelm *Volkert,* Amberg und die Kurfürsten von der Pfalz, in: Amberg 1034–1984, 61–74, bes. 69–71; *ders.,* Die Kurpfalz bis zum Landhuter Erbfolgekrieg 1503/05, in: Max *Spindler,* Handbuch der bayerischen Geschichte, Bd. 3, 3, hg. v. Andreas *Kraus,* 1995, 72–83; Anton *Dollacker,* Der Amberger Aufruhr von 1453 und seine Folgen (StadtAA Handschriften 7) 1927.

Feste auf dem Marktplatz (S. 56)
Zur Amberger Hochzeit von 1474 vgl. Max *Buchner,* Quellen zur Amberger Hochzeit von 1474 (Archiv für Kulturgeschichte 6) 1908, 285–348; vgl. aber auch *ders.,* Die Amberger Hochzeit (Zeitschrift für Geschichte des Oberrheins 64, NF 25) 1910, 584–604, (65, NF 26) 1911, 95–127; zum Hauptschießen von 1596 vgl. *Wiltmaister,* Kronik 145–150; zu den verschiedenen Barockfesten vgl. ebenfalls *Wiltmaister,* Kronik.

Gaumenfreuden (S. 58)
Zur Amberger Hochzeit von 1474 vgl. Max *Buchner,* Quellen zur Amberger Hochzeit von 1474 (Archiv für Kulturgeschichte 6) 1908, 285–348; vgl. aber auch *ders.,* Die Amberger Hochzeit (Zeitschrift für Geschichte des Oberrheins 64, NF 25) 1910, 584–604, (65, NF 26) 1911, 95–127.

Die Sudelköche (S. 62)
Zum Eid der Köche vgl. StadtAA Bände 241 fol. XLIIv; Bände 3 fol. 166v; Ratsbeschluß von 1472, StadtAA Bände 3 fol. 78r; Ratsbeschluß von 1545, StadtAA Bände 5 fol. 288v; von 1547, StadtAA Bände 5 fol. 358r; von 1548, StadtAA Bände 6 fol. 39; von 1578, StadtAA Bände 8 fol. 173v; von 1589, StadtAA Bände 11 fol. 153r; Johann Andreas *Schmeller,* Bayerisches Wörterbuch, bearb. v. G. Karl *Frommann,* Bd. 2, 1872–1877, Sp. 229.

Das Frauenhaus (S. 64)
Den Eid des Frauenwirts überliefert das Eid- und Gesatzbuch, StadtAA Bände 240, fol. 80v; dort finden sich auch die Namen der vereidigten Frauenwirte.

Der Callgirlskandal von 1475 (S. 68)
Die Aufzählung findet sich im Ratsbuch 3, StadtAA Bände 3, fol. 130v–131r sowie fol. 138r–138v; vgl. auch Eberhard *Isenmann,* Die deutsche Stadt im Spätmittelalter: 1250–1500. Stadtgestalt, Recht, Stadtregiment, Kirche, Gesellschaft, 1988.

Badestuben und Vils-Nackedeis (S. 70)
Vgl. grundlegend Gerhard *Jaritz,* Bad, B. Mittelalter, in: Lexikon des Mittelalters, Bd. 1, 1980, Sp. 1331–1333; die Amberger Ratsbücher, StadtAA Bände 1ff., und Kopialbücher über den Kauf und Verkauf von Liegenschaften im Amberger Burggeding, StadtAA Bände 318ff.

Theatertradition in Amberg (S. 73)
Ute *Fuchs,* Zur Geschichte des Stadttheaters Amberg (1803–1978). Eine Dokumentation über 175 Jahre Theatergeschehen in einer deutschen Kleinstadt, Diss. masch., Wien 1988; Spendenaufruf zur Errichtung des Amberger Stadttheaters, StAA Landesdirektion Amberg 286.

Hartmann Schedel – Stadtarzt und Chronist (S. 75)
Béatrice *Hernad,* Hartmann Schedels Leben, in: *dies.* (Bearb.), Die Graphiksammlung des Humanisten Hartmann Schedel (Bayerische Staatsbibliothek – Ausstellungskataloge 52) 1990, 13–16; Johannes *Laschinger,* Dr. Hartmann Schedel als Stadtarzt in Amberg (1477–1481) (MVGN 80) 1993, 137–145.

Der Büchsenmeister Martin Merz (S. 76)
Anton *Dollacker,* Der berühmte Büchsenmacher Martin Merz von Amberg. Mit Namen- und Sachregister und 2 Anhängen (Anhang II: Martin Merz, Die Kunst aus Büchsen zu schießen, 1473) (StadtAA Handschriften 5) 1927; *ders.*, Der berühmte Büchsenmeister Martin Mertz von Amberg (Die Oberpfalz 21) 1927, 186–190; zum Grabstein vgl. KDB Stadt Amberg, 96; zum Beruf des Büchsenmeisters vgl. Erich *Gabriel,* Büchsenmeister, in: Lexikon des Mittelalters, Bd. 2, Sp. 893f.

Amberger als Höhlenforscher (S. 78)
Druck des Berichtes, StadtAA Bibliothek; vgl. auch *Wiltmaister,* Kronik 609f.

Der Amberger Henker (S. 80)
Zum Henker aber auch zu den Dirnen vgl. allgemein František *Graus,* Randgruppen der städtischen Gesellschaft im Spätmittelalter (Zeitschrift für historische Forschung 8) 1981, 385–437; zum Amberger Henker im Dienst von Stadt und Landesherrn vgl. *Schwaiger,* Chronica; der Eid des Scharfrichters findet sich im Eid- und Gesatzbuch der Stadt Amberg, StadtAA Bände 240 fol. 44v–45r; vgl. auch August *Klarmann,* Der Scharfrichter zu Amberg (Oberpfälzer Heimat 11) 1967, 69–80; Michael *Schattenhofer,* Henker, Hexen und Huren im alten München (Oberbayerisches Archiv 109/1) 1984, 113–142.

Eine Hinrichtung von 1519 (S. 83)
StAA Urgichtbuch der Oberpfalz 1519–1522.

Der „Fuchssteiner" (S. 86)
Anton *Dollacker,* Das ehemalige Adelsgeschlecht der Fuchssteiner (Die Oberpfalz 19) 1925, 128–130; Th. *Meister,* Wer war Gefangener im Fuchssteiner? (Die Oberpfalz 34) 1940, 22–27.

Der „Dockenhansl" (S. 88)
Der „Dockenhansl" findet sich mehrfach in den Ratsbüchern genannt, vgl. StadtAA Bände 9 fol. 114r und 219v–220r; StadtAA Bände 10 fol. 80r und 117v; Rudolf *Regler,* Ein Amberger Original (Amberger Kulturspiegel) 1972, Heft 2.

Die Einführung der Reformation (S. 90)
Volker *Press,* Das evangelische Amberg zwischen Reformation und Gegenreformation, in: Amberg 1034–1984, 119–136; Wilhelm *Volkert,* Der Ausklang der Heidelberger Kurlinie, in: Max *Spindler,* Handbuch der bayerischen Geschichte, Bd. 3, 3, hg. v. Andreas *Kraus,* 1995, 83–90.

Ein Passionsspiel des Hans Sachs (S. 92)
StadtAABibliothek.

Reformatorische Sittenstrenge gegen den Amberger Fasching (S. 94)
Gesatzbuch der Stadt Amberg, 1554, StadtAA Bibliothek.

Michael Schwaiger – Bürgermeister und Chronist (S. 96)
Das Manuskript der Amberger Chronik Michael Schwaigers findet sich in der Staatsbibliothek München (Cgm 3072); vgl. aber auch Heinrich *Wanderwitz,* Marginalien zur Lebensgeschichte des ersten Amberger Chronisten Michael Schwaiger (ca. 1510–1568) (VHVO 122) 1982, 281–289.

Andreas Raselius – ein Amberger Musiker (S. 98)
Karl *Schwämmlein,* Andreas Raselius Ambergensis (Oberpfälzer Heimat 30) 1986, 42–53; *ders.,* Andreas Raselius Ambergensis – „eine Zierde Eurer Stadt", in: Stadt Amberg (Hg.), Raseliushaus, 1983, 5–15.

Die Fürstengräber in der St. Martinskirche (S. 100)
KDB Stadt Amberg, 87–89.

Das „Weihnachtsepitaph" in der St. Martinskirche (S. 102)
KDB Stadt Amberg, 87–89.

Leonhard Müntzer – Stadtkämmerer und Poet (S. 103)
Joseph Rudolf *Schuegraf,* Glossen über ein Zinsbuch der Stadt Amberg vom Jahre 1585 (VHVO 13) 1849, 84–148; Otto *Schmidt,* Leonhard Müntzer. „Ratsherr und Poet dazu" (Festschrift 20. Bayerischer Nordgautag vom 18. bis 26. Mai 1974 in Amberg) 1974, 47–53.

Die „Schwarze Kundl" (S. 105)
Das Protokoll der Kirchenvisitation von 1583 in Amberg findet sich in StAAm Opf. Rel. u. Ref. 2, fol. 327ff; vgl. auch Johann Baptist *Götz,* Die große oberpfälzische Landesvisitation unter dem Kurfürsten Ludwig VI. (VHVO 85) 1935, 148–244; (ebda. 86) 1936, 277–362.

Das „Amberger Lärmen" von 1592 (S. 107)
Volker *Press,* Das evangelische Amberg zwischen Reformation und Gegenreformation, in: Amberg 1034–1984, 119–136, bes. 128–130; Wilhelm *Volkert,* Amberg und die Kurfürsten von der Pfalz, in: Amberg 1034–1984, 61–75; *ders.*, Kurpfalz zwischen Luthertum und Calvinismus (1559–1623), in: Max *Spindler,* Handbuch der bayerischen Geschichte, Bd. 3, 3, hg. v. Andreas *Kraus,* 1995, 91–104.

Die Amberger Schützentradition (S. 110)
Johannes *Laschinger,* Schützentradition in Amberg. Katalog zur Ausstellung im Stadtarchiv, masch. 1991.

Das Hauptschießen von 1596 in Amberg (S. 112)
Schießbuch des Hauptschießens von 1596, StadtAA Bände 283; *Wiltmaister,* Kronik 145–150.

Christoph Bayerschmid – Ambergs erster Posthalter (S. 116)
Hugo *Schröder,* Die Post in Amberg Opf. Rückblick auf die Entstehung und Entwicklung der Post in Amberg Opf. zum 900-jährigen Jubiläum Ambergs (Archiv für Postgeschichte in Bayern 1) 1934, 1–39.

Das Schweigerrelief (S. 118)
Otto *Schmidt,* Das Schweigerrelief im Amberger Stadtmuseum (Der Eisengau 5) 1995.

Der Amberger Merianstich (S. 120)
Vgl. Hans *Frank,* Amberg in historischen Ansichten. Vom ältesten Stadtsiegel, den frühesten Holzschnitten und Kupferstichen, bis hin zu den Lithographien und Aquarellen des 19. Jahrhunderts.

Die Amberger Weißbräugesellschaft (S. 122)
Herbert *Stahl,* Das Brau- und Gaststättengewerbe Ambergs im 17. und 18. Jahrhundert, in: Amberg 1034–1984, 271–281, bes. 273–279.

Von der Palatina zur Bavaria (S. 124)
Wiltmaister, Kronik 328–353; Die Oberpfalz wird bayerisch. Die Jahre 1621 bis 1628 in Amberg und der Oberpfalz (Ausstellungskataloge der Staatlichen Archive Bayerns 10) 1978.

Die Jesuiten und ihr Kolleg in Amberg (S. 127)
Marianne *Popp,* Kirchengeschichte Ambergs zwischen Rekatholisierung und Säkularisation, in: Amberg 1034–1984, 137–152, bes. 137–141; Wilhelm *Gegenfurtner,* Jesuiten in der Oberpfalz. Ihr Wirken und ihr Beitrag zur Rekatholisierung in den oberpfälzischen Landen (1621–1650) (Beiträge zur Geschichte des Bistums Regensburg 11) 1977.

Der „Schwarze Tod" in Amberg (S. 129)
Die Amberger Pestordnungen finden sich in StadtAA Bände 470a, fol. 34v, 35r–36r, 75, 78v–80r, 142r–143v; vgl. auch Dieter *Naber,* Der Arzt als städtischer Amtsträger im alten Amberg, Diss. masch., 1967; Johann Baptist *Schenkl,* Gewohnheiten und Polizeiordnungen der Stadt Amberg, 1827, Anhang; Albert *Camus,* Die Pest.

Die Pest von 1634 (S. 132)
Wiltmaister, Kronik 612–614.

Die Salesianerinnen (S. 134)
Die genannten Quellen finden sich gedruckt bei Georg *Blößner,* Geschichte des Salesianerinnenklosters in Amberg (VHVO 64) 1913, 61–223; vgl. auch *Löwenthal,* Geschichte 371–374; *Schenkl,* Chronik 134–136; Marianne *Popp,* Kirchengeschichte Ambergs zwischen Rekatholisierung und Säkularisation, in: Amberg 1034–1984, 137–152, bes. 146; zur Kirche vgl. Sixtus *Lampl,* Amberger Sakralräume des Barock und Rokoko, in: Amberg 1034–1984, 379–390, bes. 386–390.

Die Amberger Hafner (S. 137)
Karl-Heinz *Heckel,* Hafnerwerkstätten und Keramikmarken aus dem frühneuzeitlichen Amberg, Magisterarbeit Erlangen-Nürnberg, masch.

Die Amberger Krüglkirchweih (S. 139)
Destouches, Darstellung 202; zu ihrer Abschaffung 1605 vgl. StadtAA Bände 17, fol. 29.

Die „Hexe" Ursula Zanner (S. 140)
Die Klage Delmucks findet sich in StAAm Oberpfälzer Administrativakten 2682; weitere Belege bei Harald *Fähnrich,* Zum Hexenprozeß Ursula Zanner (Oberpfälzer Heimat 41) 1997, 91–104.

Cosmas Damian Asam in Amberg (S. 143)
KDB Stadt Amberg, 53f.; Karl *Hausberger,* Die Barockhauptstadt der Oberpfalz. Amberg zwischen Kurfürst Maximilian und Montgelas, in: Hans *Bungert* und Franz *Prechtl* (Hgg.), Ein Jahrtausend Amberg (Schriftenreihe der Universität Regensburg 11) 1984, 81–104; E. *Hanfstaengl,* Cosmas Damian Asam, Diss. München 1939; Cosmas Damian Asam, Leben und Werk, 1986.

Die Franziskaner und die Wallfahrt auf den Mariahilfberg (S. 145)
Hausberger, Barockhauptstadt (siehe oben); Marianne *Popp,* Kirchengeschichte Ambergs zwischen Rekatholisierung und Säkularisation, in: Amberg 1034–1984, 137–152, bes. 141–145.

Michael Streicher – ein Jesuitenmissionar in Bolivien (S. 148)
Die Briefe der Jesuiten aus Spanien finden sich in BayHStA Jesuitica 595/I/7, Jesuitica 595/I/24, Jesuitica 607/63; vgl. auch Herbert *Gerl,* Catalogus Generalis Provinciae Germaniae Superioris et Bavariae Societatis Jesu 1556–1773, 1968, 434; zum Jesuitenstaat vgl. Peter Claus *Hartmann,* Der Jesuitenstaat in Südamerika, 1609–1768, 1994.

Das Eh'häusl (S. 150)
Die Besitzveränderungen dokumentieren die Kopialbücher, in denen Urkunden über Kauf und Verkauf von Haus- und Grundbesitz im Bereich des Amberger Burggedings abschriftlich – daher auch die Bezeichnung „Kopialbücher" – aufgenommen wurden. Zum Eh'häusl vgl. StadtAA Bände 349, fol. 102 und 374; Bände 352, fol. 30v; Bände 353, fol. 99v und Bände 354, fol. 9 und 194.

Die Einführung der Kartoffel in Amberg (S. 152)
Löwenthal, Geschichte 378–380; *Wiltmaister*, Kronik 581f.

Die Klosterbrauereien (S. 155)
Alfons *Jehle*, Das Brauwesen von Amberg in der Oberpfalz. Ein historischer Überblick (Der Brauer und Mälzer 6.Jg.) 1953, Nr. 8, 3–12, bes. 6–8.

Frater Barnabas und der Salvator (S. 157)
Jehle, Brauwesen (siehe oben) 4

Kleingärten – Nutzen und Geselligkeit (S. 159)
Schwaiger, Chronica, Titel XIIII.; *Wiltmaister*, Kronik, 581, 639f; *Lipowsky*, Beschreibung 140 Anm. 151.

Menschen, Tiere, Sensationen (S. 160)
Wiltmaister, Kronik 616.

Joseph von Destouches und seine „Chronik" (S. 162)
Schenkl, Chronik 264f.; *Destouches*, Darstellung.

Der Statthalter Franz Ludwig Graf von Holnstein (S. 164)
Laurentius *Koch*, Graf Holnstein, in: Bayerische Vereinsbank (Hg.), Palais Holnstein. Ein Münchner Adelspalais, 1988, 107–122.

Das Morawitzky-Palais (S. 166)
Johannes *Laschinger*, Das Amberger Morawitzky-Palais. Historischer Abriß zur Geschichte der Gebäude Hallplatz 2 und 4.

Adeliges Gesellschaftstheater (1793) (S. 168)
Der zeitgenössische Bericht findet sich gedruckt bei Otto *Schmidt*, Zur Theatergeschichte Ambergs 1752–1803 (VHVO 114) 1974, 215–245, bes. 230–232.

Der „Amberger Maskenkrieg" (S. 169)
Vgl. Rudolf *Regler*, Amberger Fasching. Ein Blick in vergangene Tage, in: Karnevalsgesellschaft Rot Gelb (Hg.), Fasching 1968/69.

Winter in Amberg (S. 172)
Wiltmaister, Kronik 606, 610, 616 und 619.

Das Hochwasser von 1784 (S. 174)
Schenkl, Chronik 250.

Hinrichtung eines dreizehnjährigen Brandstifters (1787) (S. 176)
StadtAA Bibliothek.

Die Amberger Rumford-Suppenanstalt (S. 178)
Zu Rumford vgl. Stefan *Miedaner*, Sir Benjamin Thompson, Graf von Rumford, in: Pankraz Frhr. *von Freyberg* (Bearb.), 200 Jahre Englischer Garten München 1789–1989. Offizielle Festschrift, 1989, 23–29; zur Amberger Suppenanstalt *Schenkl*, Chronik 184–188.

Reisen mit der Postkutsche (S. 180)
Destouches, Darstellung 250–254.

Landpartien (S. 182)
Destouches, Darstellung 218f.

Winterabende in der „guten alten Zeit" (S. 184)
Destouches, Darstellung 222–226.

Mode Anno Dazumal (S. 186)
Destouches, Darstellung 235–238.

Alexander Graf von Platen-Hallermünde – ein „vergessener Amberger" (S. 188)
StadtAA Nachlaß Alexander Graf von Platen; vgl. auch Ernst *Aicher,* Das bayerische Heer in den Napoleonischen Kriegen, in: Hubert *Glaser* (Hg.), Krone und Verfassung. König Max I. Joseph und der neue Staat (Wittelsbach und Bayern 3, 1) 1980, 239–253; Meinrad *Pizzinini,* Die bayerische Herrschaft in Tirol, in: *Glaser,* Krone (siehe oben) 254–259; Rainer *Braun,* Die Bayern in Rußland 1812, in: *Glaser,* Krone (siehe oben) 260–271.

Die Löwen auf dem Maxplatz (S. 190)
StadtAA Zg. I/377/2.

König Ludwig I. in Amberg (S. 191)
Zu König Ludwig I. vgl. vor allem Andreas *Kraus,* Geschichte Bayerns. Von den Anfängen bis zur Gegenwart, 1983, 450–492; StadtAA Zg. I/55.

Amberg und die Vermählung Kronprinz Maximilians 1842 (S. 194)
StadtAA Zg. I/21–23

Feiern in Amberg anläßlich der Geburt König Ludwigs II. (S. 197)
„Wochenblatt der Stadt Amberg" vom 17. September 1845.

Die Verlobung König Ludwigs II. und ihre Folgen (S. 199)
StadtAA Zg. I/34

Der Bürgerverein 1832 Amberg e.V. (S. 201)
Chronik des Bürgervereins Amberg 1832–1894 (StadtAA Handschriften 33) ca. 1895; *Bürgerverein 1832 Amberg e.V.* (Hg.), 150 Jahre Bürgerverein 1832 Amberg e. V., 1982; *ders.,* 160 Jahre Bürgerverein 1832 Amberg e. V., 1992.

Eine Leichenpredigt von 1834 (S. 203)
StadtAA Bibliothek.

Kur- und Schwimmbäder im 19. Jahrhundert (S. 205)
Horst *Prignitz,* Paradiese der Badelust, 1993; zur Amberger „Kalt-Wasserheilanstalt" vgl. StadtAA Zg. I/800; zur Militärschwimmschule StadtAA Zg. I/801.

Städtische Badeordnungen (S. 207)
„Wochenblatt der Stadt Amberg" vom 31. Mai 1848.

Dr. Bernhard Schleiß von Löwenfeld und das „Oberpfälzer Wochenblatt" (S. 209)
„Churfürstlich gnädigst privilegiertes oberpfälzisch-statistisches Wochenblatt", erste Ausgabe vom 1. Januar 1794, Staatliche Provinzialbibliothek Amberg; zu Dr. Schleiß vgl. Hellmut *Haffner,* Das „Oberpfälzer Wochenblatt" und die Presseanfänge der mittleren Oberpfalz (Amberg und Sulzbach) bis zum Beginn der Tageszeitung, 1968; Johannes *Laschinger,* 200 Jahre Presse in Amberg. Dokumentation zur Ausstellung, 1993.

Die Anfänge der „Amberger Volks-Zeitung“ (S. 211)
Werner *Chrobak,* Kirchengeschichte Ambergs von 1803 bis 1918, in: Amberg 1034–1994, 301–320, bes. 312f.; *Laschinger,* Presse (siehe oben).

Der „Humoristisch-politische Casperl“ (S. 213)
StadtAA Bibliothek.

Der Puppenspieler Joseph Leonhard Schmid (S. 215)
Ludwig *Roll,* Papa Schmid † (Die Oberpfalz 7) 1913, 54f.

Ludwig Windthorst – ein Amberger Ehrenbürger (S. 217)
Zu Ludwig Windthorst vgl. Ernst *Deuerlein,* Ludwig Windthorst (Stimmen der Zeit 169) 1962, 277–297; Rudolf *Morsey,* Ludwig Windthorst, in: Staatslexikon, Bd. 5, 7. Aufl. 1989, Sp. 999–1001; zur Verleihung der Ehrenbürgerwürde der Stadt Amberg an Ludwig Windthorst vgl. „Amberger Volks-Zeitung“ vom 5.9.1884.

Der Arbeiterverein „Germania“ (S. 219)
StadtAA Zg. II/1480.

Der Volkskundler Franz Xaver Schönwerth (S. 221)
Roland *Röhrich,* Der oberpfälzische Volkskundler Franz Schönwerth. Sein Leben und sein Werk, 1975; *ders.,* Das Schönwerth-Lesebuch, 1981; Elfi *Zuber,* Der Alte Nördliche Friedhof. Ein Kapitel Münchner Kulturgeschichte, 1983.

Brauchtum in der „Zeit zwischen den Jahren“ (S. 222)
Zu den unterschiedlichen Jahresanfängen vgl. Hermann *Grotefend,* Taschenbuch der Zeitrechnung, 11. Auflage 1971, 11-14; Gustl *Motyka,* Alte Oberpfälzer Bräuche. Vergessenes, Vergangenes, Lebendiges, 1983; Erika und Adolf J. *Eichenseer,* Oberpfälzer Weihnacht. Ein Hausbuch vo Kathrein bis Drei Kine, 1978; *Lehner,* Silvesterbräuche in der Oberpfalz (Die Oberpfalz 18) 1924, 222f.

Gesellschaftliches Leben im ausgehenden 19. Jahrhundert (S. 226)
Vgl. die Anzeigen in der „Amberger Volks-Zeitung für Stadt und Land“, September–November 1894.

Fasching 1893 (S. 228)
Vgl. die Anzeigen in der „Amberger Volks-Zeitung für Stadt und Land“.

Amberger Faschingszüge (S. 230)
Vgl. „Amberger Volks-Zeitung“ vom 21. und 23. Februar 1898.

Die Israelitische Kultusgemeinde Amberg (S. 232)
StadtAA Zg. II/376.

Weihnachtsbaum und Weihnachtskrippe (S. 233)
Erika und Adolf J. *Eichenseer,* Oberpfälzer Weihnacht. Ein Hausbuch vo Kathrein bis Drei Kine, 1978.

Die Krippe auf dem Mariahilfberg (S. 235)
Otto *Schmidt,* Die Krippe unserer Bergkirche (Amberger Kulturspiegel) 1968, Heft 12.

Die Amberger Weihnacht von 1893 (S. 238)
Vgl. Anzeigen in der „Amberger Volks-Zeitung“, Dezember 1893.

„Mittelchen“ für Damen und Herren (S. 240)
Vgl. Anzeigen in der „Amberger Volks-Zeitung“, 1. Halbjahr 1891.

Die Dult in Amberg (S. 242)
StadtAA Administrativ – und Rechtsgegenstände 153; Zg. I/886.

Die Amberger Guillotine (S. 245)
Christa *Bogner*, Die Amberger Fallschwert-Maschine, oder: Das „humane Töten“ von Verbrechern (Amberg-Information) 1980, Heft 5, 2–6.

Eine Hinrichtung aus dem Jahr 1918 (S. 247)
„Amberger Volks-Zeitung“ vom 5. Juni 1918.

Die Stromversorgung der Stadt Amberg (S. 248)
Volker *Nichelmann*, Die industrielle und wirtschaftliche Entwicklung Ambergs im 19. und 20. Jahrhundert (1800–1945), in: Amberg 1034–1984, 283–300, bes. 289.

Die Amberger Kinos (S. 250)
Zur Eröffnung des Central-Theaters vgl. Anzeige in der „Amberger Volks-Zeitung“ vom 10. 4. 1909, des Tonbild-Theaters vgl. Anzeige in der „Amberger Volks-Zeitung“ vom 8. 8. 1909 und des Lichtspielhauses vgl. Anzeige in der „Amberger Volks-Zeitung“ vom 5. 9. 1918.

Die Städtische Berufsschule Amberg (S. 252)
Vgl. Jahresberichte der Städtischen Berufsschule Amberg (1950/51–1973/74) bzw. der Staatlichen Berufsschule Amberg (ab 1974/75), StadtAA Bibliothek.

„Amberg“ im Werk des Schriftstellers und Archivars August Sperl (S. 253)
August *Sperl*, Fahrt nach der alten Urkunde, 1892; *ders.*, Hans Georg Portner, 1901; *ders.*, Der Archivar, 1920; vgl. aber auch Helene *Hoffmann*, August Sperl und seine Quellen in der ersten Schaffensperiode seines Lebens, 1935.

„Sag, kennst Du die Stadt ...“ (S. 255)
C. *Schmohl*, Erinnerungen an Michl Ehbauer (Münchner Stadtanzeiger 64) 1979; vgl. auch Dankschreiben Ehbauers an Oberbürgermeister Dr. Steininger anläßlich der Glückwünsche zu seinem 65. Geburtstag, „Amberger Zeitung“ vom 3. November 1964, sein „Amberg-Lied“, „Amberger Zeitung“ vom 4. November 1964 sowie den Nachruf „Pfüat Di Michl“ in der „Amberger Zeitung“ vom 4. Dezember 1964.

„Amberg“ und der Schriftsteller Werner Bergengruen (S. 257)
Werner *Bergengruen*, Deutsche Reise, 1934.

„Amberg“ und der Schriftsteller Joachim Ringelnatz (S. 258)
Herbert *Günther*, Joachim Ringelnatz in Selbstzeugnissen und Bilddokumenten, 1964; Walter *Pape*, Joachim Ringelnatz. Parodie und Selbstparodie in Leben und Werk, 1974.

Die Anfänge des Reisens (S. 260)
Zeitschrift „Europa auf Reisen", 1925, Heft 30, StadtAA Bibliothek.

Das Amberger Theaterstück: „Die Martinsgans" (S. 262)
Josef *Ziegler,* Amberger Humor. Drei Stücke: Die Martinsgans, Traumbilder, D' Wirtsleni von Haselmühl (ca. 1910), StadtAA Bibliothek.

300-Jahr-Feier der Wallfahrt auf den Mariahilfberg 1934 (S. 264)
Vgl. „Amberger Volkszeitung" vom 23. Juni, 25. Juni, 30. Juni, 3. Juli, 4. Juli und 9. Juli 1934.

Die Patenschaft zwischen Amberg und Bad Bergzabern (S. 267)
StadtAA Zg. II/1239.

Die Narrhalla Rot/Gelb Amberg 1934 e.V. (S. 269)
Rudolf *Regler,* Narrhallesische Erinnerungen an beschwingte Tage, in: *Narrhalla Rot/Gelb Amberg 1934 e.V.* (Hg.), Jubiläums-Festschrift und Faschingskalender 1969/70.

Die Bombardierung Ambergs am 9. April 1945 (S. 271)
Hans *Schneider,* Feuerlöschwesen – Ausbildung der Feuerwehrangehörigen der Freiwilligen Feuerwehr des Stadtkreises Amberg vom 1. Januar 1940 bis 24. Juli 1947 (StadtAA Handschriften 52) 1955; Jakob *Stein,* 1939–1945. Die wichtigsten Kriegs- und Nachkriegsereignisse in der Stadt Amberg (StadtAA Handschriften 52) 1955; Rudolf *Haberkorn,* Als uns ein gütiges Geschick am Leben ließ, Sonderdruck einer Artikelserie des „Amberger Volksblatts" (StadtAA Handschriften 52) 1955.

Die Übergabe der Stadt Amberg an die Amerikanischen Streitkräfte (S. 273)
Stein, 1939–1945 (siehe oben); *Haberkorn,* Geschick (siehe oben); Rainer *Ostermann,* Kriegsende in der Oberpfalz. Ein historisches Tagebuch, 1995, 99–101.

Nachkriegsweihnacht (S. 275)
„Der Neue Tag", Nov./Dezember 1946.

Amberg und Périgueux (S. 277)
Zu den Anfängen der Städtepatenschaft vgl. StadtAA Zg. III/A 023/24; „Amberger Zeitung" vom 4. Oktober 1965.

Inhaltsverzeichnis